U0522319

本书受中国历史研究院学术出版经费资助

中国历史研究院
Chinese Academy of History
学术出版资助

古代日本皇亲制度研究

章 林 著

中国社会科学出版社

图书在版编目（CIP）数据

古代日本皇亲制度研究 / 章林著. —北京：中国社会科学出版社，2021.9
ISBN 978-7-5203-8796-5

Ⅰ.①古… Ⅱ.①章… Ⅲ.①政治制度—研究—日本—古代 Ⅳ.①D731.321

中国版本图书馆 CIP 数据核字（2021）第 153926 号

出 版 人	赵剑英
责任编辑	安　芳
责任校对	冯英爽
责任印制	李寡寡
出　　版	中国社会科学出版社
社　　址	北京鼓楼西大街甲158号
邮　　编	100720
网　　址	http://www.csspw.cn
发 行 部	010-84083685
门 市 部	010-84029450
经　　销	新华书店及其他书店
印　　刷	北京君升印刷有限公司
装　　订	廊坊市广阳区广增装订厂
版　　次	2021年9月第1版
印　　次	2021年9月第1次印刷
开　　本	710×1000　1/16
印　　张	21
字　　数	301千字
定　　价	98.00元

凡购买中国社会科学出版社图书，如有质量问题请与本社营销中心联系调换
电话：010-84083683
版权所有　侵权必究

中国历史研究院学术出版
编 委 会

主　　任　高　翔
副 主 任　李国强
委　　员　（按姓氏笔画排列）
　　　　　卜宪群　王建朗　王震中　邢广程　余新华
　　　　　汪朝光　张　生　陈春声　陈星灿　武　力
　　　　　夏春涛　晁福林　钱乘旦　黄一兵　黄兴涛

中国历史研究院学术出版资助项目
出版说明

　　为了贯彻落实习近平总书记致中国社会科学院中国历史研究院成立贺信精神，切实履行好统筹指导全国史学研究的职责，中国历史研究院设立"学术出版资助项目"，面向全国史学界，每年遴选资助出版坚持历史唯物主义立场、观点、方法，系统研究中国历史和文化，深刻把握人类发展历史规律的高质量史学类学术成果。入选成果经过了同行专家严格评审，能够展现当前我国史学相关领域最新研究进展，体现我国史学研究的学术水平。

　　中国历史研究院愿与全国史学工作者共同努力，把"中国历史研究院学术出版资助项目"打造成为中国史学学术成果出版的高端平台；在传承、弘扬中国优秀史学传统的基础上，加快构建具有中国特色的历史学学科体系、学术体系、话语体系，推动新时代中国史学繁荣发展，为实现"两个一百年"奋斗目标、实现中华民族伟大复兴的中国梦贡献史学智慧。

中国历史研究院
2020 年 3 月

序

  日本的天皇制在7世纪以后出现，延绵至今已有一千多年的历史了。7世纪以前，日本古代国家的最高统治者称作倭王，7世纪中后期，随着成熟形态的古代国家的确立，国家最高统治者的称谓也从倭王变成了天皇。在8世纪以后编纂的史书《古事记》和《日本书纪》中，将7世纪中后期以前的统治者也称作天皇，并将天皇的祖先追溯到上古的神话传说时代。不过，这些都是《古事记》《日本书纪》作者为了宣扬古代天皇权力的合法性和神圣性而编造出的历史记忆，并不是真实存在的历史事实。

  日本的天皇制是日本历史文化中颇具特色的政治制度，是一种具有日本特色的君主制政体。作为一种君主制政体，日本古代天皇制在产生过程中受到古代中国皇帝制度的影响。日本古代天皇制的统治理念和思想基础中既包含了古代中国儒学、佛教、道教的元素，也包含了日本本地宗教信仰的元素。由古代天皇统治的国家称作古代天皇制国家，它往往也被称作律令制国家。这种律令制国家的实质就是以古代天皇为权力顶点的、中央集权的君主制国家。

  从7世纪中后期至12世纪前期，是古代天皇制产生、确立、发展并逐步衰落的时期。在中世纪的武家社会，天皇的世俗权力被剥夺，但仍然保有主持祭祀活动、赐姓和名义上任命幕府将军的权力。1868年明治维新后，天皇重新夺回祭政大权（"大政奉还"），确立了近代绝对主义王权。1945年日本战败投降后，天皇被拉下神坛，由神格改为人格，成为象征性的国家首脑，不再拥有施政权力。今天的日本属于君主立宪制国家，是当今世界上40多个仍保留君主制元素的国家之一。

  与天皇有血缘关系的亲族，古代称作皇亲，现在称作皇族或皇室。天皇是从皇亲中产生的，同时，皇亲又全力维护天皇的权力和地位，两者是密不可分的关系。在古代天皇制发展过程中，皇亲（皇室）制度也逐步完善起来。有关皇亲的规范包含了诸如皇亲的称谓、皇亲的身份等级地位、皇位继承的原则和程序、皇亲代行天皇权力（摄政）的原则、皇亲的婚姻规范、皇家的即位和丧葬礼仪等方面的内容。可以说，与皇亲相关的制度是天皇制的重要组成部分。

  《古代日本皇亲制度研究》是一部关于日本古代皇室史的专著。书中围绕皇位继承制度、皇室成员的叙位、任官与封禄制度、皇亲的婚姻制度、天皇的赐姓制度、斋王制度等问题展开详细的梳理分析，揭示了相关制度的产生过程及其对日本古代社会的作用。在我国学界，过去对古代天皇制的研究不少，但鲜见对皇亲相关制度的研究。由此看来，本书具有填补国内相关研究空白的意义。是为序。

徐建新
2021年8月27日

目 录

绪 论 ·· (1)
  一 问题的缘起与研究意义 ·· (1)
  二 研究史料与研究方法 ·· (4)
  三 国内外研究现状述略 ·· (8)
  四 研究范围与对象的界定 ·· (29)
  五 本书研究的总体框架 ·· (41)

第一章 皇亲与古代天皇制 ·· (44)
  第一节 皇亲政治与天皇制的确立 ·· (44)
    一 "壬申之乱"与皇权的加强 ·· (45)
    二 "八色姓"与皇亲地位的提高 ···································· (49)
    三 皇亲政治的形成及特点 ·· (51)
  第二节 皇亲政争与天皇制的发展 ·· (55)
    一 "长屋王之变"与皇亲政治的解体 ······························ (55)
    二 橘诸兄掌权与"藤原广嗣之乱" ·································· (61)
    三 藤原仲麻吕的成败与铃印之争 ···································· (64)
    四 "藤原种继暗杀事件"与早良亲王怨灵 ························ (66)
  第三节 皇亲失势与天皇制的畸变 ·· (69)
    一 外戚政治的盛衰及其原因 ·· (70)

二　上皇夺权的手段及其影响……………………………（77）
第四节　小结…………………………………………………（82）

第二章　皇位继承制度…………………………………………（84）
第一节　飞鸟时代的皇位继承……………………………（84）
一　"兄弟继承"与"长子继承"…………………………（85）
二　"大兄制"与"太子制"………………………………（89）
三　持统女帝与"皇后继承"……………………………（93）
第二节　奈良时代的皇位继承……………………………（100）
一　元明女帝与"不改常典"……………………………（101）
二　称德女帝与"宇佐神托事件"………………………（105）
三　光仁天皇与"天智系皇统"…………………………（108）
第三节　平安时代的皇位继承……………………………（114）
一　清和天皇登基与阳成天皇退位……………………（115）
二　光孝天皇即位与宇多天皇让位……………………（118）
三　鸟羽法皇与崇德上皇………………………………（124）
第四节　小结………………………………………………（127）

第三章　叙位、任官与封禄制度………………………………（129）
第一节　皇亲的叙位………………………………………（129）
一　叙位制的演变与皇亲………………………………（130）
二　律令制下皇亲的叙位………………………………（134）
第二节　皇亲的任官………………………………………（141）
一　知太政官事与皇亲…………………………………（142）
二　律令制下皇亲的任官………………………………（148）
第三节　皇亲的封禄………………………………………（151）
一　律令制下皇亲的封禄………………………………（152）
二　"皇亲时服"与诸王时服……………………………（157）
三　女王时服与"女王禄"………………………………（161）
第四节　皇亲的家司与礼遇………………………………（165）

一　皇亲的家司 …………………………………………（165）
　　二　皇亲的礼遇 …………………………………………（169）
　第四节　小结 ………………………………………………（173）

第四章　婚姻制度 ……………………………………………（175）
　第一节　皇亲近亲婚制的形成与发展 ……………………（175）
　　一　律令制以前的近亲婚 ………………………………（176）
　　二　律令制下皇亲的近亲婚 ……………………………（181）
　第二节　女王的违法婚与未婚内亲王 ……………………（183）
　　一　女王与臣下的违法婚 ………………………………（184）
　　二　"皇后藤原光明子"与"皇太子阿倍内亲王"……（189）
　第三节　延历十二年以后皇亲的婚姻 ……………………（193）
　　一　女王的婚姻 …………………………………………（194）
　　二　内亲王的婚姻 ………………………………………（196）
　第四节　小结 ………………………………………………（200）

第五章　赐姓制度 ……………………………………………（202）
　第一节　古代日本的赐姓制度 ……………………………（202）
　　一　氏姓制度的特征与意义 ……………………………（202）
　　二　赐姓的类型与变迁 …………………………………（205）
　第二节　皇亲赐姓的演变 …………………………………（209）
　　一　皇亲赐姓的出现 ……………………………………（209）
　　二　皇亲赐姓的兴盛 ……………………………………（213）
　　三　皇亲赐姓的衰落 ……………………………………（219）
　第三节　源氏赐姓 …………………………………………（222）
　　一　源氏赐姓的原因和方式 ……………………………（222）
　　二　"二十一流源氏" ……………………………………（230）
　第四节　小结 ………………………………………………（239）

第六章　斋王制度 (242)

第一节　伊势神宫与伊势斋王制度的形成 (242)
一　传说中的伊势神宫与伊势斋王 (243)
二　天武朝斋王制度的形成 (246)

第二节　律令制下斋王制度的发展 (250)
一　圣武朝斋王制度的完善 (250)
二　山部亲王与安殿亲王的共同遭遇 (253)
三　贺茂斋院的形成与伊势斋宫的发展 (255)

第三节　斋王制度中的仪式 (258)
一　斋王卜定 (259)
二　斋王祓禊 (262)
三　斋王群行 (266)

第四节　摄关、院政时代斋王制度的嬗变 (269)
一　摄关时代的斋王制度 (269)
二　院政时代的斋王制度 (272)

第五节　小结 (273)

结　语 (275)

参考文献 (283)

附　录 (300)
附录1　飞鸟、奈良、平安时代天皇一览表 (300)
附录2　平安时代初期天皇的妻子与子女一览表 (305)
附录3　历代斋宫一览表 (309)
附录4　历代斋院一览表 (314)
附录5　日本皇室典范(1947年1月6日法律第3号) (317)

后　记 (322)

图表目录

图1—1　以长屋王为中心的关系图 ……………………（56）
图1—2　藤原氏系谱图 ………………………………………（60）
图1—3　藤原道长与皇室婚姻关系图 ………………（75）
图2—1　推古天皇之前的天皇世系图 ………………（86）
图2—2　天智系皇统与天武系皇统示意图 …………（109）
图2—3　院政时代天皇系谱及上皇与在位天皇图 ……（124）
表3—1　二世王的直叙年龄 …………………………（138）
表3—2　律令制中皇亲家司的种类与人数 …………（166）
表4—1　第17代至第40代天皇与皇后的关系 ………（177）
表4—2　天智天皇的子女及其婚姻对象 ……………（179）
表4—3　天武天皇的子女及其婚姻对象 ……………（179）
表4—4　平安时代初期内亲王与臣下的婚姻 ………（197）
表4—5　桓武天皇至一条天皇时期嫁给天皇的内亲王 …（198）
表5—1　嵯峨天皇赐姓皇亲的位阶 …………………（229）
表5—2　嵯峨天皇至村上天皇时期亲王、内亲王与
　　　　源氏的人数 ……………………………………（235）
表5—3　醍醐天皇皇子亲王宣下或赐姓的时间 ……（237）
图6—1　山部亲王、安殿亲王与他户亲王、早良亲王
　　　　关系图 …………………………………………（254）

绪　　论

一　问题的缘起与研究意义

古代日本是一个身份制社会，身份是古代日本社会成员获取社会资源的主要途径以及确定社会成员之间尊卑贵贱的根本标准。古代日本社会结构中主要包括皇亲、贵族、公民、杂色人、贱民等身份。其中，与天皇有着血缘关系的皇亲（古代一般称为"皇亲"，现代一般称为"皇族"或"皇室"）作为古代日本享有特殊政治、经济、社会与文化特权的身份，成为古代日本社会最为重要的社会群体。

古代中国的宗室随着某姓王朝的建立而形成，同时又随着该姓王朝的灭亡而消亡，有的繁衍生息二三百年，如刘汉、李唐、赵宋、朱明等；有的则二世或三世即退出历史舞台，如秦、隋、南北朝、五代等，可谓变化无常。古代日本的皇室与中国的宗室不同。日本从公元 7 世纪天皇制诞生起，虽然天皇作为实际最高统治者的时间并不长，但一直没有改朝换代，皇室一系延续至今已有 1300 多年的历史，可谓源远流长。当代日本专门制定了《皇室典范》来规范皇室的法律地位与日常生活。尽管随着近年来对皇位继承制与象征天皇制进行广泛深入的讨论，近现代皇族制度等有关皇室的各种制度也成为讨论的对象，但人们往往容易忽略千余年日本皇亲制度内在的同一性、连续性以及不同历史阶段的不同特征。

大化改新后，日本构建了以天皇为中心的政治体制。在这种政治体制中，皇亲与皇权，以及皇亲与贵族之间存在怎样的关系？皇亲如何继承皇位？皇亲为何流行近亲通婚？古代日本是通过怎样的制度来规范皇亲的法律地位与日常生活的？皇亲赐姓制度和斋王制度有着怎样的特点和作用？目前，有关近代日本皇族以及古代天皇制的研究专著与论文较多，但有关古代皇亲制度的种种问题，我国尚无学者进行过全面、深入、系统的分析与研究。

从世界历史的发展来看，无论是在古代中国，还是在古代西欧的中世纪国家，皇室制度都深远地影响着社会的政治、经济、文化和日常生活的各个方面。同样，古代日本的皇亲制度也给古代日本的政治、经济、社会与文化烙上了深深的印记。因此，无论从政治史、经济史，还是从社会史、文化史角度看，皇亲制度的研究都具有重要价值。可以说，不研究古代日本的皇亲制度就无法完整地了解古代日本的历史。

从政治史来说，皇亲不仅仅是以血缘关系为纽带的社会群体，它在本质上是受到政治因素影响的古代天皇制的延伸。古代天皇制的研究是深入了解和认识日本古代国家与社会的关键，同时对了解近现代日本政治与文化有着重要作用。皇亲作为古代日本最为显贵的政治性家族，它与生俱来便同天皇制结下不解之缘。只有皇亲血缘的不间断才能实现天皇的代代延续，因此可以说，皇亲制度与天皇制同命运、共兴衰。

皇亲制度是皇权专制的产物。古代日本皇亲与皇权之间的关系不但影响到以天皇为中心的政治体制的稳定与发展，而且对天皇能否真正掌握实权，有效控制中央豪族势力及其干预政权，具有重要的影响。因此，对皇亲制度以及皇亲在古代政治和社会生活中的地位和作用的研究，毋庸置疑是我们了解古代天皇制国家统治形态的必要环节，能够让我们进一步理解古代天皇制的特点和本质。

就经济史而言，在日本古代国家的经济制度建设中，皇亲制度建设是不可或缺的内容。皇亲的经济待遇问题既是政治统治政策的重要一环，又是财政经济制度的重要组成部分。因此，对皇亲经济待遇问题的研究有助于从新的视角理顺古代日本经济史研究中政治和经济的关系。

从社会史来看，以天皇为首的皇室正好构成一个家族，而家族是社会史研究的重要基础之一，因此，加强天皇家族的研究对我们全面了解和把握古代日本社会制度、社会结构以及社会生活等不无裨益。

此外，当代日本的象征天皇制度在制定后一直得到国民的广泛支持，成为现代日本政治与文化上一种十分稳定的制度。同时，日本国民对皇室的活动给予很高的期望。要探究日本象征天皇制为何能如此稳定、皇室成员的活动为何受到如此重视等问题，对皇室制度的历史和传统的考察自然不可缺少。

世界各国的皇亲制度既有共性，亦有各自的特性，古代日本在处理皇亲问题上具有自己的独到之处，这是值得深入发掘的历史课题。本书作为研究古代王权与皇亲的重要组成部分，也有助于加深我们对古代社会皇亲制度的认识，丰富世界古代皇室史研究。

可以预见，天皇与皇室的继续存在仍将是日本的一个社会现实。从这个意义上说，对日本皇室制度的历史流变的研究，无疑将深化我们对日本古代史的理解，有助于更好地认识现代日本，也为了解日本的明天打开一扇窗口。

目前，国内学界尚未出版或发表有关古代日本皇亲制度的专著。有鉴于此，本书在唯物史观与辩证法的指导下，试图充分利用现有的原始第一手史料、出土史料以及国内外学界现已取得的成果，以皇亲为主体，一方面在纵向上全面分析不同时期皇亲与古代天皇制之间的关系及其在古代政治和社会生活中的地位和作用；另一方面在横向上系统考察与皇亲相关的皇位继承制度、叙位制度、任官制度、封禄制度、婚姻制度、赐姓制度以及斋王制度，并探讨这些制度与古代天皇制之间的关系。在考察古代日本皇亲制度的发展、演变过程中，本书也尽可能地关注古代中日两国皇亲制度的异同。

二 研究史料与研究方法

就研究史料而言，本书涉及的主要是从日本飞鸟时代至平安时代这段历史时期上与皇亲制度相关的资料。傅斯年将史料区分为"直接史料"和"间接史料"，认为"凡是未经中间人手修改或省略或转写的，是直接史料；凡是已经中间人手修改或省略或转写的，是间接史料"[①]。大量直接史料与间接史料的整理、研究，为考证古代日本皇亲制度提供了先决条件。下文就与本书有关的直接史料与间接史料作简要说明。

古代日本的直接史料大致包括古文书、古记录、金石、木简等。古文书指古代的书信、契约、籍帐等。奈良时代的古文书大多保存在奈良东大寺的正仓院，含有日本现存最古老的籍帐和书信等。在其他一些寺院、神社以及旧华族[②]家里也传下来了一些平安时代的古文书。由竹内理三编写的《宁乐遗文》和《平安遗文》集奈良时代和平安时代古文书之大成，十分便于相关阅读和利用。不过，在翻印的古文书里也存在不少错误。东京大学史料编纂所也编辑了一套《大日本古文书》。现在我们在网络上也可以查询到古文书的相关资料。[③]

古记录指的是古代日本的日记。这些日记可分为官厅里写的公家日记和个人写的私人日记两类。现存的大部分是10世纪以后贵族们的日记。这些日记虽然掺杂了作者个人的看法、主张等，但就具体事实记述而言，记录的是生活在这一时代人的所见所闻，因此较为客观。例如，藤原行成的《权记》是了解平安时代中期政务运营

---

① 傅斯年：《史学方法导论》，中国人民大学出版社2004年版，第3页。

② 1871年日本取消旧身份制度，将国民分为皇族、华族、士族、平民四个等级。华族成为仅次于皇族的贵族阶层，享有许多政治、经济特权。1947年，随着战后日本国宪法生效，华族制度被正式废除。

③ 東京大學史料編纂所，http://wwwap.hi.u-tokyo.ac.jp/ships/db.html；正倉院文書データベース作成委員会，http://somoda.media.osaka-cu.ac.jp/index.php。

情况以及权力中枢、宫廷生活的第一手资料。藤原实资的《小右记》详细记录了藤原道长和藤原赖通掌权时代的社会、政治、宫廷仪式等。目前，古记录也已大致翻印，在东京大学史料编纂所的网站上也可查询到相关资料。

古代日本金石资料主要集中在奈良时代以前，特别是大和时代的金石文具有很大的价值，如埼玉稻荷山古坟铁剑和江田船山古坟铁刀等。飞鸟时代和奈良时代的一些石碑也具有一定史料参考价值。

日本的木简最早发现于1913年，后来又陆续发现了少量的木简。由于当时发现的木简数量很少，而且对木简的内容不甚了解，所以在学术界没有受到重视。20世纪60年代以后，以平城宫木简的发现为契机，木简研究才真正开始受到重视。在后来的考古发掘中，平城宫遗址先后出土了3万多枚木简。迄今为止，随着飞鸟京、藤原京、长冈京遗址以及大宰府政厅和地方郡衙的遗址中发掘出土的大量木简，日本发现的木简数量已达30余万枚。这些木简按简文的内容来划分，大致可以分为"文书木简""付札木简""习书木简""削屑"。① 在奈良文化财研究所的网页上公开了"木简数据库"，可供大家参考。②

间接史料是由后世整理、编写的史料。由于古代日本的直接史料较少，所以，这些间接史料即使存在受作者主观因素影响的局限，仍然是日本古代史研究中最核心和基础的史料。《古事记》和《日本书纪》中存在大量后人润色之处，津田左右吉等学者对此已经进行了批判。继《日本书纪》之后，《续日本纪》《日本后纪》《续日本后纪》《文德实录》《三代实录》相继成书，这就是古代日本的正史——《六国史》。此后，菅原道真模仿中国的类书，将编年体《六国史》中的记载按事项分类重新编纂为《类聚国史》。继《六国

---

① 徐建新：《出土文字资料与东亚古代史研究——以中日韩三国古代木简为例》，《古代文明》2011年第2期。

② 奈良文化财研究所，http://www.nabunken.go.jp/japanese/database.html。

史》之后，由于种种原因，日本正史的编纂一度中断，但历史编纂工作并没有停止，此后依然写出了继承《六国史》传统的历史。①如《日本纪略》《本朝世纪》等。此外，还编纂了专门记述政务运营情况的《政事要略》。

作为古代日本的基本法典主要有《大宝律令》和《养老律令》。《大宝律令》现已失传，现在人们从《令集解》（《养老令》的私撰注释书）所引"古记"（《大宝令》的注释）中可以了解到《大宝令》的部分内容。《养老令》的大部分令通过9世纪的官撰注释书《令义解》以及私撰注释书《令集解》的形式保存至今。《养老律》虽然也已遗失，但经过日本学者的努力，已复原了大部分内容。黑板胜美主编的《新订增补国史大系（普及版）》中的《令集解》存在不少问题，后来由井上光贞等人校注的《日本思想大系·律令》要好于国史大系本。②不过，井上光贞等人校注的《日本思想大系·律令》没有收入《养老令》的义解与集解的内容，并且只根据《唐律疏议》补录了养老律名例律（下）中的五条逸文，而其余律文均为写本的残余部分，并没有收录逸文部分。因此，《养老令》的义解与集解以及《养老律》的逸文仍然需要引用国史大系本。

为了完善法典，除了律令之外，日本还制定了"格式"。"格"是经过修改的律文，"式"是对律文所作的细目规定。从平安时代前期开始，日本朝廷先后编纂《弘仁格式》《贞观格式》和《延喜格式》，总称《三代格式》。

此外，为了方便查询官员的《公卿补任》《尊卑分脉》以及宫廷的仪式书《西宫记》《北山抄》《江家次第》等也是研究平安时代历史十分重要的史料。

本书在研究方法上，首先采取文献资料法，即通过查找与皇亲

---

① ［日］坂本太郎：《日本的修史与史学》，沈仁安、林铁森译，北京大学出版社1991年版，第37—40页。

② 章林、徐建新：《日本学者谈日本古代史研究的现状》，《世界历史》2009年第5期。

相关的书籍、各类期刊、学术报告、学术会议论文与学位论文等，从细致考证与皇亲相关的每条史料入手，全面分析与皇亲相关的各种制度以及皇亲与古代天皇制的关系，试图客观、完整地复原古代日本皇亲制的全貌。其次引进民俗学的相关研究方法，融民俗学与历史学于一体，尝试揭示皇亲在日本古代社会发展过程中的特殊性。再次将定性分析与定量分析相结合，考察皇亲相关问题时，在基于文字资料的语言阐述的基础上，通过数字统计进行量化分析。最后采用对比法，通过对古代日本皇亲制度与我国古代皇亲制度的比较研究，探讨日本皇亲制度的独特性。

最后，对本书的写作与注释规范等问题作一说明。

第一，凡古代中国及日本年号均使用中文数字，并加括公元纪年。叙事或引用史料中出现中国或日本纪年时，若为中国史料或事件，则以中国纪年加括公元纪年，如"唐开元元年（713）"；若为日方史料或事件，则以日本年号加括公元纪年，如"养老元年（717）"。

第二，凡公历世纪、年代、年、月、日、时刻和各种记数与计量（包括正负数、分数、小数、百分比、比例），著作的卷次，一律用阿拉伯数字。

第三，凡正文中征引的日本古籍中的汉文内容，除特殊情况保留繁体外，一般都改为简体字。文中征引的日本古籍文献，原文一般只有句号。为便于读者的理解，笔者根据上下文义，标注逗号、冒号、引号等。因笔者才疏学浅，错漏之处难免，请识者明鉴。

第四，凡在同一章中所引文献只在首次引用时标明作者、著作（或文章）、译者、出版地、出版社、出版时间以及页码。在同一章中再出现时，采用简化格式，省略译者、出版地、出版社与出版时间等，只保留作者、著作（或文章）以及页码。

第五，凡正文中出现的日文书名均译为中文书写。页脚注释与参考文献中出现的日本作者、书名、出版机构等，均用日文书写，但标点符号均用中文书写。

第六，为行文简洁，文中引用国内外学者的观点时皆直书其名，不赘"先生"字样，敬请谅解。

三　国内外研究现状述略

在探讨古代日本皇亲制度的相关问题时，除了最大限度地运用直接史料与间接史料之外，还必须充分地借鉴学界早期以及最新的研究成果，从而使研究既具有史料方面的参考价值，同时又有学术方面的研究价值。下文主要对中日学界就古代日本皇亲制度的研究现状做简单的回顾与介绍。

（一）中国学界的研究现状

目前，国内对日本古代皇亲制度问题提及最多的是翟新所著《日本天皇》一书。[①] 该书共分为三篇，其中第二篇为皇室篇。皇室篇共由五章构成。在第一章中，作者对皇族的范围和身份、皇族的特权和限制、皇族的宫号和幼称、皇后制度、皇太子制度、现皇族主要成员，以及皇位继承的资格、顺位、仪制，年号的由来、沿革、出典、用字、制定程序，皇室财产的变化及管理、皇室费用、皇室的经济活动等作了考察。作者在第二章考察了皇室的文书、标记与教育。在第三章、第四章与第五章中，作者对皇室的冠婚葬祭、皇室的衣食住行以及皇室事务机构分别作了考察。但受篇幅所限，其主要论述的是近现代的皇室制度，有关古代的皇亲制度只是偶尔提及或没有提及。此外，还有一部分以日本皇室或王室命名的著作，如赵晓春著《百代盛衰——日本皇室》，[②] 李鹏、任重著《谜一样的日本王室》，[③]

[①] 翟新：《日本天皇》，复旦大学出版社1992年版。
[②] 赵晓春：《百代盛衰——日本皇室》，社会科学文献出版社1998年版。
[③] 李鹏、任重：《谜一样的日本王室》，黑龙江人民出版社1999年版。

王忠和著《日本王室》,① 孙伟珍著《日本皇室百代家国》② 等,其内容大致为简单地介绍日本通史或日本天皇史,实质上几乎没有谈及皇亲制度的内容。

虽然目前国内还没有对皇亲制的专题研究,但日本天皇制、贵族制、皇位继承制、婚姻制以及神道、伊势信仰等问题的研究与皇亲制的研究密不可分。

天皇制方面,蒋立峰在详细地介绍了日本历代重要天皇的事迹的同时,分析了天皇制得以延续千余年的原因,认为天皇的发展经历了一个神话→现实→神话→现实的曲折变化过程,天皇之所以能延续千余年不断,同他在大部分时间里不直接参与国家政事,作为掌握神权的"虚君"蛰居一方有关。③ 王金林考察天皇制的发展过程及其精神支柱,认为千余年来"一系"的天皇与天皇制,虽然在不同历史阶段有其不同的特征,但彼此之间却有着内在的同一性和连续性;维系内在同一性和连续性的因素不是物质的因素,而是精神的因素;古代天皇制是以儒家思想、佛教和神道为精神支柱,近代则是以国学(神道)、传统儒学和西方资本主义思想为其支柱。④ 武寅考察了天皇制的起源及其结构特征,认为皇统谱代表的皇位继承制度保证了皇位传承的家族唯一性;等级身份秩序保证了天皇的至高无上性;天皇神化保证了天皇的绝对性;提出这三大基本要素决定了天皇制的本质特征,同时还把天皇对国家的统治定位为"无限伸缩的间接统治"。⑤ 葛兆光系统梳理了日本关于道教、神道教与天皇制度关系的争论,认为中日文化交涉史上的这一争论,说明历史性的学术课题背后,始终有现实性的政治因素,身处某一时代环境中的学者,很难避免当时政治、文化和社会环境的纠缠,因而具

---

① 王忠和:《日本王室》,百花文艺出版社2007年版。
② 孙伟珍:《日本皇室百代家国》,中国青年出版社2012年版。
③ 蒋立峰:《日本天皇列传》,东方出版社1992年版。
④ 王金林:《日本天皇制及其精神结构》,天津人民出版社2001年版。
⑤ 武寅:《天皇制的起源及结构特征》,《历史研究》2012年第3期。

有问题意识的学术研究中，常常会带有某种现实关怀的痕迹，学者在"道"与"史"之间，常常会出现很难抉择的困境。① 武心波考察了日本古代"天皇制"的象征意义，认为日本的古代天皇制大致经历了形成、兴盛和衰退三个阶段；祭祀性、象征性与身份认同性是古代天皇制诸多社会功能中的几大基本功能。② 李红和秦礼君考察了天皇即位仪式"大尝祭"的历史演变，认为大尝祭是日本神道信仰的集中体现，它作为权力实践和权力技术的仪式来实现神权与王权的统一；它的变迁演示出民间社会与皇权集团互动、变异的过程。③ 解晓东考察了日本古代天皇制的形成及其政治结构，认为圣德太子改革、大化改新与"壬申之乱"是日本古代天皇制形成的三部曲；从政治结构上看，古代天皇制具有明显的日本特色，它是中国式皇帝制与日本祭祀制的统一。④

贵族制方面，徐建新考察了包括皇亲在内的贵族所享有的特权，指出位阶的叙授是以与天皇及其一族的远近关系、氏姓门第的高下，以及在政治、经济上的实力地位为标准；位阶制实质上是一种古代贵族的爵位制，是古代统治阶级通过品级联合对直接生产者进行统治的一种形式。⑤ 李卓从社会史的视野对日本古代贵族作了考察，认为日本是具有深刻的贵族传统的国家；以藤原氏为代表的律令贵族的成长瓦解了皇权与文官官僚联合治理的中央集权制度；贵族的贡献在于他们通过学问与教养形成一种文化底蕴，始终保持着令武家羡慕的文化优势，在文化传承上的意义要大于其执掌政权的意义。⑥

---

① 葛兆光：《国家与历史之间：日本关于道教、神道教与天皇制度关系的争论》，《中国社会科学》2009 年第 5 期。

② 武心波：《日本古代"天皇制"的象征意义及其批判》，《国际观察》2006 年第 6 期。

③ 李红、秦礼君：《日本天皇即位仪式"大尝祭"的历史演变与社会分析》，《南京农业大学学报》2006 年第 3 期。

④ 解晓东：《日本古代天皇制的形成及其政治结构刍议》，《外国问题研究》2009 年第 1 期。

⑤ 徐建新：《古代日本律令制国家的身份等级制》，《世界历史》2001 年第 6 期。

⑥ 李卓：《日本古代贵族刍议》，《古代文明》2012 年第 3 期。

李卓认为，社会发展进程与贵族制度相伴始终，不同历史时期由不同的贵族主宰历史是日本古代社会结构的突出特点。贵族制度的直接影响是强权统制架空了皇权。贵族制度的社会史含义在于，贵族是身份制社会的产物；贵族的根本属性是血统而不是财富；贵族传统塑造了日本人人格的两重性。① 陈伟对古代日本与唐朝官人出身制度作了比较，认为唐朝的官人出身注重通过科举制度以选拔人才，尤其是上层官吏的选拔；而古代日本的上层官吏的任用，更多的是重视其所出身的氏族门第的高下，通过大学和式部省试所选拔的多是中下层官吏，即在官人出身方面世袭化的贵族色彩较浓重。②

皇位继承制方面，王海燕考察了古代日本殡礼仪所透示的多重意义以及与王位继承的关系，认为古代日本殡礼仪的进行不仅与生死观、灵魂观有关，而且与政治社会的秩序及王位继承的方式有密切关联；律令制确立后，天皇生前让位于法定王位继承人（皇太子或皇太弟）的王位继承形式，与天皇死后的王位继承形式二者并存，而且前者逐步取代后者成为王位继承方式的主流；天皇的生前让位可以使天皇的生理死亡与王位继承分离，避免因天皇的去世而造成王位继承危机，由此，天皇死后的殡宫（殿）礼仪与王位继承的相关性也就逐渐减弱，最终成为一种单纯性的丧葬礼仪。③ 王海燕还考察了日本皇室女性的皇位继承问题，认为由于日本近现代的天皇是国家的最高祭司，因此至今仍残留的万世一系神权天皇的意识也在无形地阻碍女性皇位继嗣的制度化。④ 李卓分析了日本皇位继承制度的演变，并对新旧两部《皇室典范》的制定进行了简要介绍，进而分析日本当前皇室继承危机的根源。⑤ 关于古代日本天皇屡屡退位的

---

① 李卓：《日本古代贵族制社会结构》，《古代文明》2015 年第 1 期。
② 陈伟：《古代日本与唐朝官人出身制度的比较》，《日本研究》2010 年第 4 期。
③ 王海燕：《六至七世纪日本大王（天皇）的殡丧礼仪与王位继承》，《历史研究》2005 年第 3 期。
④ 王海燕：《日本女性皇位继嗣问题初探》，《世界历史》2006 年第 3 期。
⑤ 李卓：《日本的皇位继承制度与〈皇室典范〉》，《日本问题研究》2016 年第 6 期。

普遍现象，李卓认为其深层原因在于皇位继承缺乏制度约束（社会因素）和强权势力对皇位继承的干涉（政治原因）。①

婚姻制度方面，张萍对从上古到第二次世界大战结束时期日本的婚姻与家庭的沿革作了历史的考察。②李卓考察了古代日本的访妻婚及其存在的原因，认为古代日本的访妻婚是保留了浓厚的母系制残余的婚姻形态；它是由日本从母系制社会直接进入阶级社会这一特殊的历史发展进程决定的，且为当时的生产力状况所左右，与统治者的政策有关；古代日本"女帝的世纪"的出现及女子对文化的特殊贡献等现象，究其原因，都离不开访妻婚。③官文娜从古代日本"姐妹型一夫多妻婚"和"异母兄妹婚"入手，讨论了古代日本近亲婚的实质，认为从血统上看，婚姻当事者既为同父又为同母"系"血统的兄妹，对其下一代子孙来说，父和母双方的血缘关系混为一体，无法形成一个血缘"系统"，宗亲即姻亲、姻亲即宗亲，宗族、姻族无从区分；这种婚姻既不是平表兄妹婚，也不是交表兄妹婚，无论从其父还是从其母来看，都属于文化人类学中的族内婚。④

斋王制度方面，王金林认为斋宫、斋王制是从古代日本的原始巫、巫术发展而来。⑤伊势神宫中传统的神事既是传统的祭祀形式的整理、完善，又体现了对唐代祭祀仪礼的吸收；二十年一迁宫是为了通过周期性的神宫的改作与迁移，显示神的威严，激发人们对神的崇敬的新的热情，同时在佛教不断扩大势力的情况下，表明神道自身的独特性。⑥刘琳琳在考察日本江户时代庶民伊势信仰问题时指出，以天照大神为主要祭祀对象的伊势神宫在律令制国家时期是天

---

① 李卓：《天皇退位的历史与现实》，《日本学刊》2019年第2期。
② 张萍：《日本的婚姻与家庭》，中国妇女出版社1984年版。
③ 李卓：《日本古代的访妻婚及其存在的原因》，《日本学刊》1994年第2期。
④ 官文娜：《日本古代社会的近亲婚及其实质——兼与中国古代"同姓不婚"的比较》，《世界历史》1998年第4期。
⑤ 王金林：《日本人的原始信仰》，宁夏人民出版社2005年版。
⑥ 王金林：《日本神道研究》，上海辞书出版社2007年版。

皇所有的、由国家财政和赋税征收体制支持的、专门为天皇服务的宗教机构;皇室之神——天照大神高踞于云端,伊势神宫也绝不为天皇以外的个人举行私人性祈祷,因此伊势信仰在古代基本上是与庶民完全隔绝的天皇的信仰。① 王海燕在考察日本平安时代的社会与信仰时指出,作为祭祀皇族神——天照大神的伊势神宫,其性格中被赋予了与天皇的统治相关的一面;天皇的即位、年号的改定等大事自不必说,甚至天皇或皇太子出现健康问题时,都要请伊势大神保佑康复。② 邵峰分析了日本摄关时期斋王忌避思想,认为当时人们对担任斋王一职,不仅不感到高兴,而且有一种忌避思想,因为斋王必须离开亲人,承受寂寞,同时要远离佛教,有"罪孽深重"之感。③

除了上述与皇亲制度相关的研究之外,还有对皇亲人物的研究。其中,圣德太子作为古代日本最著名的皇亲,其研究成果也最为突出。禹硕基对圣德太子的思想形成、政治改革、侵略朝鲜等作了考察。④ 徐晓风探讨了圣德太子的《十七条宪法》与中国儒家的文化关系,认为没有中国儒家思想就没有《十七条宪法》,也不会有大化改新的成功。⑤ 韩昇考察了北京大学图书馆珍藏的一件圣德太子的写经,提出日本派遣僧人入隋,名义上是前来学习,实际上是利用佛教的形式展开外交活动,故可称为"佛教外交"。⑥ 陈凤川考察了圣德太子与日本早期佛教的关系,认为佛教能在日本迅速传播并成为国教,主要得益于圣德太子的大力提倡。⑦ 此外,在尹文成等人编

---

① 刘琳琳:《日本江户时代庶民伊势信仰》,世界知识出版社2009年版。
② 王海燕:《日本平安时代的社会与信仰》,浙江大学出版社2012年版。
③ 邵峰:《日本摄关时期斋王忌避思想的研究》,《长春理工大学学报》2011年第9期。
④ 禹硕基:《论圣德太子》,《日本研究》1986年第2期。
⑤ 徐晓风:《圣德太子的十七条宪法与中国儒家的文化》,《学术交流》1994年第3期。
⑥ 韩昇:《北京大学图书馆藏敦煌本圣德太子写经与东亚的"佛教外交"》,《史学集刊》2001年第3期。
⑦ 陈凤川:《圣德太子与日本早期佛教》,《日本学论坛》2003年第3期。

《日本历史人物传》①与蒋立峰著《日本天皇列传》②两书中也有专篇介绍圣德太子。

(二) 日本学界的研究现状

二战前，竹岛宽最早对皇亲进行了系统的研究。竹岛宽的研究成果主要收入《王朝时代皇室史的研究》一书。③ 在该书"王朝时代皇室史总论"一章中，对天皇、后妃、皇太后、太皇太后、女院以及亲王、诸王的基本情况作了概述。在该书"王朝时代皇亲的人数""王朝时代皇亲的封禄制度与经济状态"与"王朝时代的皇亲与文艺"三章中分别对不同时期亲王、诸王的人数、收入以及皇亲在文学与艺术方面的成就作了论述。竹岛宽的研究主要是从律令制的规定以及《延喜式》等正史中的记载出发，以制度变迁为中心，对考察皇亲的人数以及经济状况有重要的意义。但是，由于受到时代限制，竹岛宽只是单纯地就皇亲论述皇亲，没有论及皇亲与古代日本政治以及政策之间的关系。

尽管如此，竹岛宽在皇亲研究方面取得的成绩，依然是学者探讨皇亲问题的重要基础。在再版的《王朝时代皇室史的研究》一书中，坂本太郎有这样一段评价："战后国史（日本史）的研究在各个领域都取得了惊人的进展，不少领域让人刮目相看。在皇室史的研究方面虽然也有若干经济以及制度关系的探讨，但关于皇室史的真正的研究仍然没有人可以同竹岛先生的研究相媲美。"如果说坂本太郎的评价仍然适用于当今的皇亲研究恐怕也不为过，因为当今的许多研究主要都是在某种程度上深化或者修正竹岛宽的观点。战后随着古代史研究的开展，皇亲的个案研究取得了一些新进展。下面主要围绕本书的章节设置，对日本学界就古代日本皇亲制度的研究状况作一简单的回顾与介绍。

---

① 伊文成、王金林等编：《日本历史人物传》（古代中世篇），黑龙江人民出版社1984年版。
② 蒋立峰：《日本天皇列传》。
③ 竹岛宽：《王朝时代皇室史の研究》，初版为1922年版，1982年名著普及会再版。

1. 皇亲政治

"皇亲政治"一词作为历史学上的用语最早由北山茂夫提出。①北山茂夫认为天武朝以后以公地公民制为基础的"白凤期"（645—710）是政治权力高度集中于天皇的时期，这一时期天皇的权力在上层中得到了皇亲的拥护，在下层中以官人制为基础，诸臣与百官人从中央至地方，行使天皇赋予的权力。在同一时期，竹内理三对"皇亲政治"概念的形成起到重要的推动作用。②竹内理三认为天武朝制定八色姓的目的是"确立皇亲的社会地位，从而成为天皇专制的一根支柱"。

此后，经过高桥富雄③与直木孝次郎④等人的研究，"皇亲政治"一词逐渐被固定下来。高桥富雄提出，8世纪的皇亲是"天皇政治的排他性阶级"的政治官僚，认为皇亲占据官僚机构高层、成为天皇权力基础的皇亲官僚统治体制形成于持统朝到圣武朝时期。直木孝次郎认为，在奈良时代前半期，皇亲不仅占据了最高层的官僚机构，而且在八省中担任长官的皇亲也占到了总数的一半，甚至地方上一些权重位显的职官，如国司等也大多由皇亲出任，特别是司法、财政、军事等领域，皇亲有着强有力的发言权。20世纪80年代以后，虎尾达哉提出天武朝的皇子是为拥护脆弱的王权而超越了官僚机构的特殊身份，起到藩屏作用。⑤

北山茂夫和竹内理三等人的观点，事实上都是直接将天武天皇视为专制君主。这种将律令国家无条件地规定为专制君主国家的观点，也遭到了一些学者的反驳。20世纪50年代，关晃提出了"贵

---

① 北山茂夫：《740年の藤原広嗣の叛乱》，《法と経済》第116号，1951年。
② 竹内理三：《天武"八姓"制定の意義》，《史淵》第43号，1950年。
③ 高橋富雄：《皇親官僚制成立の意義》，《歴史学研究》第228号，1959年。
④ 直木孝次郎：《律令官制における皇親勢力の一考察》，大阪歴史学会編集：《律令国家の基礎構造》，吉川弘文館1960年版。
⑤ 虎尾達哉：《律令国家と皇親》，《日本史研究》第307号，1988年。

族制论",强调律令国家权力结构中贵族制的要素。① 此后,关晃又陆续发表了一系列论文来阐述该观点。关晃在上述论文中指出,通过从大化改新到制定《大宝律令》这一时期的政治变革,基本确立了朝廷对全国的统治,但此时天皇并没有绝对的权力。因为在畿内的统治阶层内部,以中国式的专制君主制为目标的天皇与维持5世纪以来贵族共和制的豪族之间存在对抗,天皇不能从由畿内豪族所运行的朝廷政治机构中脱离出来,不具备随意地实现自己意愿的"实质性的权力基础"。畿内豪族不是"作为君主制的工具的官僚",而是"采取君主专制形态实行贵族制统治"。② 石母田正继承了关晃提出的部分观点,他以对官制、公文书制度等的分析为基础,提出与君主权力相对的日本官人贵族阶层的地位比唐代官人贵族阶层的地位更高,认为律令制下的天皇在贯彻自己的政治意志时受到很大的制约,律令制天皇制具有贵族制王制的性质。③

针对石母田正的分析,早川庄八对贵族制论进行了进一步的实证研究。早川庄八详细分析了太政官奏与合议制,认为由太政官发起的提议是对天皇权力的介入,其背后所蕴藏的是畿内势力用传统的公卿合议这一主要方法来制约天皇的权力。④ 角田文卫提出了与北山茂夫完全相反的观点,认为古代日本的皇亲不足以成为支撑天皇权力的基础,反而是造成天皇地位不稳定的重要因素;天武朝的皇亲政治是天皇无法抑制皇亲势力发展的结果。⑤ 角田文卫的观点在日本史学界有些孤立,但这种认为皇亲会危及皇权的观点得到仓本一

---

① 関晃:《律令支配層の成立とその構造》,《新日本史大系第2卷·古代社会》,朝倉書店1952年版。

② 参见関晃《大化改新と天皇権力》,《歴史学研究》第228号,1959年;《大化前後の天皇権力について》,《歴史学研究》第233号,1959年;《律令貴族論》,《岩波講座日本歴史第3卷·古代3》,岩波書店1976年版。

③ 石母田正:《日本の古代国家》,岩波書店1971年版。

④ 早川庄八:《日本古代官僚制の研究》,岩波書店1986年版。

⑤ 角田文衛:《律令国家の展開》,塙書房1960年版。

宏等部分学者的支持。①

2. 皇位继承

皇位继承是皇亲制度研究中的一个重要课题。有关皇位继承的研究成果，最早可以追溯到德川时代后期本居宣长的《古事记传》。在《古事记传》一书的注释中，本居宣长认为古代日本的皇位继承制与中国不同，存在多位可以继承皇位的"太子"。进入近代以后，由于《大日本帝国宪法》规定"天皇神圣不可侵犯"，因此，有关皇位继承的话题也成为禁区，研究成果很少，仅有家永三郎在考察圣德太子的政治立场时，提出皇太子制度成立于推古朝，此后逐渐得到完备。②

二战后，日本古代史研究扫除了许多障碍，有关皇位继承的研究也取得了很大的进展。太田亮不再局限于《大日本帝国宪法》所规定的框架，通过对《古事记》与《日本书纪》等基本史料的比较研究，指出古代日本存在末子相继的习惯。③ 但太田亮并没有对《古事记》与《日本书纪》进行史料批判。

进入20世纪60年代以后，日本古代史学界对《古事记》与《日本书纪》的可靠性问题展开了深入研究。其中，井上光贞提出了"大兄制"论，最早对皇位继承制进行系统研究。④ 井上光贞通过对《古事记》与《日本书纪》中能够继承皇位的"皇太子"的分析，首次提出在皇太子制成立以前，存在着由长子大兄来继承皇位的"大兄制"。井上光贞是二战后在批判《古事记》与《日本书纪》的基础上对皇位继承最早进行研究的，同时试图通过"大兄制"这一法制史的角度来把握古代日本的皇位继承方式。

从井上光贞提出"大兄制"论以后，日本学界存在肯定说与否

---

① 倉本一宏：《律令制成立期の"皇親政治"》，笹山晴生先生還暦記念会编：《日本律令制論集》上卷，吉川弘文館1993年版。
② 家永三郎：《飛鳥における摂政政治の本質》，《社会経済史学》第8卷第6号，1938年。
③ 太田亮：《全訂日本上代社会組織の研究》，邦光書房1955年版。
④ 井上光貞：《古代の皇太子》，《日本古代国家の研究》，岩波書店1965年版。

定说两种观点。直木孝次郎继承和发展了井上光贞的"大兄制"论，认为作为皇位继承候补者的大兄可以同时存在多人，无法防止皇位继承纷争；作为皇位继承候补者的太子只有一人，不易引起皇位继承纷争，因而作为国家制度，太子制比大兄制更加合适。[1] 门胁祯二与井手久美子也赞同"大兄制"论，但与井上光贞、直木孝次郎认为同时存在多个可以继承皇位的"大兄"不同，他们认为同一时期只有一个"大兄"。门胁祯二认为山背大兄王称为"大兄"是舒明天皇结束即位纷争时采取的妥协措施，此前应称为山背皇子；古人大兄皇子称为"大兄"是皇极天皇二年的上宫王家灭亡事件（即山背大兄王一族自杀事件）以后，此前没有获得大兄称号；古人皇子称为大兄的阶段，中大兄皇子尚称为葛城皇子；葛城皇子称为"中大兄"是在古人大兄皇子失势以后。[2] 井手久美子补充指出，押坂彦人大兄皇子称为"大兄"是在大兄皇子即位为用明天皇以后，认为"大兄"是"大后"所生的长子，一任"天皇"只立一位大兄；正如在"天皇"一词出现之前有"大王"，"皇后"一词出现之前有"大后"一样，"大兄"一词是"皇太子"一词的先驱称号。[3] 中村明藏的观点与上述观点有所不同，他认为大兄原本只有一个，但从大兄皇子即位为用明天皇以后，由于朝廷内部纷争不断，相互对立的势力各自立大兄，才开始出现同时存在两位或两位以上大兄的情况。[4] 此外，吉田晶分析了大王、大后和大兄之间的关系，认为大兄制始于继体天皇。[5] 吉村武彦也认为大兄制始于继体天皇，同时指出，由于当时还没有称为"大后"与"皇后"这一特殊身份的妃子，在一夫多妻制下产生的多个大兄之间纷争不断，并且当时还存

---

[1] 直木孝次郎：《大兄制と皇位継承法》，《日本古代国家の成立》，社会思想社1987年版。
[2] 門脇禎二：《上宮王家滅亡事件》，《"大化改新"論——その前史の研究》，徳間書店1969年版。
[3] 井手久美子：《大兄制の史的考察》，《日本史研究》第109号，1970年。
[4] 中村明藏：《大兄の創始とその意義》，《日本史研究》第122号，1971年。
[5] 吉田晶：《古代国家の形成》，《岩波講座日本歴史第2巻・古代2》，岩波書店1975年版。

在兄弟继承，因此埋下了现任天皇的弟弟与天皇的下一代大兄之间相互争夺王位的隐患。①

荒木敏夫、田中嗣人、寺西贞弘等人则提出了否定"大兄制"论的观点。荒木敏夫认为"大兄"并不是日本皇室所固有的称号，而是与一般豪族的宗主继承权有关的称号。② 田中嗣人指出，"大兄"并不是皇位继承者的称号，只是从意味着长子这一亲族称谓中产生的一种敬称。③ 寺西贞弘认为大兄不是皇太子的先驱形态，也不是与一般豪族的宗主继承权有关的称号，日本在模仿中国的律令制度以前，主要是以兄弟继承为原则，直系继承直至奈良时代才逐渐形成。④

河内祥辅⑤与筱川贤⑥提出当时存在着由大王与大后（前任大王之女）近亲婚所生之子（即太子）来继承王位这一特殊的父子直系继承原则。小林敏男提出"大兄"是天皇"辅政者"的观点，认为中大兄被立为"皇太子"后，大兄制被废除，大兄的辅政因素与皇嗣因素二者合二为一，形成了皇太子制。⑦ 此外，荒木敏夫还对"大兄"的训读进行了详细的考察，认为"大兄"训读为"オホエ"。⑧

除了关于"大兄制"的争论之外，关于"不改常典"的内容也是见仁见智。"不改常典"并不是法律上的正式名称，只是在天皇即位诏书中提到的一个名称。由于史料中没有"不改常典"具体内容

---

① 吉村武彦：《日本の歷史3·古代王権の展開》，集英社1991年版。
② 参见荒木敏夫《書評——門脇禎二著〈"大化改新"論〉》，《歷史学研究》第363号，1970年；《日本古代の皇太子》，吉川弘文館1985年版。
③ 参见田中嗣人《大兄制管見》，《続日本紀研究》第178号，1975年；《大兄制批判再説——大化前代の皇位継承を中心に》，《文化史学》第35号，1979年。
④ 寺西貞弘：《古代天皇制史論——皇位継承と天武朝の皇室》，創元社1988年版。
⑤ 河内祥輔：《古代政治史における天皇制の論理》，吉川弘文館1986年版。
⑥ 篠川賢：《六、七世紀の王権と王統》，《日本歷史》第529号，1992年。
⑦ 小林敏男：《大兄制と輔政》，《古代女帝の時代》，校倉書房1987年版。
⑧ 荒木敏夫：《日本古代の皇太子》，吉川弘文館1985年版。

的记载，所以出现了直系皇位继承说[1]、让位继承说[2]、皇太子制说[3]、藤原氏辅政说[4]等争论。还有一些学者提出后世假托说，认为"不改常典"为元明女帝假托天智天皇的名义捏造。[5] 此外，井上亘认为"不改常典"不是与皇位继承有关的规定，而是指近江朝廷所确立的国家体制的原理，也就是说，是指以近江朝廷为中心的政权本身，意在表明天智天皇所建立的现政权的原理是"不可改变"的。[6]

过去，学者普遍认为从天武天皇至称德天皇，皇位一直是由天武天皇的子孙继承，即所谓的"天武系皇统"。称德天皇去世后，天智天皇之孙光仁天皇即位，"天武系皇统"断绝，取而代之的是"天智系皇统"复活。不过，近年来，一些日本学者提出8世纪重视的并不是"天武系皇统"，而是"天智系皇统"。[7] 此外，一些学者还提出，当时并不存在与"天智系皇统"相对的"天武系皇统"的观念，圣武天皇、称德天皇等并不认为自己属于"天武系皇统"，光仁天皇、桓武天皇等也不认为自己属于"天智系皇统"。[8]

---

[1] 参见北山茂夫《六七一年の天智天皇の詔についての論》，《日本古代政治史の研究》，岩波书店1959年版；岩桥小弥太《天智天皇の立て給ひし常の典》，《増補上代史籍の研究》下卷，吉川弘文館1973年版；河内祥辅《古代政治史における天皇制の論理》。

[2] 寺西贞弘：《古代天皇制史論——皇位継承と天武朝の皇室》。

[3] 森田悌：《不改常典について》，笹山晴生先生還暦記念会编：《日本律令制論集》上卷。

[4] 田村圆澄：《不改常典》，《日本古代の宗教と思想》，山喜房1987年版。

[5] 参见直木孝次郎《天智天皇と皇位継承法》，《人文研究》第6卷第9号，1955年；佐藤宗諄《元明天皇論——その即位をめぐって》，《古代文化》第30卷第1号，1978年；森田悌《不改常典について》。

[6] 井上亘：《虚伪的"日本"——日本古代史论丛》，社会科学文献出版社2012年版。

[7] 参见井上亘《日本古代の天皇と祭儀》，吉川弘文館1998年版；藤堂かほる《天智陵の営造と律令国家の先帝意識——山科陵の位置と文武三年の修陵をめぐって》，《日本歴史》第602号；《律令国家の国忌と廃務——八世紀の先帝意識と天智の位置づけ》，《日本史研究》第430号，1998年；水林彪《律令天皇制の皇統意識と神話（上）（下）》，《思想》第966号、967号，2004年。

[8] 遠山美都男：《古代の皇位継承——天武系皇統は実在したか》，吉川弘文館2009年版。

3. 叙位、任官与封禄

皇亲叙位方面,龟田隆之对照《续日本纪》的实例与《律令》中有关对亲王、二世王之子的叙位规定,考察了亲王、二世王之子的叙位问题。① 平野博之对 8 世纪有关诸王叙位的律令作了详细的解读。② 今江广道论证了亲王、内亲王直叙的成立过程。③ 安田政彦则以一品的升叙为例,对亲王的叙位作了探讨。④ 庄司浩⑤与仓本一宏⑥等人将皇亲在天武朝获得的冠位与他们在颁布《大宝令》后获得的位阶进行了比较。

皇亲任官方面,知太政官事一职受到了日本学界的关注。井上光贞提出,知太政官事制继承了《大宝令》(701)颁布前实行的皇族太政大臣制。⑦ 北山茂夫⑧与野村忠夫⑨等人指出,设置知太政官事的目的是调整以太政官为权力来源基础的贵族势力与拥护天皇权力的皇亲势力之间的关系,并以此牵制太政官的权力。仓本一宏⑩、吉川真司⑪以及筱川贤⑫等人则认为王权与贵族势力并非相互对抗,而是共同构成了国家权力的核心。在皇亲任官方面的研究中,除知

---

① 龟田隆之:《親王、王の子の叙位について》,《続日本紀研究》第 9 卷—4、5、6 号,1962 年。

② 平野博之:《諸王叙位の法制史的背景——八世紀の諸法令の解釈をめぐって》,《日本歴史》第 317 号,1974 年。

③ 今江広道:《律令時代における親王、内親王の叙品について》,《書陵部紀要》第 33 号,1983 年。

④ 安田政彦:《八・九世紀の一品昇叙》,《日本歴史》第 575 号,1996 年。

⑤ 庄司浩:《天武十四年皇親冠位制について》,《立正史学》第 34 号,1970 年。

⑥ 倉本一宏:《皇親冠位の変遷について》,《続日本紀研究》第 249 号,1987 年。

⑦ 井上光貞:《古代の皇太子》。

⑧ 北山茂夫:《740 年の藤原広嗣の叛乱》。

⑨ 野村忠夫:《律令政治の諸様相》,塙書房 1968 年版。

⑩ 倉本一宏:《律令貴族論をめぐって》,《日本歴史》第 472 号,1987 年。

⑪ 吉川真司:《律令太政官制と合議制——早川庄八〈日本古代官僚制の研究〉》,《日本史研究》第 309 号,1988 年。

⑫ 篠川賢:《"知太政官事"小論》,《日本常民文化紀要》第 19 号,1996 年。

太政官事一职外，还有一些其他方面的具体探讨。如黑板伸夫探讨了亲王任官的背景与具体形态，认为亲王的权威在不断下降。① 高田淳对桓武天皇皇子的任官作了考察，认为桓武天皇后半期是亲王的待遇逐渐系统化的过程。② 高田淳对伊予亲王、葛原亲王、神野亲王和大伴亲王的经历作了详细考证。③ 仓本一宏详细分析了奈良时代诸王所任官职的比率，并对其归类。④ 安田政彦考察了八省卿、大宰帅、弹正尹以及亲王任国的任官惯例化的过程。⑤

皇亲封禄方面，皇亲时服与女王时服是日本学界的关注点。高桥崇认为，皇亲时服需要计算出勤天数，而女王时服不必计算出勤天数，因此，皇亲时服只赐给男王，女王时服以其他形式赐予。⑥ 安田政彦认为，如果女王时服是以其他形式赐予的，那么应该和《令集解》中"亲王文不见，别敕治给耳"的说明一样，有类似关于女王的特殊说明，因此，律令制中的"皇亲时服"是包括女王时服的。⑦ 冈村幸子则认为，不存在与赐予男王时服相似的女王时服。⑧ 除皇亲时服与女王时服的讨论外，时野谷滋通过探讨年给制，分析了亲王年给的具体形态，同时将亲王任国制与分国制的研究相结合，探讨皇亲封禄问题。⑨ 安田政彦以无品封的设定为中心，对无品亲王

---

① 黑板伸夫：《平安時代における親王任官への一考察：官職秘抄（鈔）・職原抄（鈔）を手がかりとして》，《摂関時代史論集》，吉川弘文館1980年版。

② 高田淳：《桓武朝後半期の親王任官について》，《国史学》第121号，1983年。

③ 高田淳：《桓武天皇の親王について——その加冠、叙品、任官を中心に》，国学院大学大学院《史学研究集録》第9集，1984年。

④ 仓本一宏：《皇親冠位の変遷について》。

⑤ 安田政彦：《平安時代の式部卿——その補任をめぐって》，《帝塚山学院大学研究論集》第27集，1992年。

⑥ 高桥崇：《律令官人給与制の研究》，吉川弘文館1970年版。

⑦ 安田政彦：《女王に関する若干の考察——女王禄を中心として》，《帝塚山学院大学研究論集》第25集，1990年。

⑧ 冈村幸子：《女王禄について》，《ヒストリア》第144号，1994年。

⑨ 時野谷滋：《食封制度の研究》，《律令封禄制度史の研究》，吉川弘文館1977年版。

的封禄作了系统考察。① 尾上阳介以巡给制为中心，对亲王年给制作了考察。②

4. 婚姻制度

关于古代日本皇亲的婚姻问题，讨论较多的是《继嗣令》"王娶婚条"。竹岛宽对"王娶婚条"作了详细的解释，认为该条文与中国的宗法制度中"同姓不娶"的原则正好相反，是日本固有法律。③ 西野悠纪子指出，日本不仅只有皇亲实行内婚制，有势力的贵族，如藤原氏、大伴氏等一般也实行族内婚；皇亲实行近亲婚的意义在于防止了皇家的血统流入其他氏族，从而形成封闭的血缘集团。④ 另外，西野悠纪子指出，皇女们作为君临天下之神——天皇的亲属，起到了保护神圣血统与外界隔离的作用。⑤ 大平聪认为，女性皇亲之间的近亲婚起到了缓解王族间的政治紧张关系的作用。⑥ 神田千砂对天智朝与天武朝的内婚制作了考察，指出天智天皇、天武天皇的父母都是天皇（舒明天皇与齐明天皇），四人祖父母也都是皇亲，特别是天武天皇只拘束在内婚制中。⑦

古代社会的法律与现实往往出现相背离的情况，但根据坂井洁子的研究，奈良时代几乎没有发生违反《继嗣令》"王娶婚条"的事例，女性皇亲基本上遵循了内婚制的原则。⑧ 栗原弘在考察藤原内

---

① 安田政彦:《無品親王について——無品封の設定を中心として》,《ヒストリア》104号, 1984年。

② 尾上阳介:《親王の年官について》,《早稲田大学大学院文学研究科紀要》別冊17集, 1990年。

③ 竹岛宽:《王朝時代皇室史の研究》。

④ 西野悠纪子:《律令制下の氏族と近親婚》, 女性史総合研究所編:《日本女性史——原始・古代》, 東京大学出版会1982年版。

⑤ 西野悠纪子:《皇女が天皇になった時代》, 服部早苗編著:《歴史のなかの皇女たち》, 小学館2002年版。

⑥ 大平聪:《女帝・皇后・近親婚》, 鈴木靖民編:《日本古代の王権と東アジア》, 吉川弘文館2012年版。

⑦ 神田千砂:《白鳳の皇女たち》,《女性史学》第6号, 1996年。

⑧ 坂井潔子:《内親王史序説》,《史艸》第3号, 1972年。

麿家族的婚姻问题时，认为二世女王嫁给臣下的事例始于淳和天皇的皇子恒世亲王之女嫁给藤原内麿的第十子藤原卫。藤原内麿有两个儿子和一个孙子娶了皇亲女子，这反映了其政治地位的提高。同时，他指出藤原内麿不因子女生母的地位以及出生的顺序而有所偏爱，子女完全是依靠自身的能力晋升；男子的婚姻不像女子的婚姻那样完全由父亲决定，而是存在由父亲主导决定的婚姻和本人意志决定的婚姻这两种形态。① 今江广道认为奈良时代女性皇亲基本上是遵循着内婚制，并从史料中找出了几条女性皇亲明确违反内婚制，嫁给臣下的事例，如藤原仲麻吕儿子藤原久须麻吕与舍人亲王的三世王加须良女王的婚姻。今江广道认为对于手握天下政权的藤原仲麻吕来说，迎娶皇亲女性自然不是问题，但也只限于同三世女王结婚。②

梅村惠子在考察摄关家的正妻问题时，列举了藤原赖通与隆姬女王通婚的例子，认为隆姬获得优势地位的原因在于她的"正妻"地位，而这种"正妻"地位的获得不是以其出生优劣为依据的，而是由有无嫡子和监护人的优劣决定。③ 荒木敏夫分析了古代日本成为天皇与皇亲妻子的条件，并从他们的婚姻关系中考察了日本古代王权的两种特质：一是遮断了与海外王权的婚姻关系，忌避国际化；二是封闭了王族子女"降嫁"臣下之途，忌避"大王、天皇血统"向外部扩散。④

5. 皇亲赐姓

在古代日本皇亲赐姓的研究中，源氏赐姓是学者们考察的重点。

---

① 栗原弘：《藤原内麿家族について》，《日本歷史》第511号，1990年。
② 今江广道：《八世紀における女王と臣下の婚姻に関する覚書》，国学院大学文学部史学科编：《日本史学論集》上卷，吉川弘文館1983年版。
③ 梅村惠子：《摂関家の正妻》，義江明子编：《日本家族史論集第8卷·婚姻と家族、親族》，吉川弘文館2002年版。
④ 荒木敏夫：《古代天皇家の婚姻戦略》，吉川弘文館2012年版。

赤木志津子在《赐姓源氏考》①一文中，详细考察了赐姓源氏的系谱，可以看作源氏赐姓研究的开始。藤木邦彦的《奈良平安朝的皇亲赐姓》②一文，同样也对源氏赐姓作了非常全面和系统的分析。继赤木志津子与藤木邦彦之后，林陆朗先后发表了一系列文章，通过细致的考证，对平安时代的嵯峨源氏、淳和源氏、仁明源氏、文德源氏、清和源氏、阳成源氏、光孝源氏、宇多源氏、醍醐源氏、村上源氏等出自不同的源氏赐姓进行了梳理，探讨了出身不同的源氏在平安时代政治史与文化史上的地位。③ 宇根俊范对包括源氏在内的古代日本四大姓氏的由来作了考察。④ 西阳松介重新考察了宇多天皇至村上天皇时期赐姓源氏的原因。⑤

平氏赐姓方面，太田亮最早提出平氏源自桓武天皇建造平安京的说法。⑥ 藤木邦彦则根据贞观五年（863）房世王上表中"作平朝臣姓，即取得平之义"的记载，认为"平"字还有取得和平的意思。⑦ 宇根俊范对日本律令制下的改赐姓问题作了考察，认为平安时代皇亲出身的新朝臣的出现，给贵族社会的族姓秩序带来了很大的变化。⑧ 安田政彦继承了之前关于源氏赐姓的研究方法，以平氏赐姓为中心，考察了平安初期，特别是桓武朝的皇亲赐姓。⑨ 同时，安田

---

① 赤木志津子：《赐姓源氏考》，《平安贵族の生活と文化》，讲谈社1964年版。

② 藤木邦彦：《奈良平安朝における皇親賜姓について》，国士館大学《人文学会紀要》第2号，1970年。

③ 参见林陆朗《嵯峨源氏の研究》《赐姓源氏の成立事情》《上代政治社会の研究》，吉川弘文館1974年版；《淳和、仁明天皇と赐姓源氏》，《国学院雑誌》第89号，1988年；《平安初期政界における嵯峨源氏》，《古代文化》第460号，1997年。

④ 宇根俊範：《源平藤橘の由来》，《月刊百科》第304号，1988年。

⑤ 西松陽介：《赐姓源氏の再検討——赐姓理由を中心に》，《日本歴史》第737号，2009年。

⑥ 太田亮：《姓氏家系大辞典》，角川書店1960年版。

⑦ 藤木邦彦：《奈良平安朝における皇親賜姓について》。

⑧ 宇根俊範：《律令制下における改賜姓について》，《史学研究》第147号，1980年。

⑨ 安田政彦：《平安初期の皇親赐姓——平氏赐姓を中心として》，《ヒストリア》第117号，1987年。

政彦还围绕大伴亲王的赐姓上表，从政治史的视角探讨了皇亲赐姓的意义。① 森田悌在分析皇亲的管理方式的基础上，对平安时代皇亲赐姓的范围，以及"延历二十三年制"对皇亲赐姓的影响等作了考察。②

奈良时代皇亲赐姓的研究较少，藤木邦彦以《续日本纪》和《公卿补任》为中心，对奈良时代的皇亲赐姓作了详细的统计，认为奈良时代的葛城王与佐为王请求赐姓的真正意图是强化同藤原氏的关系。③ 继藤木邦彦之后，相关研究成果主要有加藤优子的《奈良时代的赐姓皇族》、④ 池知正昭的《奈良朝皇亲赐姓的意义》、⑤ 吉住恭子的《奈良朝皇亲的存在形态》⑥ 等。此外，坂井洁子在《内亲王史序说》⑦ 一文中也设了专节分析内亲王的赐姓问题，认为给皇子、皇女的赐姓主要是平安时代前期的一种现象，至醍醐天皇以后基本上就结束了。

6. 斋王制度

二战前，在皇国史观的影响下，《日本书纪》中有关伊势神宫的记载被神圣化。二战后，不少学者对伊势神宫的创建以及斋王制度的形成等展开实证研究。

关于伊势神宫的创建时间，村上重良认为，伊势神宫原来是祭祀伊势地方神的神社，所供奉的似乎是后来供在外宫的当地的农业神。随着大和朝廷势力达到伊势之后，从5世纪前后起，将天皇的

---

① 安田政彦：《大同元年の大伴親王上表をめぐって》，《続日本紀研究》第286号，1993年。
② 森田悌：《平安初期における皇親賜姓》，《王朝政治と在地社会》，吉川弘文館2005年版。
③ 藤木邦彦：《奈良平安朝における皇親賜姓について》。
④ 加藤優子：《奈良時代における賜姓皇族》，愛知教育大学《歴史研究》第35号，1989年。
⑤ 池知正昭：《奈良朝皇親賜姓の意義》，《青山学院大学文学部紀要》第31号，1989年。
⑥ 吉住恭子：《奈良朝における皇親の存在形態》，《史窓》第52号，1995年。
⑦ 坂井洁子：《内亲王史序说》。

祖先神合并于旧有的神社供奉起来，于是出现了伊势二宫。① 冈田精司也持同样观点，认为在雄略天皇统治的5世纪时期，大王的守护神的祭祀场所从河内、大和地区迁移到伊势，成为伊势神宫的起源。同时指出，伊势神宫成立的历史背景是5世纪后半期社会的变动与传统信仰的变质以及对东国经营的进展等，其中，随着对中国南朝朝贡外交的停滞与日本势力在朝鲜半岛的败退而产生的国际危机是最重要的原因。② 直木孝次郎也注意到伊势神宫具有地域神的性质，但关于伊势神宫成立的时间，他认为始于王权集权化的6世纪前半期。③

此外，三品彰英通过与古代朝鲜的太阳信仰的比较，从分析外来思想的导入对日本思想带来的影响的视角，探讨了伊势神宫的特质。④ 松前健认为5世纪至7世纪，广泛存在着在来系与渡来系等多种日神信仰，在伊势有物部氏和尾张氏的太阳信仰，这些原本是将"海"和"空"相对应的海人系的日神信仰。⑤ 榎村宽之认为伊势神宫有两张面孔：一张面孔是现实中存在的，拥有一定的领域和建筑，用于祭祀的神社，即作为神社的伊势神宫；另一张面孔与王权有关，是被置于统治结构内部理解的神社，即作为国家机构的伊势神宫。⑥

关于斋王与采女之间的关系，折口信夫提出采女等于巫女的说法。⑦ 门胁祯二则对此提出质疑，认为二者有区别，他指出采女原本是作为人质被送往大和的下级女官，被赋予祭祀的性质是在平

---

① 村上重良：《国家神道》，聂长振译，商务印书馆1992年版。
② 冈田精司：《伊勢斎宮の成立をめぐる問題点》，井上光贞、西嶋定生等编：《東アジア世界における日本古代史講座第9卷・東アジアにおける儀礼と国家》，学生社1982年版。
③ 直木孝次郎：《日本古代の氏族と天皇》，塙書房1964年版。
④ 三品彰英：《三品彰英論文集第1卷・日本神話論》，平凡社1970年版。
⑤ 松前健：《松前健著作集第9卷・神社とその伝承》，おうふう1997年版。
⑥ 榎村寬之：《伊勢神宮と古代王権》，筑摩書房2012年版。
⑦ 折口信夫：《宮廷儀礼の民族学的考察——采女を中心として》，《折口信夫全集第6卷》，中央公論社1965年版。

安时代以后，与此相对，斋王一开始就被赋予祭祀者的性质。① 田中卓对伊势神宫的起源、神宫制度的完备、伊势神郡的形成、式年迁宫的起源与伊势神宫寺的创建等作了考察，认为天皇即位后不久实行斋王卜定这一惯例，至少可以追溯到用明天皇时期，是大化改新之前的上古仪式。在经历了从斋王制度的中断，到天武天皇的复活之后，再次被确认，并作为一项基本原则一直延续到延喜时代。②

所京子广泛收集了与伊势斋宫和贺茂斋院相关的和歌，并进行解读。她收集了以22位斋宫为对象的和歌373首；以39位斋院为对象的和歌1181首。她将这些收集到的和歌以及和歌歌词中与斋王关系较深的人物的具体形象作了清晰的复原。③ 此外，所京子还对斋宫女官的名称、种类、成立时期以及斋王的佛教信仰、斋院的事迹等作了考察。④ 除了和歌以外，所京子还将《春记》《中右记》等记录，以及《源氏物语》《狭衣物语》《风叶集》等文学作品中有关斋

---

① 門脇禎二：《采女——献上された豪族の娘たち》，中央公論社1969年版。
② 田中卓：《田中卓著作集第4卷·伊势神宫の創祀と発展》，国書刊行会1987年版。
③ 参见所京子《伊勢斎宮関係和歌集成——平安中期を中心として》，《聖徳学園女子短期大学紀要》第9集，1983年；《伊勢斎宮関係和歌集成——平安後期を中心として》，《聖徳学園女子短期大学紀要》第10集，1984年；《伊勢斎宮関係和歌集成——鎌倉時代を中心として》，《聖徳学園女子短期大学紀要》第11集，1985年；《賀茂斎院関係和歌集成——平安前期を中心として》，《芸林》第31卷第4号，1982年；《賀茂斎院関係和歌集成——平安中期を中心として》，《神道史研究》第34卷第4号，1987年；《賀茂斎院関係和歌集成——平安後期を中心として》，所京子：《斎王和歌文学の史的研究》，国書刊行会1989年版。以上均收入所京子《斎王和歌文学の史的研究》一书。
④ 参见所京子《平安時代の斎宮女官（上、下）》，《古代文化》第30卷第4、5号，1978年；《平安時代の斎宮女官（補遺）》，《古代文化》第31卷第1号，1979年；《斎院選子内親王の仏教信》，《神道史研究》第32卷第3号，1984年；《斎院謀子内親王の事績》，《後期摂関時代史の研究》，吉川弘文館1990年版；《篤子内親王の事績》，《聖徳学園女子短期大学紀要》第14集，1988年。

王关系史料作了系统的梳理。①

诚然，中日学术界关于古代日本皇亲制度研究的著述远不止这些，但我们至少可以从中窥见目前皇亲制度研究的大致情况。综上所述，在国内学界，虽然探讨古代天皇制、贵族制、皇位继承制、婚姻制以及神道、伊势信仰等问题时，均涉及皇亲制度的相关问题，但至今仍然没有系统、全面地探讨皇亲制度的著作和文章。在日本学界，大致以第二次世界大战为分水岭，二战前的研究不可避免地带有这一时期的时代局限性。二战结束后，随着战后改革的推进和资产阶级民主化的建设，日本学界大多数学者摆脱了皇国史观的桎梏，开始科学地审视皇亲制的相关问题。但是，日本学者的研究往往是具体问题的细分化实证研究，缺乏整体性把握。相对而言，本书立足于中国人独自的思维和观点，将宏观研究与微观研究的视角结合起来，对与皇亲相关的皇位继承制度、叙位制度、任官制度、封禄制度、婚姻制度、赐姓制度、斋王制度以及皇亲在古代政治和社会生活中的地位和作用等进行综合考察，并就中日学界对皇亲制度研究中出现争论的地方略作粗浅探讨，从而更为完整地复原皇亲制度的演变与古代天皇制之间的关系，进而深化和促进对古代天皇制的特点和本质的研究。

四　研究范围与对象的界定

本书的书名为"古代日本皇亲制度研究"。"古代日本"在日本学界通常指的是镰仓幕府（1192—1333）建立之前的日本，其历史分期可细分为绳纹时代（约公元前10000—前300）、弥生时代（公

---

① 参见所京子《良子斋王の伊势群行觉书——〈田中本春记〉にみる实况》，《芸林》第43卷第4号，1996年；《〈中右记部类〉斋宫群行记——解说と训读》，《岐阜圣德学园大学纪要》第37集，1999年；《源氏物语にみえる斋宫记事の史的考察》，《神道学》第100号，1979年；《狭衣物语にみえる斋院记事の史的考察》，《圣德学园女子短期大学纪要》第7集，1981年；《〈风叶集〉にみえる斋王关系和歌》，《圣德学园女子短期大学纪要》第16集，1990年。以上均收入所京子《斋王の历史と文学》一书。

元前300—公元300)、古坟时代（300—600，又称大和时代）、飞鸟时代（600—710）、奈良时代（710—784）与平安时代（794—1192）。由于日本的"天皇"称号在飞鸟时代才出现，因此在飞鸟时代以前实际上并不存在所谓的"皇亲"，故本书所指的"古代"主要限定在飞鸟、奈良与平安三个时代。即本书主要对日本从飞鸟时代王权的成熟至平安时代古代天皇制的终结这段历史时期的皇亲制度作系统的研究。

（一）皇亲的称谓

日本"皇亲"一词的使用是在大宝元年（701）颁布《大宝律令》后才基本固定下来。在一些史料中，有时也将"皇亲"称为"皇族"。如《续日本纪》天平八年（736）十一月，圣武天皇给葛城王赐姓橘氏时写到"皇族"一词："辞皇族之高名，请外家之橘姓。"① 但古代日本基本上都是使用"皇亲"一词，很少使用"皇族"一词。不过，随着律令制的衰退，"皇亲"一词的使用开始逐渐减少，"皇族"一词的使用逐渐增多，特别是进入明治时代（1868—1912）以后，基本上都是使用"皇族"一词，很少使用"皇亲"一词。

在探讨皇亲的称谓之前，首先必须对古代日本君主称谓的变化作一考察。虽然在《日本书纪》等史料中，从传说时期开始，便将古代日本君主称为"某某天皇"，但其实这是后世的称号，并不是当时就有"天皇"这个称号。那么，作为君主称号的"天皇"究竟是什么时候才开始使用的呢？在此之前又是如何称呼君主的呢？

公元1世纪前后，日本列岛上出现了许多带有部落或部落联盟性质的地域小国。这些地域小国的君主被称为"王"。在《后汉书》

---

① 黑板勝美国史大系編修会編輯：《新訂増補国史大系·続日本紀》卷12，吉川弘文館1984年版，第142頁。

中就有关于东汉光武帝刘秀赐予倭奴国①使者印绶的记载。1784 年 2 月，在日本福冈县志贺岛发现一块刻有几个字的金黄色印章，后经辨认，是"汉委奴国王"五个字。据学者考证，这枚金印正是光武帝赐予倭奴国使者的印章。

公元 3 世纪前后，倭奴国出现大乱，经过部落或部落联盟之间多年的战争，九州北部诞生了部落联盟"邪马台国"。② 根据《三国志·魏志》"倭人条"记载，邪马台国的"王"不是世袭，也不是由武力取得，而由贵族共立，并且是通过宗教的权威来维系。此外，"王"在相当程度上还通过国际社会对自身的承认来增强尚未稳固的统治权力的合法性与权威性。

4 世纪末至 5 世纪初，兴起于畿内的大和王权逐渐统一日本列岛，王权在性质上发生了重要的变化。在日本考古发掘的出土文物中屡有所见"大王"二字。因此，部分学者认为此时作为一国之首的君主称号由原来的"王"变为"大王"。③ 有关这一时期"大王"的资料，在中国的《宋书》《南齐书》《梁书》《南史》《册府元龟》等史书中均有记载。此时的"大王"不仅拥有宗教权威，也是政治权力的体现者。即便如此，大和国家也还不是权柄独揽于大王的中央集权制政体，当时中央贵族和地方豪族在大和国家的政治、经济结构中处于十分重要的位置。

进入 6 世纪后，随着大和国社会经济的发展，统治集团内部各贵族势力之间，中央朝廷和地方势力之间，各种冲突也日趋激烈。

---

① 关于"倭奴国"这一地域小国的国名，学界有两种观点。一种观点认为，"倭奴国"指"倭（人）之奴国"，即"奴国"；另一种观点则认为，"倭奴国"应读为"ito 国"，即《魏志·倭人传》中的"伊都国"。

② 关于邪马台国的地理位置众说纷纭，尚无定论。除了九州说外，还有近畿说等，详细争论可参见佐伯有清《研究史邪馬台国》，吉川弘文馆 1975 年版；汪向荣《邪马台国》，中国社会科学出版社 1982 年版。

③ 也有学者认为，"大王"只是尊称，不是正式的称号。本书使用"大王"称号，更多的是想说明王权性质的不同。

与此同时，国际形势的发展，使大和国又面临着新的挑战。强化王权，还是削弱王权，已成为社会政治矛盾的焦点。645 年，中大兄皇子联合中臣镰足（藤原镰足）等人发动乙巳之变，并实施了一系列改革，试图建立以大王为中心的中央集权体制来挽救社会危机，史称"大化改新"。672 年，大友皇子和大海人皇子之间为争夺皇位继承权引发了一场内乱，即"壬申之乱"。结果大海人皇子在这场内乱中获得胜利。最终，在大海人皇子实行加强王权改革的背景下，首次提出"天皇"作为国家元首的称号，大海人皇子成为日本首位称为天皇的君主。

从"王"到"大王"再到"天皇"的称谓变化，反映了古代日本统治地域的逐步扩大，国力的渐强，更反映统治思想的日趋成熟。① 这种称谓的变化也适应了古代天皇制国家形成中央集权的需要，是国家形态趋向完备过程中的必然结果。②

以上对古代日本君主称谓的变化作了简要的考察。毫无疑问，日本在使用"天皇"称号之前，并不存在所谓的"皇亲"，当时"王"或"大王"的亲族称为"王亲"或许更为妥当。那么，当时究竟怎样称呼当时的"王亲"呢？

从《古事记》和《日本书纪》的记载中可以看到，当时的"王亲"一般称为"某尊""某王"或"某命"。《日本书纪》对"尊"和"命"作了解释："至贵曰尊，自余曰命，并训美举等也，下皆仿此。"③ "尊"专门使用于神话中的大神、尊贵的皇子以及皇后。其中著名的大神，如高皇产灵尊、伊弉诺尊、素戈鸣尊、琼琼杵尊等；著名的皇子，如神渟名川耳尊、大足彦尊、大兄去来穗别尊等；著名的皇后，如气长足姬尊（"神功皇后"）等。称"王亲"为

---

① 王金林：《日本天皇制及其精神结构》，第 2 页。
② 翟新：《日本天皇》，第 14 页。
③ 黑板胜美国史大系编修会编辑：《新訂增補国史大系·日本書紀》卷 1，吉川弘文館 1983 年版，第 1 页。

"王"或"命"的事例不胜枚举，如彦坐王、丹波道主王、难波小野王、饭丰女王、八坂入媛命、忍坂大中姬命等。

从《日本书纪》中还可以看到，"王亲"有时称为"某皇子"和"某皇女"，如景行天皇四年二月甲子条记载："天皇听之，仍唤八阪入媛为妃，生七男六女。……又妃三尾氏盘城别之妹，水齿郎媛，生五百野皇女。……前后并八十子。"① 不过，关于景行天皇生育80个子女的真实性以及当时是否已经使用"皇子""皇女"等都尚有疑问。但天武天皇二年（673）二月癸未条中关于"皇子""皇女"的记载则比较可信，即"天皇命有司，设坛场即帝位于飞鸟净御原宫。立正妃为皇后，后生草壁皇子尊。先纳皇后姊大田皇女为妃生大来皇女与大津皇子"②。

值得注意的是，虽然从《日本书纪》中可以看到"某皇子"与"某皇女"的记载，但《古事记》中却没有"某皇子"与"某皇女"的记载。笔者以为，景行天皇四年二月甲子条中的"皇子"与"皇女"等词同"天皇"一词一样，都是用后世的名称来代指前代的事物。日本真正开始使用，并且大量将"皇子"与"皇女"作为天皇子女的称谓应该在天武天皇即位以后。

大宝元年（701）颁布《大宝令》以后，对天皇的一世子女与一世以下的孙子女作了名称上的区分，将一世子女称为"亲王"（有时亲王也包括女子）或"内亲王"，一世以下孙子女称为"诸王"（有时诸王也包括女子）或"女王"。

"亲王"一词最早出现在《日本书纪》天武天皇四年（675）二月己丑条："诏曰，甲子年诸氏被给部曲者，自今以后除之。又亲王、诸王及诸臣并诸寺等所赐山泽岛浦、林野陂池，前后并除焉。"③ 据此可以推测，将亲王与诸王区分开来恐怕也是在天武天皇之后。

---

① 黒板勝美国史大系編修会編輯：《新訂増補国史大系・日本書紀》卷7，第200页。
② 黒板勝美国史大系編修会編輯：《新訂増補国史大系・日本書紀》卷29，第331页。
③ 黒板勝美国史大系編修会編輯：《新訂増補国史大系・日本書紀》卷29，第336页。

就日本古代史料而言，将亲王与皇子的名字合在一起使用最早出现在《续日本纪》文武天皇四年（700）六月甲午条："敕净大参刑部亲王……撰定律令，赐禄各有差。"① 此外，在藤原宫2—661木简和平城京25—30上木简中有"舍人亲王"②和"长屋亲王"③的记载。在正仓院文书中同样也有"一品舍人亲王食封参佰户、田捌佰肆拾玖町贰段肆仟壹佰伍拾贰束"④的记载。

如果对亲王称呼做进一步追溯，可以追溯到古代中国的制度。如《隋书·百官志》中记载："皇伯叔昆弟、皇子为亲王。"⑤ 此外，在《唐六典》中也有"皇兄弟、皇子皆封国，谓之亲王"⑥的记载。很明显《大宝令》中关于亲王的称谓大致是参照隋唐的制度。

《大宝令》中一般将皇子、皇女都统称为亲王，有时为了区分男女，将皇女称为内亲王。最早记载"内亲王"一词的文献是《日本书纪》持统天皇五年（691）正月癸酉条："赐亲王、诸臣、内亲王、女王、内命妇等位。"⑦ 内亲王的称谓大致与亲王的称谓同时出现，即天武天皇统治时期。将内亲王与皇女的名字合在一起使用最早出现在《续日本纪》大宝元年（701）二月己未条："遣泉内亲王侍于伊势斋宫。"⑧ 此外，在平城宫3—2864木简和藤原宫3—1304木简中有"吉备内亲王"⑨和"麻内亲王"⑩的记载。在正仓院文书

---

① 黒板勝美国史大系編修会編輯：《新訂増補国史大系·続日本紀》卷1，第7页。
② 奈良文化財研究所，http：//www.nabunken.go.jp/research/database.html。
③ 奈良文化財研究所，http：//www.nabunken.go.jp/research/database.html。
④ 《大日本古文書》卷1，第635页。参见東京大学史料編纂所，http：//wwwap.hi.u-tokyo.ac.jp/ships/shipscontroller。
⑤ 魏徵等撰：《隋书》卷28，中华书局1973年版，第781页。
⑥ 李林甫等撰，陈仲夫点校：《唐六典》卷2，中华书局1992年版，第37页。
⑦ 黒板勝美国史大系編修会編輯：《新訂増補国史大系·日本書紀》卷29，第408页。
⑧ 黒板勝美国史大系編修会編輯：《新訂増補国史大系·続日本紀》卷2，第9页。
⑨ 奈良文化財研究所，http：//www.nabunken.go.jp/research/database.html。
⑩ 奈良文化財研究所，http：//www.nabunken.go.jp/research/database.html。

中也能看到"水主内亲王"①的字样。

古代中国没有"内亲王"这一称号，皇帝的女儿一般称为"公主"。根据《唐六典》"封郎中员外郎条"记载："外命妇之制：皇姑封大长公主，皇姊妹封长公主，皇女封公主，皆视正一品；皇太子之女封郡王，视从一品；王之女封县主，视正二品。"②也就是说，皇帝父母的姐妹称为"大长公主"，皇帝的姐妹称为"长公主"，皇帝的女儿称为"公主"。根据该条注释记载："公羊传曰：'天子将嫁女于诸侯，必使同姓诸侯主之，'故曰'公主'。""汉家公主所食曰邑；诸王女曰翁主，亦曰王主。后汉皇女皆封县公主，仪服同列侯；尊崇者加号为长公主。"③即春秋战国时代，由于天子的女儿出嫁时天子自己不主持婚礼，而是由同姓诸侯来主持（当时各诸侯国的诸侯称为"公"），因而将天子的女儿称为"公主"。正因为如此，日本江户时代后期的学者藤原明远在所著《学山录》中写道："唐从汉魏制，天子姊为长公主，女为公主，然则称皇女为内亲王，皇朝所创也。"④

不过，实际上在古代日本的许多史料中仍然使用了"公主"一词。如《上宫圣德法王帝说》中将钦明天皇的女儿称为"孔部间人公主"；《续日本后纪》与《倭名类聚抄》等史料将有智子皇女、勤子皇女等称为"公主"；平安时代的公卿日记《贞信公记抄》将均子皇女、普子皇女、康子皇女等称为"公主"；汉诗文《本朝文萃》中还将尊子皇女称为"长公主"。

在皇亲成员中，皇太子的地位无疑是最重要的，因此有许多特殊的称谓，如"储君""春宫""昭阳"等都是其别称。根据《养老令》"仪制令"规定："凡皇后皇太子以下，率土之内，于天皇太上

---

① 《大日本古文書》卷3，第41頁。参見東京大学史料編纂所，http://wwwap.hi.u-tokyo.ac.jp/ships/shipscontroller。
② 李林甫等撰，陈仲夫点校：《唐六典》卷2，第38—39页。
③ 李林甫等撰，陈仲夫点校：《唐六典》卷2，第39页。
④ 宫内厅書陵部編纂：《皇室制度史料》，吉川弘文館1983年版，第26页。

天皇上表，同称臣妾名。皇后皇太子，于太皇太后皇太后，率土之内，于三后皇太子上启，称殿下，自称皆臣妾。"① 也就是说，一方面，除了皇太子、皇后等在给天皇或太上天皇上表时，不必自称臣妾名外，其他大臣均须自称臣妾名；另一方面，大臣在给三后（太皇太后、皇太后与皇后）以及皇太子禀告时，必须敬称其为殿下。②这样，殿下实际上成为皇太子的又一称谓。

古代日本有时也使用"宫"来称呼皇亲。用"宫"来称呼皇亲在奈良时代已经出现，如正仓院文书中记载："依市原宫宣而献纳宫内黄纸四百张（玉屋公万吕），从正月上旬，迄四月上旬，造纸申送讫。"③ 上文的市原宫指的便是市原王。在正仓院文书中还将"安宿王"称为"安宿宫"："华严修慈分一卷（杂十三帙内）右经、奉请安宿宫宣中山寺。知鬼室虫万吕（使粟田种万吕）天平胜宝元年十一月三日他田水主。"④ 进入平安时代以后，在公卿日记中，经常将皇子、皇女称为"一宫""二宫""今宫""若宫"等。有时也按官名称为"中务卿宫""式部卿宫""兵部卿宫""（大宰）帅宫""（弹正）尹宫""座主宫"等；有时或按品位称为"一品宫""二品宫""三品宫"等；有时或按地名称为"三条宫""高仓宫""八条宫""押小路宫"等。将皇子、皇女称为宫，主要是为了节省宫廷开支，因为皇子、皇女只要成为亲王或内亲王，朝廷就必须给俸禄，而称为"某宫"则可以减少俸禄的支出。

此外，根据日本宫内厅书陵部编纂的《皇室制度史料》可知，古代日本对天皇之子的称谓并不只限于"皇子"（"皇女"）、"亲王"（"内亲王"）、"宫"等，事实上天皇之子还有诸多的异称，其

---

① 井上光贞等校注：《日本思想大系新装版·律令》仪制3，岩波书店1994年版，第343—344页。

② 《皇室典范》第二十三条规定："天皇、皇后、皇太后及太皇太后敬称为陛下。上述以外的皇族之敬称为殿下。"

③ 正倉院文書，http：//somoda. media. osaka-cu. ac. jp/index. php。

④ 正倉院文書，http：//somoda. media. osaka-cu. ac. jp/index. php。

中较著名的有"竹园""梁园""兔园""天孙""天枝""帝叶""宗枝""王孙"等。①

综上所述，在古代日本的文献中，并未出现"皇室"一词，只是偶有史料使用"皇族"一词，基本上都是使用"皇亲"一词，因此，本书以"皇亲"这一称谓作为标题。日本在天武天皇以前，尚未使用"天皇"作为君主的称号，"皇亲""皇子"和"皇女"等称谓也是在天武天皇以后才开始使用。但是，本书参照学界的习惯用法，仍将天武天皇以前的君主称为"天皇"，将这些"天皇"的子女称为"皇亲""皇子"和"皇女"。

（二）皇亲的范围

如果从崇神天皇算起，截止到天武天皇，古代日本王权的传承历经了三十代人，繁育的子孙可谓不计其数，因此，所谓的"皇亲"不可能是天皇所有的亲族，而是有一定的界定范围。在《养老令·继嗣令》"皇兄弟条"中明确规定了皇亲的范围："凡皇兄弟皇子，皆为亲王（女帝子亦同）。以外并为诸王。自亲王五世，虽得王名，不在皇亲之限。"②《继嗣令》"皇兄弟条"集解中进一步解释，"五世仅得王名，至六世必赐姓成臣"③。也就是说，按照《继嗣令》的规定，皇亲实际上包括天皇（包括女帝在内）的兄弟以及从天皇以下至四世（即皇子、皇孙、皇曾孙、皇玄孙）在内的皇室亲族成员。天皇的五世孙虽然也称为王，但不属于皇亲的范围，到了天皇的六世孙则开始自动脱离皇籍，成为人臣。

当然，《继嗣令》中所谓的"皇兄弟皇子"也包括天皇的姊妹、皇女在内，其中"亲王"不仅包括天皇的兄弟和皇子，同时也包括天皇的姊妹和皇女（有时单独称作"内亲王"），"诸王"同样也包

---

① 宫内厅书陵部编纂：《皇室制度史料》，第37—46页。
② 井上光贞等校注：《日本思想大系新装版·律令》继嗣13，第281页。
③ 黑板胜美国史大系编修会编辑：《新訂增補国史大系·令集解》（二）卷17，吉川弘文馆1983年版，第519页。

括了"男王"和"女王"。① 但是，在实际的执行过程中似乎并不是按照律令制的规定来限定皇亲的范围。

《续日本纪》庆云三年（706）二月庚寅条记载：

> 准令，五世之王，虽得王名，不在皇亲之限。今五世之王，虽有王名，已绝皇亲之籍，遂入诸臣之例。顾念亲亲之恩，不胜绝籍之痛。自今以后，五世之王在皇亲之限。其承嫡者相承为王，自余如令。②

706年这一年《养老令》尚未制定，上文"准令"中的"令"应是《大宝令》，可知《大宝令》与《养老令》所规定的皇亲的范围是一致的，即都包括了天皇的兄弟以及从天皇以下至四世在内的皇室亲族成员。但在706年，天皇开始对五世王脱离皇亲的名籍而感到十分悲伤，遂将其留在皇亲的名籍之中，其嫡子亦称为王。换句话说，虽然《养老令》继承了《大宝令》关于皇亲范围的划分，但实际上从庆云三年开始，皇亲的范围包括天皇的兄弟以及从天皇以下至五世在内的皇室亲族成员，并且五世王的承嫡者也可相承为王。

另据《续日本纪》庆云三年二月己亥条记载："五世王朝服，依格始着浅紫。"③ 五世王获得皇亲身份后开始穿皇亲的朝服。天平元年（729）八月癸亥条又对皇亲的范围作了进一步的规定："五世王嫡子以上，娶孙女王，生男女者，入皇亲之限，自余依庆云三年格。"④ 这样，一部分六世王也被纳入了皇亲的范围，皇亲的范围进一步扩大。

---

① 现代日本《皇室典范》中"亲王"与"内亲王"的范围与古代日本律令制不同，它包括从皇子到皇玄孙辈的皇室成员，至天皇五世以下孙才称为"王"与"女王"。
② 黑板勝美国史大系編修会编辑：《新訂增補国史大系・続日本紀》卷3，第25頁。
③ 黑板勝美国史大系編修会编辑：《新訂增補国史大系・続日本紀》卷3，第26頁。
④ 黑板勝美国史大系編修会编辑：《新訂增補国史大系・続日本紀》卷10，第119頁。

不过，到了延历十七年（798），桓武天皇又将皇亲的范围再次调整至四世王。

> 依令，五世之王虽得王名不在皇亲之限。爰逮庆云，升居亲限。如闻，顽暗之辈苟规微禄携养庸流，名为己胤，遂附属籍，以污宗室，非徒速祸于一己，固亦延黩于七庙。朕所以丁宁过于再三，曾不改悟，弥长奸滥，静言其弊，深合惩清，宜停后格一依令条。俾夫玉石殊贯，兰芝不杂，主者施行。①

从字面的解释来看，按《继嗣令》的规定，天皇的五世孙虽然也称为王，但不属于皇亲的范围。庆云三年（706），天皇将皇亲的范围扩大到了五世王。可是，一些皇亲却为了一些蝇头小利收养普通人家之子为养子，这使一些普通人获得皇亲名籍，从而玷污了天皇的家系。虽然天皇对此经常警告，但一些皇亲一点儿也不悔改。于是，桓武天皇停止了庆云三年将五世王纳入皇亲的规定，再次根据《继嗣令》的规定，将皇亲限定在四世王之内，以澄清天皇的家系，维持皇亲血缘的纯洁性。

虽然桓武天皇将皇亲的范围重新调整至四世王，但对其后裔们使用"王名"的称呼却没有做出调整。此外，即使是赐姓降下的皇亲，依旧可以称"王名"。如《续日本后纪》等史料中就有被赐姓入为臣籍的六世王、七世王依旧称呼"王"的记载："右京人六世御津井王、是雄王、真雄王、国雄王、本吉王、净道王……七世新男王、春男王、三守王、并雄王等十六人，赐姓有泽真人。"② 此外，《延喜式》中还有六世王、七世王在被赐姓后仍旧叙位的规定："凡

---

① 黑板胜美国史大系编修会编辑：《新订增补国史大系·类聚三代格》卷17，吉川弘文馆1983年版，第509页。
② 黑板胜美国史大系编修会编辑：《新订增补国史大系·续日本后纪》卷10，吉川弘文馆1983年版，第122页。

改姓为臣之徒，五世已上同叙正六位上，七世已上承嫡叙正六位下，自余同庶人。"① 但是，根据《文德天皇实录》记载："弹正台奏：'五世王者，虽有王号，非皇亲之限。其朝服色，宜依诸臣位阶。'从之。"② 也就是说，虽然五世王可以继续使用"王号"，但在朝服上却不能使用与诸王相同的颜色，而是使用与诸臣相同的颜色。

根据现代日本《皇室典范》的规定，皇亲的范围除了天皇的兄弟以及从天皇以下至四世孙外，还包括太皇太后、皇太后、皇后、亲王妃与王妃。《大宝令》与《养老令》都没有关于皇亲的配偶是否也纳入皇亲范围的规定。根据《养老令·宫职员》"令朝参行立次第条"规定："凡内亲王女王及内命妇，朝参行立次第者，各从本位。其外命妇，准夫位次。若诸王以上，娶臣家为妾者，不在此例。"③ 此外《延喜式》"中务省"条规定："凡诸王以上娶臣家女为妻者，不得准夫品位。"④ 从诸王以上娶臣下女子为妻时其妻子无法获得同丈夫相当的位次，以及诸王以上娶臣下女子为妻时其妻子无法获得同丈夫相当的品位来看，如果亲王与王所娶的妻子不是内亲王或女王时，其妻子也不能被认同是皇亲。

根据《养老令·职员令》规定，皇亲的名籍主要由宫内省的正亲司掌管。但根据《令义解》所作解释，正亲司主要掌管"二世以下，四世以上名籍"，⑤ 亲王、内亲王不在掌管范围内。不过，在此后新颁布的《延喜式》中又规定："凡亲王诸王名籍者，皆于正亲司案记。"⑥ 原本只要皇嗣一出生，皇子、皇女便可以称为亲王、内

---

① 黑板胜美国史大系编修会编辑：《新订增补国史大系·延喜式》卷18，吉川弘文馆1983年版，第490页。

② 黑板胜美国史大系编修会编辑：《新订增补国史大系·文德天皇实录》卷8，吉川弘文馆1981年版，第81页。

③ 井上光贞等校注：《日本思想大系新装版·律令》後宫職員16，第202页。

④ 黑板胜美国史大系编修会编辑：《新订增补国史大系·延喜式》卷12，第353页。

⑤ 黑板胜美国史大系编修会编辑：《新订增补国史大系·令义解》卷1，吉川弘文馆1983年版，第51页。

⑥ 黑板胜美国史大系编修会编辑：《新订增补国史大系·延喜式》卷31，第754页。

亲王，因此没有必要由正亲司制作名籍。但从天平宝字三年（759）开始，皇子、皇女只有接受天皇本人的"亲王宣下"或"内亲王宣下"后才能获得称为亲王、内亲王的封位，若是未获封位，就只能称为皇子或皇女。因此，为区别亲王、内亲王与皇子、皇女，正亲司开始掌管亲王的名籍。这一做法实际上打破了只有天皇的皇子、皇女才能封为亲王或内亲王的惯例，一些二世以下的皇亲也有获得亲王称号的可能。

平安时代中期以后，由于佛教日益盛行，大量皇子出家，出现了"法亲王"这一称号。第一位接受天皇亲王宣下的"法亲王"是白河天皇的第二位皇子仁和寺宫觉行。此后，天皇的皇子出家时几乎都可以封为"法亲王"。与此同时，如果皇子在成为亲王之后才出家，那么就称为"入道亲王"。第一位以亲王身份出家的"入道亲王"是三条天皇的皇子师明亲王。随着平安时代中后期接受亲王宣下的皇亲数量的减少，亲王出家也随之变得稀少，"入道亲王"逐渐淡出历史的舞台。

综上所述，古代日本皇亲的范围处于不断的调整变化之中。701年至706年，皇亲的范围包括天皇的兄弟姊妹以及从天皇以下至四世在内的皇室亲族成员。706年至798年，皇亲的范围包括天皇的兄弟姊妹以及从天皇以下至五世在内的皇室亲族成员。从798年以后至平安时代结束，皇亲的范围又重新限定为天皇的兄弟姊妹以及从天皇以下至四世在内的皇室亲族成员。

五　本书研究的总体框架

本书主要在分析皇亲与古代天皇制关系的基础上，对与皇亲相关的皇位继承制度、叙位制度、任官制度、封禄制度、婚姻制度、赐姓制度以及斋王制度等作一考察。

全书共分为八个部分。绪论部分介绍了本书问题的缘起、研究意义、研究史料、研究方法、研究范围与对象的界定等，并就中日学界关于皇亲制度的研究现状作简单的回顾与总结。

正文共分六章。第一章主要考察从皇亲政治到皇亲政争再到皇亲失势的过程与古代天皇制从确立到成熟再到畸变过程之间的关系。本章首先考察"壬申之乱"与"八色姓"对皇亲政治形成过程的影响与皇亲政治的特点以及皇亲政治在古代天皇制形成过程的作用。其次通过分析"长屋王之变""橘诸兄掌权""藤原仲麻吕之乱"以及"早良亲王怨灵"等事件，认知这一时期天皇制的发展。最后分别考察在皇亲失势的情况下，藤原氏外戚政治的盛衰和原因以及上皇夺权的手段和影响。

第二章主要按不同的时代划分，以时间为顺序对皇位继承情况作一考察。本章首先考察飞鸟时代"兄弟继承""大兄继承"与"皇后继承"等皇位继承方式。其次分析奈良时代"不改常典"的意义与"宇佐神托事件"的性质，并论述"天武系皇统"向"天智系皇统"的转变过程。最后考察平安时代清和天皇登基、阳成天皇退位以及光孝天皇即位、宇多天皇让位的过程和原因，同时论述院政时期皇亲内部围绕皇位继承问题产生的矛盾与斗争。

第三章主要就皇亲的叙位、任官、封禄等相关制度作一考察。本章首先考察叙位制度的演变以及律令制与现实中皇亲的叙位情况。其次考察知太政官事一职的特殊作用以及律令制下皇亲的任官情况。再次考察律令制下皇亲的封禄以及"皇亲时服"与"诸王时服""女王时服""女王禄"之间的相互关系。最后考察皇亲的家政机构以及特殊的礼遇。

第四章以女性皇亲的婚姻为中心，首先考察皇亲近亲婚制的形成、发展、特点以及原因。其次分析从藤原光明子被立为皇后到未婚的阿倍内亲王被立为皇太子的原因以及女王与臣下所发生的违法婚的事例及其原因。最后论述自延历十二年开始一世以下女王与臣下的婚姻得以合法化以后女王和内亲王的婚姻状况。

第五章主要考察皇亲赐姓制度。本章首先考察氏姓制度的特征、意义以及赐姓的类型、目的与变迁过程。其次分析皇亲赐姓从出现到兴盛再到衰落的演变过程，及其与律令制国家的兴衰、藤原政权的形成与衰退、院政到平氏政权和源氏政权的转变、庄园的发展和以此为基础的中世社会的形成过程等历史进程的关系。最后以源氏赐姓为例，论述源氏赐姓的原因、方式，并对"二十一流源氏"作个案分析。

第六章主要考察斋王制度的形成、发展和嬗变、消亡的轨迹以及斋王制度中的各种仪式。本章首先对传说中的伊势神宫、伊势斋王以及天武朝斋王制度的正式形成过程与原因作考察。其次分析律令制下伊势斋宫的逐渐完善以及贺茂斋院的形成与发展。再次考证斋王制度中的斋王卜定、斋王祓禊、斋王群行等仪式。最后论述摄关时代的伊势斋宫与贺茂斋院地位的变化以及院政时代斋王制度的消亡。

最后的结语部分主要将皇位继承制度、叙位制度、任官制度、封禄制度、婚姻制度、赐姓制度以及斋王制度在皇亲政治与天皇制的确立、皇亲政争与天皇制的发展、皇亲失势与天皇制的畸变三个时期中的演变过程作简要的总结与概括。

第 一 章
皇亲与古代天皇制

古代日本皇亲与皇权之间的关系不仅影响到古代国家的稳定与发展，而且对于天皇是否能够真正掌握实权，以及有效控制其他势力干政也具有重要的影响。因此，如何处理皇权与皇亲的关系，一直是古代日本政治史上的一个重要问题。在以天皇为首的中央政权建立之初，日本逐渐形成以天皇的诸皇子为中心进行统治的皇亲政治。此外，以天皇为家长的皇亲势力与皇亲之外的贵族官僚势力之间也形成了复杂多变的关系，且他们之间的相互斗争成为古代日本政治斗争的主线。本章主要通过从皇亲政治到皇亲政争再到皇亲失势过程的系统考察，进而探讨其与古代天皇制的确立到成熟再到畸变过程之间的相互关系，并将其作为皇亲制度研究的铺路石与参照系。

第一节 皇亲政治与天皇制的确立

在天武天皇即位之前，日本历代天皇往往任命畿内豪强担任大臣，参理朝政。天武天皇掌握政权之后，他不再任命畿内豪强为大臣，而是完全依靠皇后、皇子以及皇孙等皇亲来进行统治。这种以皇子为中心的皇亲势力取代过去旧豪族势力的统治体制一直延续到8世纪前半期，日本学术界习惯将这个时期的政治称为"皇亲政治"。本节主要就古代天皇制确立时期皇亲政治的形成过程及其特点作一考察。

一 "壬申之乱"与皇权的加强

天智天皇名为葛城，以中大兄皇子之名为世人所知。其父亲为舒明天皇，母亲为皇极天皇。天智天皇作为日本历史上一位有所建树的政治家，其功业大部分是以皇太子的身份在即位之前完成。皇极朝，他"灭掉了专横跋扈的苏我氏一族，将皇室从权臣的压迫下解放出来"（乙巳之变）[1]；孝德天皇和齐明天皇两朝，他学习和模仿中国唐朝的政治和经济制度，在公地公民基础上建立中央集权的官僚统治体制（大化改新）；齐明天皇去世后，他以皇太子名义称制[2]，颁布了日本历史上第一部成文法《近江令》[3]。

天武天皇名为大海人，是天智天皇的胞弟，于天智天皇七年（668）被立为"东宫大皇弟"，成为最有竞争力的皇位继承人。然而，随着大海人皇子与天智天皇之间的矛盾日益激化，天智天皇萌生了传位于自己的儿子大友皇子的想法，于天智天皇十年（671）任命大友皇子为太政大臣[4]。大海人皇子敏锐地察觉到，天智天皇是在排挤自己，以便大友皇子将来继承皇位，于是辞退东宫大皇弟，离开都城，退隐至吉野宫（今奈良县吉野），以表示自己无意争夺皇位。同年十二月，天智天皇病死，大友皇子在近江继承皇位，

---

[1] 西村真次：《早稻田大学日本史第2卷·飞鸟宁乐时代》，米彦军译，华文出版社2020年版，第114页。

[2] 天智天皇直至668年才正式即位。但是，即便没有正式即位，《日本书纪》还是将天智天皇称制的时间（662）作为天智天皇元年。

[3] 据说《近江令》共有22卷，但没有保存下来，因此内容不详。学界一般认为《近江令》只是命令而已，还不是正式的律法。

[4] 一般认为，大友皇子为日本历史上的第一位太政大臣。

即弘文天皇。① 弘文元年（672）五月，大海人皇子闻讯以大友皇子为首的近江朝廷策谋进犯吉野，于是决定先发制人，举兵与近江朝廷对抗。结果，历时一个多月，遍及大和、山城以至伊贺、伊势、美浓、近江等国的内战——"壬申之乱"，以大海人皇子的胜利告终。

关于"壬申之乱"的性质问题，日本学术界主要有以下几种不同观点：第一种观点认为，"壬申之乱"是以大海人皇子为首的保守派，反对以天智天皇为中心的革新派；② 第二种观点认为，"壬申之乱"是以大海人皇子为首的革新派，反对以天智天皇为中心的保守派；③ 第三种观点认为，"壬申之乱"是以大海人皇子为首的中小地方豪族，反对以天智天皇为中心的中央大贵族。④ 我国学界基本持第二种观点。⑤

笔者认为，以上三种说法都过于片面化和绝对化，"壬申之乱"并不是"革新派"与"守旧派"的对抗，也不是中小地方豪族与中央大贵族的对垒，其本质上是律令制国家形成时期一次围绕皇位继承展开的具有全社会内乱性质的政变。大海人皇子与大友皇子的目标都是希望模仿唐代建立一个中央集权制国家，把一切统一到天皇的权威之下，他们实质上都是"革新派"，不存在所谓"保守派"与"革新派"的区别；大海人皇子与大友皇子的根本利益也是一致的，他们既不代表中小地方豪族的利益，也不代表中央大贵族的利益，而是代表以天皇为首的皇亲集团的利益。

大海人皇子迅速取得胜利的原因是多方面的，包括大海人皇子自身的声望与果断的行动，缜密、正确的作战计划等。其中不可忽

---

① 大友皇子的天皇身份一直不被正式承认，直到明治二年（1870）才被明治天皇追谥为弘文天皇，由此加入历代天皇之列。
② 这一观点以黑板胜美为代表，参见《国史の研究》各说上，岩波书店1932年版。
③ 这一观点以和辻哲郎为代表，参见《日本精神史研究》，岩波书店1926年版。
④ 这一观点以家永三郎为代表，参见《飛鸟時代史》，雄山阁1940年版。
⑤ 吴廷璆：《日本史》，南开大学出版社1994年版，第61页。

视的是他得到了中小地方豪族的支持。① 但是，我们不能因此说大海人皇子代表着中小地方豪族的利益，更不能说中小地方豪族支持所谓的"革新派"。只能说是"大海人皇子巧妙地利用了地方豪族层，发动叛乱并获得胜利"。②

大化改新的政治目的主要是加强以天皇为首的中央的权力，削弱中小地方豪族的权力。大化改新所要建立的律令制国家是以国家掌握土地和人民（主要是通过公地公民制），在剥削这些土地和人民的基础上（主要是通过户籍制），建立中央集权制、官僚制的国家机构。在这样的国家机构下，中小地方豪族的利益受到的损害最为严重。大化改新后，将隶属于国造、伴造（中小地方豪族）的部民与田庄收归国有，原本具有半独立性质的国造改为评（郡），受到国司的统治。特别是天智天皇九年（670）制定了庚午年籍（日本最早的户籍制度），将中小地方豪族统治下的大部分男性民众登记造册，推动了公地公民制的发展，公民开始正式受到中央朝廷的直接统治（这一点也充分表明了近江朝廷实质上并不是所谓的"保守派"）。

此外，出兵朝鲜和大兴土木等也给中小地方豪族及其民众增加了负担。天智天皇虽然也做过一些妥协，部分恢复了氏上制和部民制（实质是一种奴隶制），但也只是对中央大贵族的妥协，提高的只是中央大贵族的政治经济地位，中小地方豪族并没有得到多大好处，所以中小地方豪族对朝廷更加不满。事实上，中小地方豪族是反对律令体制、反对革新的。他们之所以支持大海人皇子，主要是因为大海人皇子受到了近江朝廷的排斥，是反朝廷的势力，并不是因为大海人皇子代表了他们的利益。何况支持大海人皇子方面的不仅是

---

① 直木孝次郎和井上光贞认为"壬申之乱"是中小地方豪族层对中央集权化动向的抵抗。参见直木孝次郎《壬申の乱》，《日本古代国家の成立》，社会思想社 1987 年版；井上光贞《壬申の乱——特に地方豪族の動向について》，《井上光贞著作集第 1 卷·日本古代国家の研究》，岩波书店 1985 年版。

② 井上光贞：《壬申の乱——特に地方豪族の動向について》，第 490 页。

中小地方豪族，也包括大伴马来田、大伴吹负、纪阿闭麻吕等中央大贵族。此外，在近江朝廷方面的支持者中也包括中小地方豪族。

虽然"壬申之乱"仅仅是一次围绕皇位继承展开的一场政变，但在特定的历史环境下，具有十分特殊的意义。"壬申之乱"导致近江朝廷溃散，构成朝廷的苏我氏、中臣氏等有势力的贵族开始没落。不过，这一结果不仅没有动摇皇室学习唐代先进的律令体制、加强中央集权的方针，而且加速了中央集权化的过程。如天武天皇五年（676），废除了给诸氏部曲的规定，并将朝廷赐给亲王、诸王、朝臣的山泽、林野、陂地等重新收归国有。由法、理、民、兵政、刑、大藏组成的六官制作为制度也开始具体实行。通过调查每年官人的勤务成绩而决定位阶升迁的考选制度也在天武天皇七年（678）制定。天武天皇十年（681），以唐令为模本，开始编纂《净御原令》，"统治国家所必需的法律体系的建设，就是从这个时候开始的"①。"由于壬申之乱的胜利，天皇超乎寻常的'武力'与'神力'在庶民之间留下了深刻的印记，人们对天皇神格化的敬畏观念也越发强烈。"②

大化改新前，苏我氏等畿内中央大贵族同天皇家族形成联合政权。掌握实权的中央大贵族在大化改新后仍然成为制约天皇权力的力量。"壬申之乱"后，"主要的氏族因战乱失去势力，天武天皇通过殊死的战斗，凭借自己的实力获得了皇位，极大地提高了天皇的权威和权力"③。这样，天武天皇有能力废除大化改新以来由有势力的贵族担任左、右大臣④，辅佐政治的惯例，"由此真正意义上的古

---

① 胧谷寿、仁藤敦史：《倒叙日本史 04 平安·奈良·飞鸟》，韦和平译，商务印书馆 2018 年版，第 162 页。
② 坂本太郎：《大化改新と壬申の乱》，《坂本太郎著作集第 1 卷·古代の日本》，吉川弘文馆 1989 年版，第 110 页。
③ 直木孝次郎：《壬申の乱》，第 145 页。
④ 左、右大臣为日本最高行政机构太政官的长官，与太政大臣并称为"三公"。

代官僚制度的建立才有了可能"①。

总之，"壬申之乱"实质是一场围绕皇位继承展开，涉及社会各个阶层的政变。这场政变的结果加速了中央集权化的过程，为皇亲政治的确立扫清了阻碍。

二 "八色姓"与皇亲地位的提高

"壬申之乱"以前，日本主要有臣、连、君、别、公、直、造、首、史等二十几个姓。由于大化改新和"壬申之乱"的冲击，各氏族的实力和地位发生了很大的变化。为了根据各氏族的实际情况，重新确认相互之间的地位，天武天皇即位后对全国的氏姓作了重新修订。天武天皇十三年（684）十月，天武天皇颁布诏书，规定："更改诸氏之族姓，作八色之姓，以混天下万姓。一曰，真人。二曰，朝臣。三曰，宿祢。四曰，忌寸。五曰，道师。六曰，臣。七曰，连。八曰，稻置。"② 当日，天武天皇授予守山公、路公、高桥公、三国公、当麻公、茨城公、丹比公、猪名公、阪田公、羽田公、息长公、酒人公、山道公十三氏真人姓；十一月，授予大三轮君、下毛野君、阿倍臣、巨势臣、物部连、中臣连等君、臣、连等三姓五十二氏朝臣姓；十二月授予大伴连、佐伯连、诸会臣等原臣、连两姓五十氏宿祢姓；天武十四年（685）六月，授予大倭连、葛城连、汉连等连姓十一氏忌寸姓。

"八色姓"中真人、朝臣、宿祢、忌寸与道师五姓作为古代日本姓的称号是首次出现。臣、连是过去已经使用的姓的称号，稻置则是将古代地名作为姓的称号。事实上，作为姓的称号，不仅只有"八色姓"这八种，在律令时代的诸多史料中，也使用"直""造"

---

① 吉田孝：《岩波日本史第二卷飞鸟·奈良时代》，刘德润译，新星出版社2020年版，第77页。
② 黑板胜美国史大系编修会编辑：《新訂増補国史大系·日本書紀》卷29，吉川弘文館1983年版，第372頁。

等许多姓。"八姓制度只不过是在众多的姓中，作为当时特殊限定的身份秩序，用以应付氏族的一种方法。"① 其中真人、朝臣、宿弥被赋予上位姓的位置，忌寸、道师、臣、连、稻置则被赋予下位姓的位置。

"八色姓"虽然沿用了此前"臣""连"等姓的称呼，但其意义有所不同。即"八色姓"并不是将原先位于最上位的臣、连等姓降到最下位，而是将真人置于最上位的同时，将原先位于上位的臣、连、君等改赐为仅次于真人的朝臣姓或宿祢姓。根据太田亮的研究可知，真人姓主要授予旧公姓与天皇有着血缘关系的氏族，朝臣姓主要授予旧臣姓氏族，宿祢姓主要授予旧连姓氏族，忌寸姓主要授予旧直姓的国造诸氏以及大陆移民氏族。② 在授予真人姓的公姓十三氏中，息长公、羽田公和山道公是"应神天皇"的后裔，酒人公、阪田公和三国公是"继体天皇"的后裔，猪名公与丹比公是"宣化天皇"的后裔，守山公与路公是"敏达天皇"的后裔，当麻公是"用明天皇"的后裔，高桥公与茨城公的出身不详。③ 从天武天皇以后的赐姓实例来看，基本都遵照了上述原则，即真人姓一直是赐予天皇的远亲，没有赐予皇亲血缘以外的人。

总之，通过"八色姓"，皇亲血统的氏族列为八姓之首，从而从制度上把皇别氏族和其他氏族加以严格区别，最大限度地加强天皇和皇亲的权力。

如果将《古事记》和《日本书纪》对照，我们可以发现《古事记》的内容比《日本书纪》少很多，但关于氏族祖先的记事却比《日本书纪》多很多。《日本书纪》里有117氏，而《古事记》里有210氏，差了近两倍。要解释这个差异，必须和"八色姓"联系起

---

① 北村文治:《記紀のカバネの史料批判》,《国士館大学文学部人文学会紀要》第17号,1985年,第60页。
② 太田亮:《日本上代における社会組織の研究》,磯部甲陽堂1929年版,第673—674页。
③ 太田亮:《日本上代における社会組織の研究》,第677—680页。

来考虑。① 为了公平、合理地给各个氏族授予"八色姓",确定他们的等级地位,就必须彻底地调查各个氏族与皇亲的关系及其对皇亲的贡献。由于朝廷调查之后发现说谎者甚多,于是天武天皇于天武天皇十年(681)决定将《帝纪》《旧辞》"削伪定实"。在此基础上形成的便是的《古事记》。

天武天皇在制定"八色姓"后的第二年(685),对位阶制也作了改革,按照明、净、正、直、勤、务、追、进八色改冠位二十六阶为冠位六十阶。与姓属于氏族可以世袭不同,冠位属于个人不能世袭。从表面上看,"八色姓"制与位阶制似乎是两个相互对立的制度,但事实上二者并不矛盾。在大化改新前,氏姓制度既是一种政治制度,又是一种社会组织。"大化改新后的氏姓改革实际上是要否定氏姓制的政治功能,肯定氏姓制的社会功能。"② 进一步说,"八色姓的制定并非要恢复旧时代的氏姓制度,而是要使旧时的氏姓制度为新确立起来的身份秩序服务,具体说就是要提高皇族近亲的社会地位,明确高级官僚和低级官僚的门第差别,以及中央贵族与地方豪族之间的地位差别"③。可以说,大化改新后的氏姓制与位阶制是相辅相成的,即"八色姓"制的确立提高了皇族近亲的社会地位与政治地位,扩大了天皇制国家的统治基础,为以天皇诸皇子为中心的皇亲势力取代过去旧豪族势力奠定了基础。

三 皇亲政治的形成及特点

天武天皇以前,除了天智天皇任命大友皇子为太政大臣之外,很少有其他皇子任官的记载。"壬申之乱"以后,把持朝廷的大豪族们失去了权力与权威,掌握实权的天武天皇主要依靠以皇子为中心

---

① 井上亘:《虚伪的"日本"——日本古代史论丛》,社会科学文献出版社2012年版,第181—182页。

② 竹内理三:《天武"八姓"制定の意义》,《竹内理三著作集第4卷·律令制と贵族》,角川书店2000年版,第150页。

③ 徐建新:《古代日本律令制国家的身份等级制》,《世界历史》2001年第6期。

的皇亲来进行统治，逐渐形成了以皇亲势力为权力中枢的统治体制，即皇亲政治。朱鸟元年（686），天武天皇下达敕令："天下之事，不问大小，悉启于皇后及皇子"，① 标志着皇亲政治的正式形成。

为了维护皇亲政治，禁绝皇亲以外人员插手核心政治，从天武天皇至奈良时代前半期，统治者采取了一系列加强皇亲权力的措施，使古代日本的皇亲政治具有鲜明的特点。

首先，确立皇后必须出自皇亲的原则。皇后必须出自皇亲的原则有助于避免大化改新之前苏我氏以外戚身份干政的历史重演，在一定程度上保证了皇权的稳固和皇位继承的稳定。由于皇后都出自皇亲这一特殊背景，这一时期有一个十分特别的政治现象，即每当皇位继承上发生变故，或因皇位继承人尚年幼而无法即位理政时，常常由皇后继承皇位，如皇极（重新即位后称齐明）、持统与元明三位女性天皇。这些女性天皇本身都是皇亲，"她们的即位，既为最高权力的顺利交接起到过渡作用，同时也保证了皇位始终在皇亲中延续"②。

皇亲政治的再一个特点是，由皇亲担任知太政官事一职，以便辅佐年幼的天皇。知太政官事一职是大宝三年（703）至天平十七年（745），专门由亲王、诸王就任的官职。大宝二年（702）持统女帝去世，新即位的文武天皇当时只有20岁，在当时作为天皇还显得比较年轻。因此天武天皇之子刑部亲王（同时也是《大宝律令》最主要的编纂者）被任命为知太政官事，辅佐文武天皇。这是知太政官事的首次任命。庆云二年（705）五月，刑部亲王去世，天武天皇的皇子穗积亲王继任知太政官事一职。穗积亲王被任命的原因与刑部亲王一样，因为当时皇权尚未稳固，他作为当时皇亲中的年长者，是最年长和最有实力的皇亲。灵龟元年（715）七月，穗积亲王去世，在此后的五年内一直没有设置知太政官事一职。养老四年

---

① 黑板勝美国史大系編修会編輯：《新訂増補国史大系・日本書紀》卷29，第385页。
② 翟新：《日本天皇》，复旦大学出版社1992年版，第24页。

(720）八月，藤原不比等去世，天武天皇的皇子舍人亲王被任命为知太政官事。与此同时，还设置了知五卫及授刀舍人事等掌管宫廷军事的官职，由天武天皇的皇子新田部亲王担任。由此，皇亲势力掌握了朝廷直属军队的全权指挥权。天平七年（735）九月，舍人亲王去世，知太政官事一职空缺两年之后，铃鹿王被任命为知太政官事，直至天平十七年（745）去世。继铃鹿王之后就再没有任命过其他皇亲任知太政官事一职。从大宝三年至天平十七年，知太政官事一职历时43年，先后由四位皇亲担任。其最重要的作用是辅佐天皇，保证律令制国家政务的正常运行。同时，也反映了皇亲政治时期，以天皇为顶点，从亲王到诸王再到诸臣的金字塔形等级制度的特点。

皇亲政治的最后一个特点是，将皇亲任官制度从法律上固定下来，促进皇亲的官僚化。日本律令制下实行"阶贵则职高，位贱则任下，官位相当，各有等差"的"官位相当制"。[①] 根据《养老令·官位令》的规定，亲王可以获得一品至四品的品阶，诸王可以获得从最高位的正一位至从五位下的十四阶位阶。按照"官位相当制"，获得品阶和位阶的皇亲又可以顺理成章地得到与其品阶和位阶相当的官职。另外，皇亲所拥有的爵位是世袭的。皇亲的年龄达到21岁的时候，亲王可获得四品的品阶；二世王可获得从四位下的位阶；三世、四世与五世王则可以获得从五位下的位阶。不过，皇亲一旦违反了律令法，还是要受到处罚的。如天武天皇四年（675）"三位麻绩王有罪，流于因幡"；[②] 天武天皇五年（676）"筑紫大宰三位屋垣王有罪，流于土左"等。[③] 但是，即使是处罚，皇亲也会受到特殊的保护，如《养老律》"议亲"规定，皇亲触犯刑律必须先奏请天

---

① 黒板勝美国史大系編修会編輯：《新訂増補国史大系·令集解》卷1，吉川弘文館1982年版，第3頁。
② 黒板勝美国史大系編修会編輯：《新訂増補国史大系·日本書紀》卷29，第338頁。
③ 黒板勝美国史大系編修会編輯：《新訂増補国史大系·日本書紀》卷29，第342頁。

皇，等待天皇的批准后方可裁决，而"议亲"的结果往往是减刑、折刑或免刑。古代日本只有天皇具有凌驾于社会之上的权力和地位，除此之外，包括皇亲在内，都被视为人臣。如在天皇的宣命中往往就将亲王、诸王与诸臣、百官人并列称呼，这也是皇亲官僚化的反映。皇亲成为官僚阶层，扩大了天皇政治的统治基础。

综上所述，皇亲政治的出现，是当时为防止贵族官僚干预皇位继承和进行分权，加强天皇专制统治的必然结果，它为天皇制的确立奠定了基础。但是，皇亲政治并不是成熟的政治体制，它实际上是天武天皇为了建设成熟的天皇制国家所必要的过渡体制。皇亲政治时期只是作为以豪族势力为中心的贵族政治向以太政官为中心的律令政治发展的过渡阶段。此后，随着官僚制度的不断完善，皇亲对于国家政权的重要性大大降低，皇亲的政治地位逐渐衰落。不过，这里应当指出的是，从整个古代日本历史长河来看，皇亲集团如此广泛而直接掌握国家各级权力，这是古代天皇制的一个十分引人注目的现象之一。

在古代社会，一般在王朝初期，君主都会重用皇室成员。唐长孺曾这样解释这一现象："皇室作为一个家族凌驾于其他家族之上，皇帝是这个第一家族的代表以君临天下，因而其家族成员有资格也有必要取得更大权势以保持其优越地位。"[①] 不过，古代日本的皇亲在"保持其优越地位"时，与古代中国的皇亲还是有所不同。即日本的皇亲主要是通过任命为中央官员，以"保持其优越地位"，中国的皇亲则主要是通过分封为地方诸侯王，以"保持其优越地位"。很明显，只有将皇亲势力由中央向地方渗透，才能够有效实现对皇权的藩屏作用。但古代日本即使在天武天皇掌权以后，地方仍然具有很强的独立性和自律性。在当时的地方社会中，掌握实权的豪族仍然有效地控制着地方政权。因此，日本的皇亲只能暂时在中央"取得更大权势以保持其优越地位"。

---

① 唐长孺：《魏晋南北朝史论拾遗》，中华书局1983年版，第140页。

第二节　皇亲政争与天皇制的发展

律令本身并不代表某种社会制度，但日本的多数历史学家习惯把当时以律令法为基轴所形成的国家统治体制称为"律令制"，将大化改新之后经奈良时代到平安时代前期的三个世纪称为日本律令制国家时期。在律令制国家时期，以天皇为家长的皇亲势力与皇亲之外的贵族官僚势力之间形成复杂多变的关系，且他们之间的相互斗争成为古代日本政治斗争的主线。本节主要以几次与皇亲有关的政变为线索，对律令制国家时期皇亲与其他官僚贵族的斗争以及天皇制的发展作一考察。

一　"长屋王之变"与皇亲政治的解体

养老四年（720）二月，大隅国①的隼人起兵反抗大和朝廷。同年三月初，朝廷任命中纳言大伴旅人为征隼人持节大将军，率军前往镇压。与此同时，将藤原氏一族带入辉煌的藤原不比等（藤原镰足之子）卧病在床，并于八月三日辞世而去。藤原不比等由于拥立轻皇子（文武天皇）即位，同时将女儿藤原宫子嫁给了文武天皇，因而加深了与皇亲的关系，并逐渐掌握政治实权。藤原不比等去世后的翌日，舍人亲王就任知太政官事，新田部亲王就任知五卫及授刀舍人事。从天武天皇的两位皇子分别就任太政官以及开始掌管中央全军一事，可以看出当时朝廷的紧张气氛以及皇亲势力复苏的微妙变化。②

养老五年（721）正月，长屋王从正三位大纳言升至从二位右大

---

① 其领域大致相当于现在的鹿儿岛县东南部及奄美群岛。
② 野村忠夫：《奈良時代の政治過程》，《岩波講座日本歷史第3卷·古代3》，岩波書店1975年版，第82頁。

臣，成为朝廷的首脑。① 长屋王是天武天皇的嫡孙、高市亲王的长子。他的母亲是天智天皇的女儿御名部皇女，正妻吉备内亲王是草壁皇子与元明女帝的女儿，妾室藤原长娥子是藤原不比等的女儿。从血统上说，长屋王是不折不扣的皇亲，在皇亲内部的地位十分重要。自藤原不比等死后，仅有知太政官事一品舍人亲王在长屋王官位之上，因此，长屋王作为皇亲势力的代表，成为政界屈指可数的主导者。与此同时，藤原不比等之子藤原房前与藤原武智麻吕也分别升至从三位。

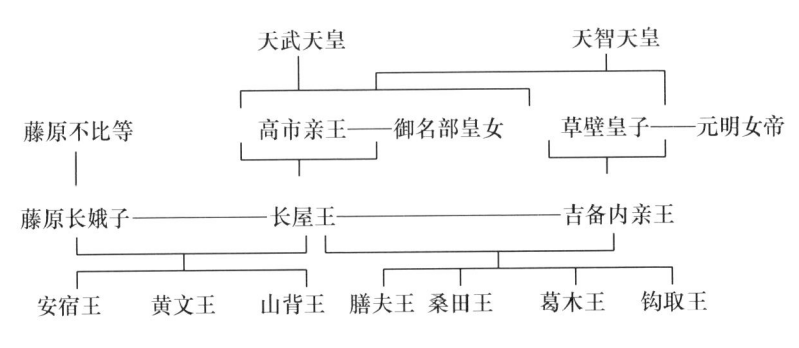

```
                天武天皇              天智天皇
                   |                    |
藤原不比等    高市亲王——御名部皇女    草壁皇子——元明女帝
     |             |                       |
藤原长娥子————长屋王————————————吉备内亲王
     |                                    |
  安宿王 黄文王 山背王    膳夫王 桑田王 葛木王 钩取王
```

图 1—1　以长屋王为中心的关系图

养老五年（721）十月，元明上皇（715，元明女帝让位于其女元正女帝）将长屋王与藤原房前召至床前托以后事。同月，元正女帝下达诏书："诏曰，凡家有沈痼，大小不安，卒发事故者，汝卿房前，当作内臣计会内外，准敕施行，辅翼帝业，永宁国家。"② 藤原房前获得了以内臣身份发布相当于敕旨的命令的权力。这样，藤原

---

① 长屋王当时只有 38 岁，他作为官员在之前没有从政经验的情况下，直接升为正四位上的官位，并且也没有经历过参议、中纳言，突然直接升为大纳言。同时，长屋王的食封的增额和封租的全部供给等同于亲王。此外，在长屋王邸遗址挖掘出的木简以及《日本灵异记》中，有"长屋亲王"的称呼，因此长屋王在世时可能被称为"长屋亲王"，享受亲王的待遇。

② 黑板胜美国史大系编修会编辑：《新訂增補国史大系·続日本紀》卷 8，吉川弘文館 1984 年版，第 88 页。

房前实际上开始作为藤原不比等的继承者处理政务，并与天皇结成了十分亲密的关系。

养老五年（721）十二月，元明上皇去世，首皇子的即位问题被提上日程，对此持慎重态度的长屋王与主张首皇子立即即位的藤原武智麻吕开始对立，二人的关系大概就是以此为开端发生了变化。

养老七年（723），有人给元正女帝献上一只小龟。由于小龟双目赤红、十分罕见，便被视为"祥瑞"之兆。元正女帝借此天赐之机①，于第二年改元"神龟"，同时将皇位让于首皇子，即圣武天皇。同年，长屋王升为正二位左大臣，藤原武智麻吕及藤原房前均被授予正三位。同时，圣武天皇还发表敕令："尊正一位藤原夫人称大夫人。"②但这一敕令遭到长屋王一派的激烈反对。长屋王认为按先例只能称"皇太夫人"，不能称为"大夫人"。最终，圣武天皇下达诏书："文则皇太夫人，语则大御祖。追收先敕，颁下后号"③，被迫撤回了敕令。这一事件也成为藤原氏一族与长屋王之间矛盾尖锐化的重要原因之一。④

神龟四年（727）闰九月，圣武天皇的夫人藤原光明子（藤原不比等与县犬养三千代所生）生下了一个期待已久的皇子基亲王。圣武天皇和藤原家族都特别高兴。同年十一月，圣武天皇下诏："朕赖神祇之佑，蒙宗庙之灵，久有神器，新诞皇子。宜立为皇太子，布告百官，咸令知闻。"⑤仅仅一个多月后，圣武天皇破例将基亲王立为皇太子。当时，"僧纲及僧尼九十人上表，奉贺皇子诞生，施物各有差"⑥。早在养老六年（722），长屋王便奏请对僧尼的统制令，

---

① 有学者认为"珍稀神龟现身于世"是元正女帝为了让位给首皇子而精心导演的一出戏。
② 黒板勝美国史大系編修会編輯：《新訂増補国史大系・続日本紀》卷9，第99頁。
③ 黒板勝美国史大系編修会編輯：《新訂増補国史大系・続日本紀》卷9，第100頁。
④ 野村忠夫：《奈良朝の政治と藤原氏》，吉川弘文館1995年版，第33頁。
⑤ 黒板勝美国史大系編修会編輯：《新訂増補国史大系・続日本紀》卷10，第110頁。
⑥ 黒板勝美国史大系編修会編輯：《新訂増補国史大系・続日本紀》卷10，第110—111頁。

限制僧尼不得在各地自由行动而只能常住药师寺。应该说僧纲及僧尼的祝贺已经表明了他们的立场。此外，藤原武智麻吕等人想借藤原光明子生基亲王之机立其为皇后，但这一提议遭到了长屋王的坚决反对。因为此前没有出现非皇族血统出身的人被立为皇后的惯例。

此时的长屋王仍然是首辅大臣。然而，神龟五年（728）八月，朝廷新设中卫府，作为护卫天皇的禁卫军，由藤原房前任大将。同时，朝廷对授刀寮进行了改编强化，五卫府中大伴氏、佐伯氏的势力受到压制，兵权被藤原氏所掌握。为扫清长屋王的辅翼，藤原氏将政治上被视为长屋王派的大伴旅人调任为大宰府长官，派往九州的筑紫上任。这样，长屋王在朝廷中慢慢地被孤立起来。

但令藤原氏万万没有想到的是，神龟五年九月，承载着家族巨大希望、还未满1岁的皇太子基亲王因病夭亡了。就在此时，圣武天皇的另一位夫人县犬养广刀自生下了一个男孩，即安积亲王。藤原氏担心安积亲王被立为皇太子，着眼于能够代行天皇执政权的皇后的位置，企图册立臣下藤原氏出身的光明子为皇后。[①] 但这个主张遭到了长屋王等人的坚决反对。长屋王认为藤原家及县犬养家的夫人都不是皇亲出身，立皇储及皇后之事可容后再议，不必急于一时。当然，在这件事上长屋王有自己的打算，他想通过自己的长子膳夫王与圣武天皇女儿阿倍内亲王联姻，让膳夫王继承皇位。由此，双方的怨恨越积越深。

神龟六年（729）二月十日晚，从左京人漆部造君足和中臣宫处连东人等向圣武天皇告密，称左大臣长屋王"私学左道，欲倾国家"[②]。藤原氏趁机在圣武天皇处进谗言。当夜，圣武天皇令藤原宇合（藤原光明子之兄）、佐味虫麻吕、津岛家道、纪佐比物等人率六

---

① 岸俊男：《光明立后の史的意义——古代における皇后の地位》，《日本古代政治史研究》，塙書房1966年版，第249頁。

② 黑板勝美国史大系编修会编辑：《新訂增補国史大系·続日本紀》卷10，第115頁。

卫府的军队包围了长屋王官邸，并遣使封锁三关①，切断长屋王外逃之路。十一日，知太政官事舍人亲王、新田部亲王、大纳言多治比真人池守以及中纳言藤原武智麻吕等入长屋王府邸怒斥其罪行。十二日傍晚，长屋王自尽，同时自杀的还有他的正妻吉备内亲王和儿子膳夫王、桑田王及葛木王、钩取王。长屋王一族中残留的仅有其妾室藤原长娥子及其三子安宿王、黄文王、山背王。

"长屋王之变"是藤原氏策动的一场阴谋，同时也是中央权力由皇亲转入藤原氏手中的一个转折点。"长屋王之变"发生后，朝廷"遣左大辨正四位上石川朝臣石足等，就长屋王弟从四位上铃鹿王宅。宣敕曰，长屋王昆弟姊妹子孙及妾等合缘坐者，不问男女，咸皆赦除。是日，百官大祓（祓是古代一种除灾求福的祭祀）"②。这显然是进一步的收买人心，安定政局。在鬼神怨灵极盛的时代，"百官大祓"无疑是文武百官为求得心里安稳的举动。同样有趣的是，在《续日本纪》中，天平十年（738）七月丙子条里"密告"被改为"诬告"：

> 左兵库少属从八位下大伴宿祢子虫，以刀斫杀右兵库头外从五位下中臣宫处连东人。初子虫事长屋王颇蒙恩遇。至是适与东人任于比寮，政事之隙相共围棋。语及长屋王，愤发而骂。遂引剑斫而杀之。东人即诬告长屋王事之人也。③

大伴子虫曾受长屋王的恩惠，当他将长屋王之变的告密者中臣宫处连东人斩杀后并没有被问罪。据此可以看出，在《续日本纪》成书的平安时代初期的朝廷内，长屋王被诬告和冤枉是众所周知的

---

① 即不破关、铃鹿关和爱发关。天皇死亡或发生叛乱等事件时，朝廷派遣固关使，事件结束后派遣开关使。
② 黑板胜美国史大系编修会编辑：《新订增补国史大系·续日本纪》卷10，第115页。
③ 黑板胜美国史大系编修会编辑：《新订增补国史大系·续日本纪》卷13，第152页。

事实。

随着长屋王的死去，皇亲政治渐为藤原氏的外戚统治所取代。长屋王自尽半年之后，非皇亲出身的藤原光明子在藤原氏的大力扶持下最终当上了皇后。在圣武天皇立藤原光明子为皇后的诏书中，提出非皇族女性立为皇后并非毫无先例，仁德天皇的皇后就是葛城氏出身。很明显，这个煞费苦心地从远古时代找到的先例，只是一种牵强附会的理由。正是藤原光明子打破了只有女性皇亲才能立后的传统，开创了"人臣皇后"的先例。

在藤原光明子被立后的同时，藤原不比等的四个儿子也在朝中分别担任要职。长子藤原武智麻吕位居大纳言兼大宰帅；次子藤原房前任参议、中务卿、中卫大将，掌握实权；三子藤原宇合任参议、式部卿；四子藤原麻吕任参议、兵部卿，分别掌管文武官吏的人事关系。兄弟四人在议政官中占了半数，长期把持朝政大权，确立起了藤原四子体制。

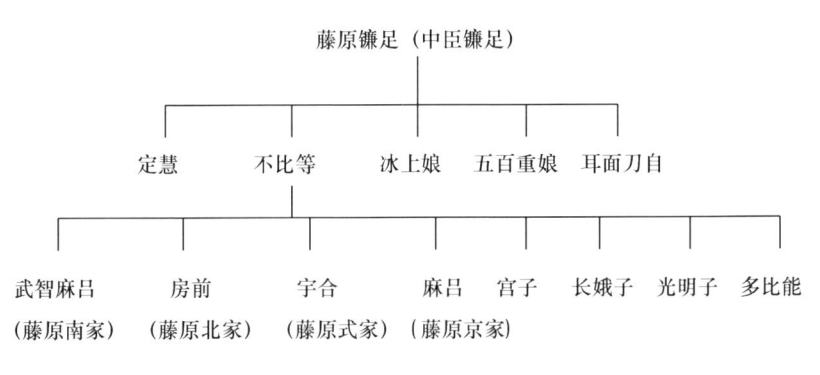

```
                    藤原镰足（中臣镰足）
        ┌────────┬────────┬────────┬────────┐
       定慧     不比等   冰上娘  五百重娘  耳面刀自
   ┌────┬────┬────┬────┬────┬────┬────┐
  武智麻吕 房前  宇合   麻吕  宫子  长娥子 光明子 多比能
 （藤原南家）（藤原北家）（藤原式家）（藤原京家）
```

图 1—2　藤原氏系谱图

"长屋王之变"实际上是中央的外戚贵族与皇亲之间的一次较量，这场权力斗争最后以藤原氏外戚的全胜而告结束。藤原氏是典型的异姓外戚贵族。在这场政变中的第一功臣是藤原不比等。正是藤原不比等总结了苏我氏灭亡的教训，为了避免皇亲势力对于权力的竞争，采取了与天皇联姻的方式巩固既得利益。前已述及，天武天皇时期通过提高皇亲地位来加强皇权，巩固统治，确立了"皇亲政治"。长屋王正是典型的皇亲贵族，但是他在打击藤原氏家族的同时，也引起了圣武天皇的反感，最终因被诬告而自尽。因此，可以说"长屋王之变"是在圣武天皇的默许下由藤原氏所策动的一场政变，其标志着皇亲政治开始走向解体。

二 橘诸兄掌权与"藤原广嗣之乱"

在医学不发达的古代社会，疾病的影响是巨大的，甚至可以改变当时的政治走向。"长屋王之变"后，藤原氏受到了天皇的宠幸，皇亲政治则面临解体。但是，天平九年（737），全国瘟疫流行（民间传说是长屋王的冤魂作祟），从贵族到平民，无一幸免，死者不计其数。执掌朝廷大权的藤原四兄弟先后因染上天花而病亡，新田部亲王、舍人亲王等政界要人也相继死去，结果朝廷的实权落入大纳言橘诸兄之手。这可以说是古代日本由疾病所带来的一场"政变"。

橘诸兄，生于天武天皇十三年（684），是敏达天皇的后裔美努王与橘三千代之子，原名葛城王，本属皇亲身份，后臣籍降下，受赐氏姓橘宿弥。和铜三年（710），27岁的橘诸兄从无位叙位至从五位下，开始正式进入政界。天平元年（729），46岁的橘诸兄升任正四位下左大弁。可以看出，"橘诸兄并没有杰出的资质，如果藤原四兄弟没有病死，恐怕是一个终生处于藤原氏下风的人物"[①]。一场疾病对于许多人来说是凶灾，但对橘诸兄来说却是吉兆，橘诸兄的升迁过程从十分缓慢到迅速上升依靠的就是这场疾病。

橘诸兄官位的迅速上升与其母橘宿弥三千代也有着重要的关系。橘宿弥三千代即前文提到的县犬养三千代，原先嫁给美努王，生下他和佐为王、牟漏女王。县犬养三千代后来改嫁给藤原不比等，生下藤原光明子。"由于数代女天皇连续登基，宫廷后妃、女官实力不

---

① 奈良本辰也：《日本史小百科第12卷——政变》，近藤出版社1981年版，第28页。

断膨胀"①，而县犬养三千代便是其中的核心人物。和铜元年（708），元明女帝为了褒赏县犬养三千代的忠诚而赐予氏姓橘宿弥。橘诸兄正是获得赐姓后，才得以在藤原四兄弟去世后，官职迅速升至正一位左大臣，掌握朝廷的实权，确立橘诸兄体制。②

"橘诸兄"这一姓名的来历值得注意。首先是"橘"氏的来历。葛城王原本是皇亲，却要求降为臣籍，改姓其母亲的橘氏，这无疑反映了长屋王事件后皇亲势力已完全被藤原势力所压制。即葛城王只有继承和藤原不比等再婚生藤原光明子皇后的三千代的氏姓，才能强化同藤原氏的关系，在政界伸张势力。其次是"诸兄"这一名字的来历。《续日本纪》中所见给诸王赐姓的次数有70多次，其中基本上都是直接使用原先的名字。③ 但葛城王却没有使用原先的名字，而是采用"诸兄"一词。"诸兄"，即所有同宗之兄。葛城王通过改名"诸兄"，不仅表现出了他与藤原光明子是同母兄这一长幼秩序，进而显示了他是藤原光明子的丈夫圣武天皇的"诸兄"，从而表达了他与天皇家是极为亲近的亲族关系的想法。④

圣武天皇为同时压制外戚藤原家和赐姓皇亲橘氏的势力，起用身份较为低微、从唐朝留学归来的遣唐留学僧玄昉和遣唐留学生吉备真备参与朝政。在橘诸兄掌权以及玄昉、吉备真备等反藤原氏势力崛起的背景下，藤原氏感觉到失去政治地位的危机。其中藤原宇合之子藤原广嗣的反应尤为激烈。

天平十年（738），藤原广嗣因"在京中谗乱亲族"，⑤ 被贬官为大宰少贰。藤原广嗣到大宰府赴任，对贬官以及非藤原氏集团主持朝政十分不满，于天平十二年（740）八月上表圣武天皇，"指时政

---

① 久米邦武：《早稻田大学日本史第3卷·奈良时代》，米彦军译，华文出版社2020年版，第144页。
② 中川收：《橘諸兄体制の成立と構成》，《日本歷史》第308号，1974年，第106—118页。
③ 龟田隆之：《皇位継承の古代史》，吉川弘文館1996年版，第159—160页。
④ 龟田隆之：《皇位継承の古代史》，第160页。
⑤ 黑板勝美国史大系編修会編輯：《新訂增補国史大系·続日本紀》卷13，第159页。

之得失，陈天地之灾异"①，认为失政和灾异都是因为反藤原势力的吉备真备和僧玄昉，请求处分二人。但该事件被当时的掌权者左大臣橘诸兄判定为谋反。

天平十二年（740）九月，朝廷收到了藤原广嗣举兵的消息。于是朝廷"以从四位上大野朝臣东人为大将军，从五位上纪朝臣饭麻吕为副将军，军监军曹各四人。征发东海、东山、山阴、山阳、南海五道军一万七千人，委东人等持节讨之"②。结果藤原广嗣战败被杀，叛乱得以平息。

从某种意义上说，藤原广嗣在很大程度上是在圣武天皇领导下，以橘诸兄、玄昉和吉备真备等人为首的朝廷的挑拨下，"被迫"发动叛乱。如玄昉在第二年去世就被当时视为藤原广嗣的怨灵作祟的结果。此外，吉备真备也曾亲自到藤原广嗣的墓前祭奠，并为其立祠。"藤原广嗣之乱"后，玄昉和吉备真备也先后失宠，玄昉被外放到筑紫，最终为广嗣残党所杀；吉备真备先被贬职为筑前守，之后又再次被贬职为肥前守。与此同时，橘诸兄的权力也在逐渐萎缩。天平胜宝七年（755），橘诸兄的侍从佐味宫守密告橘诸兄在酒宴上诽谤朝廷。圣武上皇（圣武天皇于749年让位，成为日本历史上最早的男性太上天皇）虽然没有处理此事，但在次年二月，橘诸兄辞官，并在两年后郁郁而终。

总之，"长屋王之变"后，皇亲的地位受到削弱，皇亲政治开始解体。几经波折才继承皇位的圣武天皇并不希望重建皇亲政治，仅是暂时让本属皇亲身份的橘诸兄掌权，作为他实现向天皇真正掌权的过渡。笔者认为，"藤原广嗣之乱"实际上是圣武天皇为了同时削弱外戚藤原氏和赐姓皇亲橘氏的势力而挑动的一场内乱。正是通过这次内乱，"贵族层之间的合作被打破，政治的专制化倾向逐渐

---

① 黑板勝美国史大系編修会编辑：《新訂増補国史大系・続日本紀》卷13，第158页。
② 黑板勝美国史大系編修会编辑：《新訂増補国史大系・続日本紀》卷13，第158页。

显著"①。

三 藤原仲麻吕的成败与铃印之争

天平胜宝元年（749）七月，圣武天皇以不堪政务操劳为由让位于阿倍内亲王，是为孝谦天皇（古代日本的最后一位女帝）。孝谦女帝统治时期，藤原仲麻吕（藤原武智麻吕之子）的势力迅速扩张。天平宝字元年（757），圣武天皇所立皇太子道祖王因为在国丧中的失德失礼行为被废除，藤原仲麻吕于是力排众议，推举舍人亲王之子大炊王为皇太子。第二年八月，孝谦女帝让位给皇太子大炊王，自己成为太上皇。大炊王（淳仁天皇）即位后，藤原仲麻吕被赐名"惠美押胜"，不久升任"太政大臣"②，开始独揽朝政。

天平宝字五年（761）十月，由于平城京内里（天皇居所）需要进行整修，孝谦上皇和淳仁天皇行幸（指天皇的出行）至近江的保良宫。在近江保良宫行幸期间，染上疾病的孝谦上皇宠幸道镜和尚，受到冷落的藤原仲麻吕通过淳仁天皇表达自己的不满，然而此举也使孝谦上皇震怒。天平宝字六年（762）五月，还幸（天皇出行归来）平城京后的孝谦上皇住在法华寺，而淳仁天皇则入住中宫院。同年六月，孝谦上皇召集文武百官于朝殿，公开指责淳仁天皇，并宣布"政事常祀小事今帝给，国家大事赏罚二柄朕行"③。由此，政治实权开始转移到孝谦上皇那里。不过，因为当时象征天皇最高统治权力的驿铃和内印依然由住在内里的淳仁天皇保管，因此，淳和天皇仍能行使天皇权力。这样一来，淳仁天皇、藤原仲麻吕阵营和孝谦上皇、道镜阵营的政治斗争全面展开。

---

① 笹山晴生：《日本古代史講義》，東京大学出版会1983年版，第166頁。

② 这是日本史上首次由皇子以外的人来担任该职务，其祖父藤原不比等也是在死后才被追赠为太政大臣。

③ 黒板勝美国史大系編修会編輯：《新訂増補国史大系·続日本紀》卷24，第288頁。

在以律令法为基轴所形成的国家统治体制中，驿铃是携带公文书的驿使使用驿马时所必需的证物；内印是下达的公文书是否有效的重要标志。驿铃与内印（以下简称铃印）作为日本律令制国家最高统治者权力的象征，是公文书能否顺利传达的重要凭证。

天平宝字八年（764）九月，藤原仲麻吕获得"都督四畿内、三关、近江、丹波、播磨等国兵事使"之职，并令以上十国各自抽调出士兵二十人用以训练，这些人其实就成为藤原仲麻吕的私兵。但是，藤原仲麻吕为了增加私兵的数量，却并不是说抽调二十人，而是说需要六百人。值得注意的是，藤原仲麻吕是通过外印（太政官印）向各国司下达公文书。原本如此重要的公文书的下达，必须有内印的盖印，但藤原仲麻吕大概是因为担心泄露了改窜兵士数量的秘密，所以在下达公文书中均用自己保管的外印盖印。然而，负责制作公文书的大外记高丘比良麻吕很快就将此事密告孝谦上皇。于是，在九月十一日，孝谦上皇采取行动，派遣少纳言山村王为使，前往淳仁天皇的中宫院没收了铃印。闻知此事的藤原仲麻吕立即派其第三子藤原久须麻吕率军队袭击山村王，夺回铃印。孝谦上皇得到紧密情报后，命令坂上苅田麻吕再次将铃印夺了回来。于是围绕铃印的争夺，叛乱终于全面爆发，史称藤原仲麻吕之乱。

藤原仲麻吕失去铃印后，携带太政官印逃往近江国。因无法将淳仁天皇带在左右，藤原仲麻吕便匆忙将天武天皇之孙冰上盐烧拥立为天皇，并把自己儿子们的官位提拔为与亲王相同的三品，将盖有太政官印的文书（太政官符）告知诸国。最终，经过八天的激战，藤原仲麻吕兵败被俘。叛乱平定后，发动叛乱的藤原仲麻吕被斩首，助长叛乱的淳仁天皇被废黜后又被流放至淡路幽禁，史称淡路废帝，孝谦上皇则重祚（称德天皇）。

藤原仲麻吕在铃印争夺中的失败对藤原仲麻吕最终的结局有着重要的影响。首先，获得铃印的孝谦上皇，既可以征调各地的兵力，又可以颁布诏敕，笼络人心。其次，藤原仲麻吕战败后率军逃往近江国时原本两条路可供选择，一条是近道，另一条是远道。藤原仲麻吕最终选择了远道，因为近道是官道，没有铃印的藤原仲麻吕想在官道上通行必然会遇到阻碍。然而，获得铃印的孝谦上皇，准确地判断出藤原仲麻吕的动向，从而再次获得了主动权。

藤原仲麻吕之乱以争夺铃印为开端，"说明这时按照天皇下达的文书而运作的机制律令已经建设完毕，并在现实生活中发挥作用"①。铃印作为最高统治者天皇权力的象征和治理天下的信物，它不仅是中央与地方间的使者往来、物资运输的重要依据与防止伪造公文书的有效方法，而且是顺利传达公文书和有效征调地方兵力的凭证，对确保和强化日本律令制国家对社会的政治统治起着重要作用。

四 "藤原种继暗杀事件"与早良亲王怨灵

宝龟元年（770），称德天皇去世，白壁王（天智天皇之孙）被藤原百川、藤原永手等重臣拥立为天皇，即光仁天皇。天应元年（781）四月，山部亲王接受光仁天皇的让位，就任天皇位，即桓武天皇。与此同时，册立同母弟早良亲王为皇太子。延历二年（783）四月，册立藤原乙牟漏（藤原式家）为皇后。桓武天皇与乙牟漏皇后生有安殿亲王和神野亲王。

早良亲王因母亲是下级贵族，无望立为皇太子，早在天平宝字五年（761）便出家。但他却做梦也没想到，父亲竟然登上天皇宝座，于是，一夜之间，身份由僧侣跃升为亲王，被称作"亲王禅师"，并最终被立为皇太子。

藤原式家自从拥立光仁天皇即位后，政治影响力不断上升。桓武天皇即位后，藤原式家的藤原种继得到天皇的极大信任，官位迅速上升，开始在朝廷崭露头角。而早良亲王身边的重臣大伴家持则是反藤原派的中心人物。

延历三年（784），桓武天皇决定迁都长冈京，希望借此摆脱平

---

① 吉田孝：《岩波日本史第二卷 飞鸟·奈良时代》，第177页。

城京以天武系为主体的势力，重新构筑自己的政治势力。翌年（785）六月，桓武天皇命藤原种继负责营建长冈京。然而，就在一个月后，主导营造长冈京的藤原种继在监督营造宫殿时被箭矢射中，第二日去世。

事件发生后，短时间内便抓到了凶手。经过调查审讯之后，得知暗杀藤原种继的主谋者是大伴家持与大伴继人等人。而大伴家持曾是春宫大夫，① 由此皇太子早良亲王也被牵连，被处以流放之刑。早良亲王为证明自己的清白以绝食抗议，死于流配的途中。桓武天皇接到弟弟死去的报告后，依旧不肯收回诏令，早良亲王最终还是以罪人身份被草草埋葬。同年十二月，桓武天皇册立安殿亲王为皇太子。

早良亲王很可能是冤死的。一方面，立早良亲王为皇太子并非桓武天皇的意思，而是其父亲的意愿，桓武天皇实际上更有意传给自己的儿子；另一方面，以早良亲王为首的许多朝廷重臣反对迁都，因此，桓武天皇假借"藤原种继暗杀事件"，在朝廷内进行一场肃清活动，排除反对派。

"藤原种继暗杀事件"结束后，延历四年（785）十一月，桓武天皇在位于长冈京南方的郊野，举行祭祀天神的礼仪。"郊祀祭天本是中国皇帝通过祭祀天神昊天上帝表现其统治正当性、正统性的重要礼仪，在桓武朝以前，历代的天皇从未举行过这种郊外祭祀天神的仪式。桓武的祭祀天神仪式似是为了向世人展现天智系皇统的正统性，以求政治上的安稳。"② 可是，举行祭祀天神礼仪后，宫中却连续遭遇凶灾。

延历七年（788）五月，桓武天皇的宠妃藤原旅子撒手尘寰。延历八年（789）十二月，桓武天皇的生母高野新笠溘然长逝。三个月

---

① 由于皇太子政治地位特殊，所以设置专门的机构和官职予以培养教育。春宫大夫就是负责专事皇太子教育的家政机关春宫坊的长官。

② 王海燕：《日本古代史》，昆仑出版社2012年版，第210页。

后，桓武天皇的皇后藤原乙牟漏也病亡。紧跟着另一位妃子也西归。这些后宫的女子，都不是长期卧病在床，而是突然过世。以现代医学的观点来推测，很可能是脑溢血或心脏病之类的疾患。可是，对于一千多年前的古人来说，自然会想到怨灵作祟。

延历九年（790）九月，皇太子安殿亲王患病不起。桓武天皇命京都七大寺所有僧侣夜以继日地念经祈祷，却仍然不见效果。于是，桓武天皇想到了自己弟弟早良亲王的冤狱，派人到淡路岛清扫早良亲王的坟墓，并安置了专门的守墓人。可是，此后的一整年，依旧是疫病流行，饥荒，病死、饿死的人数多不胜数，可谓是"国哀相寻，灾变未息"。①

延历十年（791），疫病依然猖狂，饥荒依然肆虐。连伊势神宫都遭到盗贼放火。而安殿亲王的病症也是时好时坏。原本为了摆脱平城京的怨灵才选了长冈京作为新都，没想到在长冈京竟惹来了更加凶猛的怨灵。延历十一年（792）六月，桓武天皇命阴阳寮占卦安殿亲王的病症。结果被告知这一切都是早良亲王的怨灵作祟。桓武天皇听到阴阳寮也将箭头指向早良亲王，立刻派遣使者前往淡路岛整建早良亲王的坟墓，"奉谢其灵"。同时，下令严禁在坟墓附近一带杀生。可是，早良亲王似乎依旧夙怨不解，长冈京仍然灾异不断。于是，桓武天皇决定废都长冈京，营建新都平安京，希望借此获得平安。

延历十二年（793）正月，新都平安京开始营建。其建城形制与风水环境正是为了制止早良亲王冤魂的报复行动而设计的，平安京是"汇集了当时宗教家、咒术者、阴阳师的意见设计成封杀所有怨灵的咒术空间"②。正因为如此，延历十三年（794）十月，新都还未建成，桓武天皇便率领大臣们浩浩荡荡地开始迁都，拉开了平安时代的序幕。

---

① 黑板勝美国史大系編修会編輯：《新訂増補国史大系·続日本紀》卷40，第545页。
② 茂吕美耶：《平安日本》，广西师范大学出版社2007年版，第10页。

然而，即便是迁都，早良亲王的冤魂依然不肯罢休。桓武天皇的亲人还是不断离去。延历十九年（800）七月，桓武天皇下达诏书，追赠皇太子早良亲王为崇道天皇，同时恢复了井上内亲王的皇后身份，并将二者的坟墓改建为山陵。延历二十四年（805）四月，桓武天皇又下达诏书："令诸国，奉为崇道天皇建小仓，纳正税四十束，并预国忌及奉币之列。谢怨灵也。"①

总之，从桓武天皇直至临终前，始终费尽心思安抚早良亲王的怨灵可以看出，早良亲王是政治斗争的牺牲品。但不论早良亲王的怨灵如何作祟，桓武天皇迁都平安京毫无疑问有着十分重要的意义。一方面，新都平安京所显示的威严外观，使皇威得以重建；另一方面，在新都中能更加有效地抑制旧贵族势力，使皇权得以重建，从而恢复了天皇在国家政治中的主导地位。从桓武天皇开始，平城、嵯峨、淳和与仁明等几代天皇统治时期，皇权得到巩固，政治比较安定。可惜好景不长，经过"承和之变"后，随着皇权的弱化和外戚专权，皇亲的处境和天皇制都发生了显著的变化。

第三节　皇亲失势与天皇制的畸变

从8世纪前半期皇亲政治瓦解开始，经过近百年的皇亲政争，皇亲最终失势，中央朝廷的权力重心由皇亲移向外戚藤原氏。贞观八年（866）八月，藤原良房经过多年的苦心经营，正式获得"摄政"称号，开始人臣摄政。②仁和三年（887）十一月，宇多天皇下诏宣布："万机巨细，百官总己，皆关白于太政大臣，然后

---

① 黒板勝美国史大系編修会編輯：《新訂増補国史大系·日本後紀》卷12，吉川弘文館1982年版，第41頁。

② 关于藤原良房担任摄政一职的时间存在两种不同观点。第一种观点认为始于天安二年（858），第二种观点认为始于贞观八年（866），本书采用第二种观点。

奏下。"① 藤原良房的养子藤原基经获得"关白"称号。此后，摄政和关白逐渐成为常设职位，即天皇年幼时，由外戚藤原氏代行政事称摄政，待天皇年长亲政后，摄政改称关白，辅助天皇总揽政事。这就是所谓的"摄关政治"。摄关政治期间，藤原氏在政治上擅权专制，在经济上恣意扩充庄园，不仅加深了与皇室的矛盾，同时招致中小贵族的不满和怨恨。至11世纪中期，长达200多年的摄关政治最终被由上皇专政的院政所取代。本节主要对外戚政治的盛衰、原因以及上皇夺权的手段和影响等作一考察。

一 外戚政治的盛衰及其原因

自藤原良房和藤原基经父子任摄政、关白以后，虽然皇亲势力在与摄关家势力的较量中处于弱势，但双方的控制与反控制斗争仍进行得相当激烈。藤原基经死后，宇多天皇为压制藤原氏外戚专权，恢复天皇权力，不再设摄政、关白，并任用儒士菅原道真等，整顿地方的统治和宫内的秩序。宽平五年（893）四月，宇多天皇乘夫人藤原基经之女藤原稳子尚未生子，匆匆立另一位夫人藤原胤子所生的敦人亲王为皇太子。宽平九年（897）九月，宇多天皇让位给13岁的敦仁皇太子，自己则剃度出家，退居二线。很显然，这是为了防止当时藤原氏干预皇位继承。

醍醐天皇即位后也不设摄政和关白，坚持亲政。但当时位至左大臣的藤原时平诬告菅原道真策划谋反，将其贬为九州大宰府权帅（"权"字有临时之意，没有实权），迫其离开朝廷。皇权遭到削弱，朝政又落到了藤原氏手中。延长八年（930）九月，醍醐天皇让位藤原稳子所生的宽明亲王，即朱雀天皇。朱雀天皇即位时只有8岁，由藤原时平的弟弟藤原忠平任摄政，朝廷大权操纵在藤原氏手里。天庆九年（946）四月，朱雀天皇让位给村上天皇，藤原忠平任关

---

① 黒板勝美国史大系編修会編輯：《新訂增補国史大系·政事要略》卷30，吉川弘文館1981年版，第232页。

白。藤原忠平死后，村上天皇又停设关白，以求恢复天皇的统治。但藤原忠平之子藤原实赖、藤原师辅、藤原师尹等人担任左右大臣和中纳言，且都将女儿嫁给天皇，依然操控着天皇。

康保四年（967）五月，村上天皇去世，藤原师辅之女所生宪平亲王继承皇位，即冷泉天皇。安和二年（969）三月，源满仲等人密告称橘繁延等人企图拥立为平亲王、废黜当时的皇太子守平亲王（圆融天皇）。结果地位仅次于藤原实赖的左大臣源高明（村上天皇的同父同母兄弟，赐姓源氏后，降为臣籍）受连坐之冤，与菅原道真一样被贬为大宰府权帅，橘繁延等则被流放，是为"安和之变"。经"安和之变"后，藤原实赖被任命为关白，此后摄政与关白成为常设官职，并且都由藤原北家系统世袭，藤原北家权倾天下，摄关政治也由此进入全盛时期。

值得注意的是，菅原道真和源高明两人有一个共同点，即他们与皇亲均建立了外戚关系。菅原道真的女儿菅原衍子当时是宇多上皇的女御，另一个女儿菅原宁子也嫁给齐世亲王为妃。如果齐世亲王即位，菅原道真就成为两代天皇的外戚。源高明的女儿嫁给村上天皇的皇子为平亲王（同时也是自己的外甥）。如果为平亲王成为皇太子，将来继承皇位，源高明自然就成为天皇的外祖父。对于长期拥有外戚身份的藤原氏来说，其他有可能获得外戚身份的新兴贵族或名门贵族，始终是威胁自己地位的最大竞争对手。这也许就是菅原道真和源高明被诬告、排挤的原因所在。

正所谓"没有外患，必有内忧"，藤原北家在面临外部异姓竞争对手时积极地团结在一起，一旦没有外部压力时，却又为了自己一家的显赫与荣华而起内讧。

天禄元年（970）五月，藤原实赖去世，藤原师辅的长子右大臣藤原伊尹任摄政。但在天禄三年（972）十一月，藤原伊尹去世，此时由其二弟藤原兼通，还是由其三弟藤原兼家来继承其兄的位置，成为一个问题。藤原兼通虽然是兄长，但晋升一直缓慢。藤原兼家虽然比兼通小，但受天皇重用，晋升反而更快。因此，藤原兼通与藤原兼家兄弟为了摄关之位，兄弟相争，造成两败俱伤。

经过藤原兼通与藤原兼家的兄弟相争之后，不论官位高下，由藤原北家长者担任摄关成为惯例，"摄关与藤原氏长者一体化"①。随着藤原道长统一了藤原北家，摄关政治进入巅峰时期。藤原道长通过不断跟天皇联姻，与其子藤原赖通共同掌权长达八十年之久，从而进一步加强了对朝政的控制。当时，藤原氏的私邸成为国政的中心，而朝廷反而变成了虚设的仪式和典礼的场所。自藤原道长以后，藤原氏族控制了朝廷要职，律令制度形同虚设，皇权名存实亡。虽然此后藤原氏也逐渐衰弱，但天皇自此及其后的幕府时代再也没有实际掌权，同时，摄关政治造成的天皇大权旁落也间接造成了后来的武家政治与幕府专权。

摄关政治就其性质而言，并非国家统治体制的转换，而只能算作是古代天皇制的一种畸变政治形态。"因作为国家统治体制中枢的中央政治机构并没有发生变化，律令官僚制至少在形式上仍旧保留下来，所不同只是原先的诸中央官厅的职掌大大萎缩，而中央权柄高度集中于藤原氏一族，甚至在政治过程中排斥法典所规定的国家最高权力者天皇的程度，遂使古代天皇制最盛时期的天皇亲政渐流于形式。"②而且，外戚藤原氏无法，也从未想过废除天皇制，因为"藤原氏的权势根源于天皇的权威"③。

古代天皇制之所以会发生"畸变"现象，与当时社会经济领域的重大变化密不可分。土地制度与赋税制度是古代天皇制国家的经济基础。从根本上说，天皇制的"畸变"是因土地制度与赋税制度的变化而发生。

大化改新后，日本建立了国家土地所有制，但法律也允许存在

---

① 橋本義彦：《贵族政権の政治構造》，《岩波講座日本歴史第4卷·古代4》，岩波書店1976年版，第6頁。
② 翟新：《日本天皇》，第31页。
③ 井上光贞：《古代天皇制の諸問題》，《井上光貞著作集第6卷·古代世界の再発見》，岩波書店1985年版，第201页。

部分私有土地，如园田宅地、神田、寺田、功田等。进入8世纪以后，由于土地的不足以及日益沉重的赋税和徭役负担，贫困的班田农民不堪忍受，往往被迫以浮浪、逃亡、伪造户籍和借助王臣家的势力与之抗争。此外，一些国司、郡司等地方官吏也时常利用当地土地制度和赋税制度的漏洞，虚报口分田和户口，在一定程度上破坏了班田制的正常实行。结果，一方面国家掌握的土地锐减，另一方面贵族豪强兼并的土地激增。在这种情况下，政府为了增加税收，奖励开垦，先后颁布了"三世一身法"① 和"垦田永世私财法"②，促使土地公有制迅速向土地私有制转化，并出现了庄园制经济。在庄园制形成初期，庄园尚不具有完全私有土地的性质，庄园要向国家缴纳田租，庄民被国家课以临时杂役等，庄园土地的调查权也属于国衙。9世纪中期以后，庄园获得了"不输不入"③ 的特权，庄园主获得了统治庄园的一切权力，庄园成为一个独立的"王国"。这样，大化改新以来以公地公民制为基础的经济结构发生了彻底的变化，从而动摇了古代天皇制统治的经济基础。

藤原氏之所以能获得并长期垄断摄政、关白二职而统摄朝政于一族，最根本的原因就在藤原氏作为最大的权门贵族，一直享受着高官厚禄，以接受"职田""位田""职封""位封"和临时赏赐的名义，获得大量土地、人口和财富，确立了藤原氏的经济基础。特别是在获得摄政和关白地位以后，藤原氏通过寄进地系，更是恣意地扩充庄园，逐渐发展为日本最大的庄园主。如右大臣藤原实资曾在他的日记《小右记》万寿二年（1025）七月十一日条中写道："天下口地悉为一家领，公领无立锥地欤，可悲之世也。"④ 此处"一家"指摄关家，"公领"则指国家掌握的土地。虽然藤原实资的

---

① 指新开垦的土地归开垦者三代所有，利用旧有沟池开垦的土地归开垦者一代所有。
② 指按不同的身份地位规定一定限额内开垦的土地归开垦者永久私有。
③ "不输"指不向国家缴纳租税，"不入"指拒绝国家派遣官吏干涉庄园事务。
④ 東京大学史料編纂所編：《小右记》（七），岩波书店1973年版，第107页。

记录是一种夸张，但也反映了大量的土地集中在藤原摄关家的事实。①

古代天皇制发生"畸变"的再一个原因是藤原氏巧妙利用与天皇联姻以及不断地玩弄权术打击皇亲与其他氏族。最早通过嫁女成为外戚身份的是藤原不比等。藤原不比等有二女，一女藤原宫子成为文武天皇的夫人，一女藤原光明子成为圣武天皇的皇后。9世纪初，藤原北家的藤原冬嗣将其女藤原顺子嫁入宫中，并因其女所生道康亲王成为文德天皇而获得天皇外祖父的身份。藤原冬嗣之子藤原良房如法炮制，将其女藤原明子嫁入宫中，并因其女儿所生惟人亲王成为清和天皇获得天皇外祖父的身份。藤原冬嗣和藤原良房之所以能取得外戚身份，主要是通过制造"承和之变"和"应天门之变"等一系列政治事件，打击和压制政敌。

事实上，早在仁明天皇即位时，已经立淳和上皇之子恒贞亲王为皇太子。由于恒贞亲王的母亲正子内亲王是嵯峨天皇与橘嘉智子所生，从血统上看，恒贞亲王优于藤原顺子所生道康亲王。但藤原良房等为了让道康亲王即位，于承和九年（842）谋划了"承和之变"。②最终，藤原良房的政敌伴健岑被流放至隐岐，橘逸势被流放至伊豆。大纳言藤原爱发、中纳言藤原吉野以及参议文室秋津等或被贬官，或被左迁。恒贞亲王虽与事件无关，但也受到牵连，被废黜皇太子之位。同时，侍奉恒贞亲王的东宫职及春宫坊的官员等60余人也被处分。藤原良房通过"承和之变"，不仅把道康亲王立为皇太子，而且也给予有实力氏族伴氏和橘氏以重大打击。此外，藤原良房通过"承和之变"，还让同是藤原氏的竞争对手藤原爱发、藤原吉野垮台，为自己铺平了迈向权力中心的道路。

贞观八年（866）闰三月十日夜间，太极殿前的应天门突然起

---

① 米田雄介：《藤原摂関家の誕生》，吉川弘文館2002年版，第150—166页。
② 福井俊彦：《承和の変についての一考察》，《日本歴史》第260号，1970年，第10—18页。

火,应天门与两侧的栖凤楼和翔鸾楼也一并被烧毁。虽然这场大火可能只是一场天火,并没有人为因素存在,但朝中各派却借此开始互相攻讦,最终藤原良房巧妙地利用了"应天门之变"这一事件,彻底将大伴氏与纪氏这两个旧贵族势力排除出中央政权的核心,完全独掌了朝政大权。更重要的是,此前只授予皇后或东宫的摄政之位,从此落到了人臣手里。

摄关政治确立以后,天皇几乎都是藤原氏的近亲,或为其外甥,或为其外孙。将摄关政治推向顶峰的藤原道长在这方面就更为典型。藤原道长共有5个女儿被选入后妃,其中有3人被册立为皇后。长女藤原彰子为一条天皇皇后,所生皇子后来分别为后一条天皇和后朱雀天皇;次女藤原妍子为三条天皇皇后;三女藤原威子为后一条天皇皇后;四女藤原嬉子为后朱雀天皇中宫,所生皇子为后冷泉天皇;五女藤原盛子同藤原妍子一样,嫁给三条天皇。藤原道长当了四代天皇的岳父、三代天皇的外祖父,并以此操纵朝政达半个世纪。藤原道长在其一首诗中表达了获得权势后的得意心情:"此世乃我世,如月满无缺",时人则称他:"当时之尊,无异帝王。"可以想象,藤原道长的权势已经达到了登峰造极的程度。

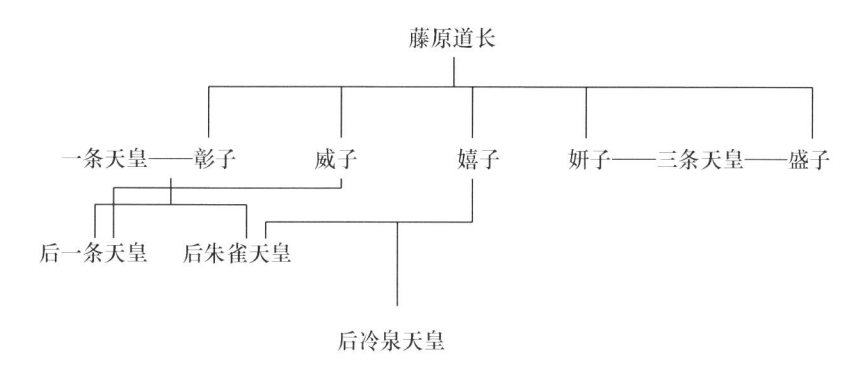

图 1—3　藤原道长与皇室婚姻关系图

最后,古代天皇制发生"畸变"是君主集权专制政治发展的必然结果。进入平安时代以后，经过桓武天皇和嵯峨天皇的改革，国家的经济、军事实力有所增强，天皇制集权统治得到巩固。虽然此前的天皇凌驾于法律之上，不受任何法律的约束，但是，天皇行使权力时还是有固定的程序。嵯峨天皇即位后为了加强天皇权力，提高工作效率，对政府机构进行了整顿，设置"藏人"和"检非违使"等律令里没有规定的官职——"令外官"。[①]"以太政官为中心的官僚制度受到律令法规的约束，但令外官不受律令法规的约束，而且具有很强的随意性和独立性。"[②]"由此产生了宫廷与政府的互相混淆，致使政府变成了天皇的私人机关。"[③] 藤原良房的父亲藤原冬嗣担任被嵯峨天皇所信任的藏人头一职，"掌握着与天皇有关的全部信息"[④]。他为了让藤原良房得到天皇的重视，先是请求将皇女洁姬臣籍降嫁给藤原良房，接着又让藤原良房的妹妹藤原顺子嫁给正良亲王。藤原良房正是通过上述各种关系，进而借助一系列政治事件，打击和压制政敌，为外戚政权的确立奠定了基础。

古代日本的政治制度是以家父长制为核心的体制。这一点与古代中国政治制度十分相似。"在这种政体中，宗法组织与国家组织融为一体，家族的家法与国法相同，宗法精神渗透社会各个方面。不论君主和各级官吏，都以父权来强化政权。"[⑤] 由于专制皇权至高无上的权力，使皇亲内部在权力的兴替上始终处于不稳定状态。因此，为了加强皇权的稳定性，防止皇亲利用亲族身份篡夺皇位，外戚藤原氏就成为天皇最信任的力量。因为藤原氏的女子被立为皇后，就意味着她的儿子是皇位继承人。由于天皇死后，没人能够继承天皇

---

① 王海燕：《日本平安时代检非违使与律令制国家》，《历史研究》2013年第2期。
② 章林：《日本律令制国家公文书的运行机制》，《黑龙江史志》2012年第11期。
③ 坂本太郎：《日本史概说》，汪向荣、武寅、韩铁英译，商务印书馆1992年版，第115页。
④ 井上亘：《虚伪的"日本"——日本古代史论丛》，社会科学文献出版社2012年版，第343页。
⑤ 李禹阶、秦学欣：《外戚与皇权》，西南师范大学出版社1993年版，第24页。

作为家父长的权威，一旦出现幼帝即位的情况，作为幼帝的母亲的皇后便成为其监护人。而皇后为了确保天皇继承权不致旁落，其最亲近的力量莫过于自己家族中的家父兄长。从而形成由天皇的舅舅或外祖父掌权的外戚政治，最终导致了古代天皇制的"畸变"。

二 上皇夺权的手段及其影响

在古代中国，当皇帝个人的权势受到外戚威胁的时候，往往求助于宦官。但古代日本没有宦官，因此通过"院政"来对抗外戚。所谓"院政"，是指天皇让位后，以上皇的身份，在所设的"院厅"中执掌朝政这样一种特殊统治形态。它是皇权为了抵抗摄关政治而发展出来的政治制度，是政权由摄关政治转移到幕府政治的过渡阶段。

日本古代天皇制的官制大体是以中国隋唐官制为模型，但上皇之设，有其独创之处。所谓"上皇"，即退位后的天皇，是太上天皇的略称，上皇出家后称为"法皇"。

古代中国受传统的"天子无父母"这一原则的制约，皇帝一旦让位，即为新帝的臣属，没有凌驾于新帝之上的权力，充其量只能享受一般皇亲待遇。古代日本则不同，天皇退位后作为新天皇的尊长，仍享有等同于天皇的权力。[①] 如《仪制令》中把天皇和上皇置于几乎一样的位置，《诈伪律》中上皇的"宣"和天皇的诏敕具有同等的效力。孝谦上皇曾于天平宝字六年（762）六月，召集文武百官于朝殿，宣布"政事常祀小事今帝给，国家大事赏罚二柄朕行"[②]。将天皇和上皇的职能分开。

进入平安时代以后，平城上皇与嵯峨天皇之间的矛盾激化，朝廷被上皇和天皇分为两处，形成并立的"二所朝廷"。[③] 最终嵯峨天

---

① 瀧川政次郎：《律令制度》，《岩波講座日本歷史》，岩波書店1933年版，第26页。
② 黑板勝美国史大系編修会編輯：《新訂增補国史大系·續日本紀》卷24，第288页。
③ 黑板勝美国史大系編修会編輯：《新訂增補国史大系·日本後紀》卷20，第85页。

皇方面获胜，天皇的权力得到加强，上皇的政治地位下降。但不久之后，上皇的政治地位重新提升，出现了天皇要给上皇行朝觐礼。朝觐原本是我国周代的诸侯向周王室朝见的礼仪，因此可以说此时上皇和天皇之间的关系已经宛如君臣关系。

在飞鸟时代、奈良时代以及平安时代早期，上皇的主要职责是对幼主实行监护，其政治作用与平安时代后期的院厅政治不可同日而语（如皇极天皇让位于孝德天皇、持统女帝让位于文武天皇、元正女帝让位于圣武天皇等）。

藤原氏一族发展到藤原赖通时，只有一独生女藤原宽子。虽然藤原宽子被立为皇后，但始终未生子。治历四年（1068）四月，后冷泉天皇去世，尊仁亲王即位，是为后三条天皇。后三条天皇的母亲是三条天皇的皇女祯子内亲王，他是自宇多天皇以来170年间，唯一一位和藤原氏没有血统关系的天皇。后三条天皇即位前，和生母一起备受藤原氏的欺压。后三条天皇即位后，不愿再充当藤原氏的傀儡，开始打破门阀限制，起用地位较低的中下层贵族参与朝政，重用大江匡房等有学识的人作为亲信，尤其是擢升赐姓皇亲村上源氏、醍醐源氏等为公卿，使公卿中源氏占到了三分之一左右的比例，从而改变了最高决策层由藤原氏独霸的局面。

当时，日本全国各地的庄园不断扩张，地方征税困难，严重影响国家财政收入。因此，后三条天皇在中下层官员的支持下，发布《庄园整理令》，对藤原氏的庄园加以限制，削弱藤原氏的财力，从而恢复国衙领地，重建国家财政。整顿庄园的政策，"让诸庄园主认识到作为国政中心的天皇的存在"①，"宣示了王权对国土的支配权"②，使原本归附藤原氏者开始转向皇室，对显示天皇权威、抑制摄关家势力产生了积极效果。

---

① 笹山晴生：《日本古代史講義》，第263页。
② 保立道久：《岩波日本史第三卷 平安时代》，章剑译，新星出版社2020年版，第126页。

延久四年（1072）十二月，后三条天皇让位给皇太子贞仁亲王（白河天皇），并立实仁亲王为皇太子，自己则以上皇的身份处理政务。后三条上皇退位后，继续与藤原氏的势力抗衡，企图实现还政于皇室的愿望。但是后三条上皇退位后不久便病逝，于是由白河天皇继承其遗志。

白河天皇为对抗藤原氏，让位于年仅8岁的堀河天皇，自己以上皇的身份在所设立的"院厅"中执掌朝政，成为院政的真正开创者。在院政下，上皇被称为"治天君"，实际上是具有真正地位的君主；天皇则称为"在位君"，实际上处于之前的皇太子的位置。

白河上皇为了夺权，采取了一系列措施，如建立新的权力机构、提拔赐姓皇亲、实行"知行国制"、组织武装力量以及提升"乳母"的地位等。

白河上皇建立的权力机构是院厅。在院厅侍奉上皇的官僚总称院司，下设别当、执事、判官代、主典代、藏人等官吏，负责院厅日常事务。"院厅的任官，不基于官制和位阶，主要根据与上皇的亲疏关系，这一特点与天皇之下的太政官僚体制有很大不同。"[①] 此外，院厅的官员多为上皇的近臣，且多是中下级官僚。因此，院政形成的原因除了皇亲势力与外戚势力之间的矛盾之外，也包括大贵族与中下官僚的斗争。

白河上皇为了对抗藤原氏，同后三条天皇一样开始提拔赐姓皇亲。至11世纪末，虽然关白一职仍由藤原氏所占，但左右大臣、左右近卫大将军等重要职位均由源氏担任。"到1103年，太政官24名公卿中，源氏占去一半以上，五名六卫府督全由源氏担任，辨官定员七人，源氏占了四人。"[②]

摄关政治的基础是藤原氏掌控的大量庄园，白河上皇实行院政

---

① 翟新：《日本天皇》，第42页。
② 翟新：《日本天皇》，第42页。

统治的基础则是"知行国制度"。知行国制度是将一个国（行政区）的行政、征税权在一定时间赋予特定皇亲、贵族，使他们从该国获取租税等利益以换取其对上皇支持的制度，可以看作国司制度的一种变形。知行国实际上相当于封国和采邑。

白河上皇意识到武装力量的重要性，组织了直接听命于自己的武装力量，即"北面武士"。北面武士因其驻扎在上皇官邸北面而得名，平时警卫院厅的周围，上皇行幸时在车后武装随行，其性质相当于上皇的禁卫军。起初北面武士规模不大，职能比较单一，主要负责上皇和院厅的防卫。至12世纪初，北面武士逐渐制度化，开始成为一支具有威慑力的武装力量。

白河上皇起用了一批以"乳母"的丈夫或儿子为中心的亲信近臣。如藤原显季（白河上皇乳母之子）、藤原公实（堀河天皇与鸟羽天皇乳母的丈夫）、藤原显隆（鸟羽天皇乳母的丈夫）、藤原通宪（后白河天皇乳母的丈夫）等人。"他们共同拥戴实行院政的白河，通过相互之间复杂的血缘关系结成了集团，为白河院政的权力提供直接支持。"①

堀河天皇去世后，白河上皇把年仅5岁的宗仁亲王（堀河天皇的遗孤）推上皇位，即鸟羽天皇。白河上皇发布诏书，宣布由鸟羽天皇即位，进而任命与鸟羽天皇没有外戚关系的藤原忠实为摄政。"由此，创造了由院决定皇位继承人的先例"②。

白河上皇去世后，鸟羽天皇和后鸟羽天皇也仿效白河上皇先后开始了自己的院政。鸟羽上皇和后鸟羽上皇任命院厅官吏，提拔赐姓皇亲，实行"知行国制"，招募武装力量，最后出家为法皇，其做法基本上是照搬白河上皇。

院政虽然成功地压制住了藤原氏的势力，但"院政的成立并不

---

① 保立道久：《岩波日本史第三卷 平安时代》，第126页。
② 胧谷寿、仁藤敦史：《倒叙日本史04 平安·奈良·飞鸟》，第14页。

意味着天皇制和天皇权力的恢复"①，其实质同摄关政治一样，也是古代天皇制的畸变形态。他们都是超越天皇而控制朝政，所不同的是，"行使院政的上皇是以当时天皇的尊属亲为原则。摄关政治与武家政治都是以代天皇或受天皇委托为手段。院政完全不需要法律的手续，而是凭借上皇个人的意志。这不是国家体制，而是作为行使前天皇的父权这一家父长制"②。

院政的出现也产生了一系列问题。如通过"知行国制度"，虽然一方面使掌握地方政治、军事、经济和司法大权的赐姓皇亲与中小贵族与上皇结成了主从关系，沉重地打击了外戚藤原氏势力；但另一方面又使庄园的独立性更强，加速了中央集权制度的瓦解。再如，院政下贵族社会旧有的秩序与惯例遭到无视，只要是受到太上皇的恩宠者，不受身份、地位的限制，一律得到重用，导致社会秩序十分混乱。此外，由于上皇笃信佛教，使佛教的势力扩张，神社寺院出现自己的武装僧兵，并屡次与地方国司相争。而朝廷面对寺院的斗争，反而束手无策，只能倚靠不畏惧神佛的武士来解决，天皇权威开始日渐衰落。

更为重要的是，院政促使统治阶级内部的矛盾日趋复杂化和尖锐化。"除了皇室同藤原的矛盾外，在上皇与天皇之间以及藤原氏内部也都存在着矛盾，并且这些矛盾又总是和新兴的源氏、平氏两大武士集团之间、每一个武士集团内部的矛盾纠缠在一起。"③ 这种错综复杂的矛盾关系的发展，最终导致武士之间的大混战（"保元之乱"和"平治之乱"），日本由此进入了通过军事手段决定政权归属的"武者之世"，并且"武者"从支持中央政权最终转变到直接另立朝廷，成为古代天皇制国家的终结者。

---

① 王金林：《日本天皇制及其精神结构》，天津人民出版社2001年版，第78页。
② 笹山晴生：《日本古代史講義》，第266頁。
③ 吴廷璆：《日本史》，第109页。

第四节　小结

　　日本古代天皇制的确立、发展、畸变三个时期恰好对应皇亲政治、皇亲政争和皇亲失势三个阶段。在以天皇为首的中央政权建立之初，为加强天皇专制统治，日本逐渐形成以皇子为中心的皇亲势力取代过去旧豪族势力的统治体制，即皇亲政治。但皇亲政治只是为了建设成熟的天皇制国家所必要的过渡体制。随着律令制的确立和官僚制的不断完善，皇亲对于国家政权的重要性大大降低。

　　在律令制不断完善的同时，以天皇为家长的皇亲势力与皇亲之外的贵族官僚势力之间形成复杂多变的关系。长屋王作为典型的皇亲，他在打击藤原氏的同时，也引起了圣武天皇的反感，最终在圣武天皇的默许下由藤原氏策动了一场陷害长屋王的政变。长屋王亡故后，非皇亲出身的藤原光明子开创了"人臣皇后"的先例，皇亲政治开始解体，权力逐渐由皇亲转入藤原氏手中。不过，"长屋王之变"不久后，藤原四兄弟也相继死去，朝廷的实权落入赐姓皇亲橘诸兄之手。圣武天皇即位后，为同时削弱外戚藤原家和赐姓皇亲橘氏的势力挑动了一场内乱——"藤原广嗣之乱"。藤原仲麻吕的成败从一个侧面反映出以律令法为基轴的天皇制国家的运作方式与意义。桓武天皇即位后，为了重新构筑自己的政治势力，借"藤原种继暗杀事件"，在朝廷内进行一场肃清活动，排除以早良亲王为首的反对党，并由此引发了早良亲王怨灵事件。最终，桓武天皇通过迁都平安京，使皇威和皇权得以重建，从而恢复了天皇在国家政治中的主导地位。

　　从嵯峨天皇开始，为了加强皇权的稳定性，防止皇亲利用亲族身份篡夺皇位，外戚藤原氏逐渐成为天皇最信任的力量。但是，天皇在降低皇亲对皇权威胁，暂时巩固皇权的同时，也为此付出了极其惨重的代价。经过"承和之变"后，随着皇亲政治地位逐渐衰落和藤原氏贵族政治地位不断上升,出现了皇权弱化和外戚专权的现象,皇亲的处境和天皇制都发生了显著的变化,出现了古代天皇制的一种畸变政治形态——摄关政治。

后三条天皇即位后,联合各方反对藤原氏的势力,通过太上天皇身份控制朝政。后三条天皇之子白河天皇为对抗藤原氏,模仿其父让位,以太上皇的身份执掌朝政,成为真正意义上的君主。与此同时,天皇则被"皇太子化",即构成王权的中枢由"天皇—皇太子",变成了"上皇—天皇"。此后摄政、关白继续存在,但已有名无实,藤原氏从此走向衰弱。

第 二 章
皇位继承制度

皇位作为古代天皇制国家最高权力的职位，具有排他性和世袭性，其传承只能在皇亲中进行。① 日本由于进入文明社会相对较晚，包括皇位继承在内的社会机制发育也相对滞后。② 本章主要按不同的时代划分，以时间为顺序对古代日本的皇位继承情况作一考察。

第一节　飞鸟时代的皇位继承

在日本古代历史上，从推古天皇即位至元明女帝迁都平城京的历史时期，称为飞鸟时代。虽然日本在飞鸟时代以前没有明确的皇位（王位）继承制度，但从弥生时代开始便出现了皇位继承问题。根据我国史料记载，在弥生时代后期，倭国最初以男子为王统治了七八十年，但后来倭国发生大乱，相互之间攻伐数年，并且没有君王。于是贵族阶层经过商议后，共同推举一位"事鬼道，能惑众，

---

① 古代日本有资格继承皇位的皇亲既包括男性也包括女性，而当代的《皇室典范》则明确规定："皇位由属于皇亲血统的男系的男子继承。"

② 李卓：《天皇退位的历史与现实》，《日本学刊》2019 年第 2 期。

年已长大，无夫婿"①，名叫"卑弥呼"的女子为王，并由其男弟辅佐治理国家。卑弥呼死后，想更立一男王，但国中许多人不服，因而倭国再次陷入了相互诛杀的争乱之中。于是贵族们共同拥戴卑弥呼的宗女"壹与"继承王位，争乱才最终平息。进入大和时代，日本仍然没有明确的皇位继承制度。根据《日本书纪》"仁德天皇纪"记载："夫昆上而季下，圣君而愚臣，古今之常典焉。原王勿疑，须即帝位。"② 由此可以看出，在仁德天皇即位之前，日本皇位继承大致采取年长者优先的原则。

根据《日本书纪》记载，日本第25代天皇武烈天皇是一位十分残暴的君主。武烈天皇八年（507），年仅18岁的武烈天皇去世。由于武烈天皇无后以及皇子之间为了争夺皇位而相互残杀，导致武烈天皇去世后没有合适的皇位继承人选，大和国出现了王统可能断绝的困境。因此，朝廷把应神天皇的五世孙オホド王③接来，并献上天皇的三件神器——镜、剑、玉，最终诞生了继体天皇。二战后，日本学界盛行"继体王朝论"，将继体视为日本皇室之祖。但是，即使《日本书纪》中明确记载继体天皇是应神天皇的五世孙，但关于继体王统，即继体天皇究竟是畿外的地方豪族，还是大和朝廷的王族，直到现在仍处于争论当中。从继体天皇开始至飞鸟时代结束，日本深受中国先进的汉文化的影响，在皇位继承上也出现了一些新的变化和发展。

一 "兄弟继承"与"长子继承"

根据《古事记》与《日本书纪》记载，飞鸟时代以前兄弟（包

---

① 陈寿：《三国志》卷30，中华书局1959年版，第856页。
② 黑板勝美国史大系編修会編輯：《新訂增補国史大系·日本書紀》卷11，吉川弘文館1983年版，第390頁。
③ オホド王在不同的史料中有不同的名称。《日本書紀》中记载为"男大迹王"，《古事記》中记载为"袁本杼命"。此外，一般认为《筑后国风土记》逸文中的"雄大迹天皇"，《上宫記》逸文中的"乎富等大公"以及隅田八幡神社藏人物画像镜铭文中的"乎弟王"都是指オホド王。

括姐弟）继承是十分重要的皇位继承方式之一。

在推古天皇以前的历代天皇（见图 2—1）中，由兄弟相互继承皇位的天皇主要包括：

履中天皇→反正天皇→允恭天皇
安康天皇→雄略天皇
显宗天皇→仁贤天皇
安闲天皇→宣化天皇→钦明天皇
敏达天皇→用明天皇→崇峻天皇→推古天皇

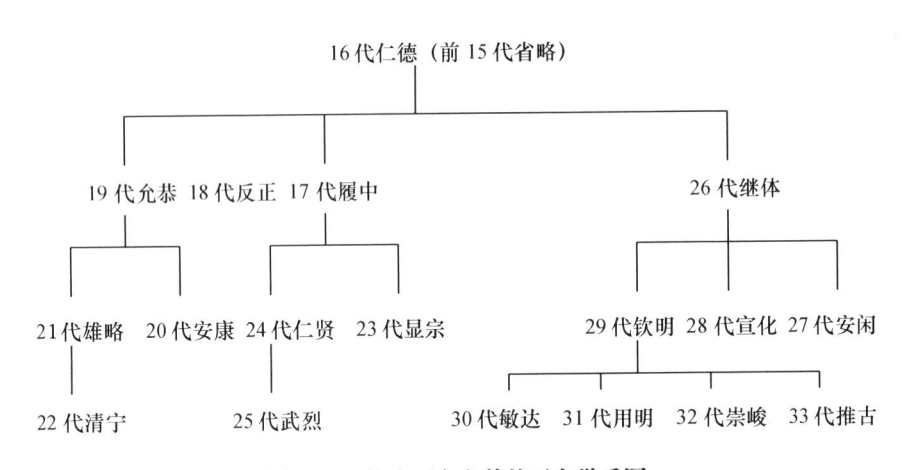

```
                    16代仁德（前15代省略）
        ┌──────────────────┴──────────────────┐
   19代允恭 18代反正 17代履中              26代继体
     │                 │              ┌──────┼──────┐
  21代雄略 20代安康 24代仁贤 23代显宗  29代钦明 28代宣化 27代安闲
     │                 │              ┌──┬──┬──┐
   22代清宁          25代武烈       30代敏达 31代用明 32代崇峻 33代推古
```

图 2—1　推古天皇之前的天皇世系图

如果说日本人所编纂的《古事记》与《日本书纪》缺乏史料的真实性，那么我国南朝史书中的记载则可以佐证这一事实。根据我国史书记载，日本进入 5 世纪后，大和国的最高统治者先后由赞、弥（珍）、济、兴、武担任，史称倭五王。关于倭五王之间的关系，根据《梁书·诸夷传》载："晋安帝时，有倭王赞。赞死，立弟弥。

弥死，立子济。济死，立子兴。兴死，立弟武。"① 从中可以看出，赞→弥，兴→武都属于兄弟继承。

飞鸟时代被视为兄弟继承的事例有以下两例。一个事例是皇极天皇将皇位让于同母弟轻皇子（孝德天皇）。但这次让位却是以一次政变为契机。皇极天皇在位的第四年（645），中大兄皇子联合中臣镰足等人，发动旨在消灭苏我虾夷、苏我入鹿专政的政变。政变发生后，皇极天皇希望将皇位让于其子中大兄皇子，但中大兄接受了中臣镰足的忠告，拒绝了皇极天皇的让位，于是将皇位让于轻皇子。也就是说，皇极天皇将皇位让于同母弟轻皇子与此前的兄弟继承不同，它有自己特定的历史背景。

值得注意的是，孝德天皇即位后，给皇极天皇奉上"皇祖母尊"的称号。孝德天皇是皇极天皇的同母弟，为何称其为"祖母"呢？这里的"祖母"并不是我们一般所理解的祖父的妻子，而是母亲的意思。"前任大王皇极虽然是现任大王孝德的姐姐，但却被视为母亲，这是为了将前任大王置于现任大王之上。"② 换句话说，当时掌握政治实权的并不在现任大王，而是前任大王。如白雉四年（653），孝德天皇与中大兄皇子发生政见对立，中大兄皇子与其母皇极上皇（前任天皇）移居飞鸟，只有孝德天皇独自留在难波。白雉五年（654）十月，政治失意的孝德天皇在难波病亡，第二年正月皇极天皇重新即位。另外，孝德天皇称皇极天皇为"母亲"，也反映出当时直系继承的观念已开始形成。

另一个事例是天武天皇的即位。齐明天皇去世后，中大兄皇子并没有急于即位，而是经历了近七年的称制（661—668）。天智天皇十年（671）一月，天智天皇任命自己的儿子大友皇子为太政大臣。大友皇子的母亲伊贺宅子是出身伊贺国的地方豪族的女儿，

---

① 姚思廉：《梁书》卷54，中华书局1973年版，第807页。
② 遠山美都男：《古代の皇位継承——天武系皇統は実在したか》，吉川弘文館2009年版，第23页。

在宫中的身份是"采女"。① 大友皇子被任命为太政大臣时年仅24岁。

一般认为，由于大海人皇子的母亲是出身高贵的齐明天皇，且受过天智天皇正式认可的"大皇弟"，同时大友皇子的母亲则是出身低微的采女，因此大友皇子一直被认为不具有皇位继承资格。哪怕是在他即位后，其"天皇"身份也不被正式承认。事实上，这里有两个问题需要澄清。

第一个问题是，天智天皇是否选定大海人皇子为继承人。《日本书纪》中称大海人皇子为"大皇弟""太皇弟"与"东宫大皇弟"等，因此一般认为大海人皇子是受过天智天皇正式认可的继承人。笔者认为，此时尚未正式使用"大皇弟"与"太皇弟"等称谓，当时恐怕应该称为"大王弟"更为准确。并且，当时尚未形成皇太子制度，"大王弟"可能只是在兄长身旁，辅佐其统治，最多也就如后文所要论述的"大兄"一样，是皇位继承的有力竞争者之一，而不是被天智天皇指定为固定的继承人。

第二个问题是，大友皇子是否具有皇位继承资格。一般认为，以长辈优先为原则的兄弟继承是飞鸟时代十分重要的皇位继承方式。笔者认为，进入飞鸟时代以后，随着大陆先进文化的不断传入，人们的思想开始发生变化，对国家的观念增强，对皇位也更多要求实现嫡系继承。将皇子母亲的身份与出身视为皇位继承资格的观念，是在天武天皇以后形成。从当时的观念来看，大友皇子作为天智天皇的长子，完全有资格成为天智天皇的继任者。此外，大友皇子不仅仪表非凡，而且博学多闻，才思敏捷，长于汉诗，深得天智天皇宠爱。因而天智天皇很自然地想把皇位传给自己的儿子。

天智天皇十年（672）十二月，大友皇子继承其父亲天智天皇的皇位，即弘文天皇。不愿坐以待毙的大海人皇子先发制人，发动了

---

① 采女是古代日本的地方豪族献给中央朝廷，在宫廷负责天皇、皇后等饮食起居的下级女官。

大规模的叛乱——"壬申之乱"。最终大海人皇子打败弘文天皇，通过武力夺取了政权。取得胜利的大海人皇子，于天武二年（673）正月在净御原宫即位，首次使用"天皇"作为君主的称谓。"天皇"一词源于中国道教。一般认为，天武天皇使用"天皇"作为君主的尊号，是因为他喜欢道教，同时也反映出统治思想的日趋成熟。但还有一种观点也不能忽视，即天武天皇用"天皇"这一外来宗教的词汇作为自己的称号，是为了用来弥补因原本没有皇位继承资格而导致的权威不足与欠缺。① 换句话说，被大海人皇子所消灭的大友皇子事实上更具皇位继承的正统性。

总之，在飞鸟时代以前，兄弟继承是十分重要的皇位继承方式之一。进入飞鸟时代以后，随着大陆先进文化的不断传入，人们的思想开始发生变化，对国家的观念增强，对皇位也更多要求实现嫡系继承。

二 "大兄制"与"太子制"

在日本的古代史籍《日本书纪》中，我们经常可以看到"大兄"一词。20世纪60年代，井上光贞通过对《古事记》和《日本书纪》中能够继承皇位的皇子进行分析，提出在皇太子制成立以前，存在由长子大兄来继承皇位的"大兄制"。② 自井上光贞提出"大兄制"以后，日本学界存在"大兄制"肯定说与否定说两种观点。暂且不去讨论是否存在"大兄制"这一皇位继承制度，我们首先从基本史料出发，看看"大兄"一词的含义及其特征。

根据《日本书纪》记载，飞鸟时代共有四位称为大兄的皇子，他们分别是敏达天皇与广姬之子押坂彦人大兄皇子、厩户皇子（"圣德太子"）与刀自古郎女之子山背大兄皇子、舒明天皇与法提郎媛之

---

① 遠山美都男：《古代の皇位継承——天武系皇統は実在したか》，第41頁。
② 井上光貞：《古代の皇太子》，《井上光貞著作集第1巻·日本古代国家の研究》，岩波書店1985年版，第179—222頁。

子古人大兄皇子、舒明天皇与宝皇女之子中大兄皇子。以上四位皇子具有一个共同的特点，即除了圣德太子之子山背大兄皇子之外，其他都是天皇的长子。而圣德太子虽然没有即位为天皇，但他代理天皇管理国家的政务，实际上也获得了相当于天皇的地位。

在飞鸟时代以前，也有许多称为大兄的皇子，且都是天皇的长子，如仁德天皇与磐之媛命的长子大兄去来穗别尊、继体天皇与目子媛的长子勾大兄皇子、钦明天皇与坚盐媛的长子大兄皇子。以上三位皇子后来都即位为天皇，大兄去来穗别尊即位为履中天皇、勾大兄皇子即位为安闲天皇、大兄皇子即位为用明天皇。

由于古代日本实行一夫一妻多妾制，因此天皇家存在许多同父异母的兄弟，从上述称为大兄的皇子的情况来看，"大兄"便是赋予这些同父异母的兄弟之间的长子的称号。但是，在天皇家的同父异母的兄弟中，不是所有的长子都称为"大兄"。筱川贤根据《古事记》《日本书纪》以及《上宫圣德法王帝说》三部史料，对从继体天皇至孝德天皇期间，所有的同父异母兄弟中的长兄的数量作了统计，得出的结论是：这一时期称为"大兄"的长子只占到了全部三十二例中的七例，还不到四分之一。①

还有一个现象值得注意，即称为"大兄"的皇子之间时常发生围绕皇位继承的纷争，其他皇子则和皇位继承之间没有太多的联系。在推古朝以前，天皇不能按照自己的意愿决定下一位天皇的人选，必须经过群臣推举。② 其中总领群臣的大臣③，从6世纪前半期开始，一直由苏我氏的首领担任。押坂彦人大兄皇子虽然是敏达王统中最有实力者，但由于押坂彦人大兄皇子没有苏我氏血统，因此在苏我氏的干预下，没能继承皇位。

推古天皇在去世前，指定"圣德太子"的长子山背大兄皇子为

---

① 篠川賢：《六、七世紀の"大兄"》，《成城文芸》第139号，1992年，第40—41页。
② 遠山美都男：《古代の皇位継承——天武系皇統は実在したか》，第17页。
③ "大臣"作为"臣"姓氏族中最有势力者，是律令制以前的最高官职。

皇位继承人，使皇位继承方式进入了由天皇指定的新阶段。但是，群臣推举依然发挥着重要的作用。作为大臣的苏我虾夷为了巩固自己的势力，召集群臣到自己的官邸，统一群臣的意见，先后拥立押坂彦人大兄皇子之子田村皇子（舒明天皇）与宝皇女（皇极天皇）继承皇位。此后，苏我入鹿（苏我虾夷之子）为了让流有自己血统的古人大兄皇子继承皇位，逼迫皇位继承的有力竞争者山背大兄皇子一族自杀。不过，皇位的继承虽然由苏我氏操控，但他依然十分尊重推古天皇的遗诏，认为自己的做法是"不误遗敕者也，非臣私意"①。

皇极天皇四年（645）六月，古人大兄皇子的异母弟中大兄皇子联合中臣镰足等发动乙巳之变，诛杀苏我入鹿，从此古人大兄皇子失去了后盾。乙巳之变后，古人大兄皇子虽然出家隐居吉野，但对于中大兄皇子来说仍然是个威胁。大化元年（645）九月，"吉备笠臣垂自首于中大兄曰：'吉野古人皇子，与苏我田口臣川掘等谋反，臣预其徒。'中大兄即使菟田朴室古、高丽宫知，将兵若干讨古人大市皇子等"②。结果古人大兄皇子及其子女被斩，妃妾自尽。

从上述分析可以看出，"大兄"不是对所有同父异母的长子都适用的称呼，而是在皇位继承上最有竞争力的皇子所拥有的称呼。

那么，古代日本在形成太子制度前，是否存在由长子大兄来继承皇位的"大兄制"呢？笔者认为，作为皇位继承者的"大兄"至少要具备以下两个特点：第一个特点是"大兄"必须是皇位继承人所独有的称号；第二个特点是一代天皇同一时期只能有一位"大兄"。这两个特点与古代中国以及日本后来的"太子"很相似。

但是，古代日本的"大兄"却不具备上述两个特点。首先，"大兄"与"太子""东宫"以及"春宫"等称谓不同，它并不是一个完整的表示地位、身份的称号，只是皇子名字的组成部分。如

---

① 黒板勝美国史大系編修会編輯：《新訂増補国史大系・日本書紀》卷23，第177頁。
② 黒板勝美国史大系編修会編輯：《新訂増補国史大系・日本書紀》卷25，第222—223頁。

《日本书纪》将勾大兄皇子和中大兄皇子称"春宫"和"太子",也就是说,"大兄"并不等于"太子",两者具有不同的含义。其次,"大兄"并不是对皇位继承人的独有称呼,而是当时社会的一种风俗习惯。除了王族以外,一些地方豪族和地方国人等各阶层也可以拥有"大兄"这一称谓。① 如"船王后墓志"中有"大兄刀罗古首"的字样,在《先代旧事本纪》中出现了高句丽人"大兄彦君"等。再次,"大兄"并不是一代天皇一立,而是一代天皇可以同时立两位或两位以上。② 如古人大兄皇子与中大兄皇子几乎活跃于同一时期。最后,从结果来看,没有称为"大兄"的皇子成为天皇的比例远高于称为"大兄"的皇子,而且兄弟(兄妹)继承也要明显多于父子继承。因此,"大兄"只是用于一部分在皇位继承上有竞争力的长子,以及在其他家族中有威信和声望的长子的名字中,用以表示对其尊敬。换句话说,"大兄"只表示一种敬称与尊称,与皇位继承制度无关。

在《隋书·东夷传》"倭国条"中,有"名太子为利歌弥多弗利"的记载。③ 一般认为,"利"是"和"的误写,因而应写作"和歌弥多弗利",训读为"ワカミタフリ"。筱川贤虽然认为当时不存在"大兄制",但他根据这一史料,提出当时可能存在称为"和歌弥多弗礼"(即太子)的皇位继承者。④ 但"太子"一词与"皇太子"一词还是有所不同的。荒木敏夫认为太子有时不一定指皇太子,它的第一要义是"长子"。⑤ 因此,《隋书》中所记载的"太子",有

---

① 参见荒木敏夫《日本古代の皇太子》,吉川弘文馆1985年版;田中嗣人《大兄制批判再说——大化前代の皇位继承を中心に》,《文化史学》第35号,1979年;寺西贞弘《古代天皇制史论——皇位继承と天武朝の皇室》,創元社1988年版。
② 参见井上光贞《古代の皇太子》;直木孝次郎《大兄制と皇位继承法》,《日本古代国家の成立》,社会思想社1987年版;寺西贞弘《古代天皇制史论——皇位继承と天武朝の皇室》。
③ 魏徵等:《隋书》卷81,中华书局1973年版,第1826页。
④ 篠川賢:《六、七世紀の"大兄"》,第43頁。
⑤ 荒木敏夫:《日本古代王権の研究》,吉川弘文館2006年版,第59頁。

可能是指"长子",即"和歌弥多弗礼"指的是倭王的长子。此外,倭国使者所使用的应是"ワカミタフリ"一词,而不是"太子"一词,"太子"一词实际上是隋朝对日本"ワカミタフリ"一词的理解。因此,不能简单地从《隋书》中出现"太子"一词,来推测日本存在"太子制"。

在天皇家中,继中大兄皇子之后,除了《三代实录》中记载的惟乔亲王"大枝谓大兄"(文德天皇与纪静子所生长子)称为"大兄"之外,再也没有皇子称为"大兄"。天智天皇统治时期正是大量引进唐代先进文化与制度的时期,同时也是中央集权得到加强的时期。大致在天智天皇统治时期,由作为皇位继承有力争夺者的大兄来继承皇位的方式已被废除,以宗法制为基础的嫡长子直系继承制逐渐形成。不过,从此后的资料来看,"大兄"的称号并没有绝迹,而且,有时它还被用来表示一家之长。①

总之,日本在飞鸟时代尚未形成特定的皇位继承制度。所谓的"大兄",只是用于一部分天皇及其他家族中的长子的名字中,用以表示对其尊敬。不过,在大陆文化的影响下,当时社会已经存在长子相继的观念,因此"大兄"作为天皇诸皇子之中的长子,是皇位继承最有力的竞争者。

三 持统女帝与"皇后继承"

古代日本由女子来继承皇位的天皇往往称为"女帝"。飞鸟时代的女帝共有四位,即推古女帝、皇极女帝、持统女帝与元明女帝(同时也是奈良时代的第一代天皇)。

崇峻天皇五年(592)十一月,崇峻天皇被苏我马子派刺客暗杀。其后,竹田皇子和厩户皇子为争皇位闹得不可开交。由于两派人马实力相当,相持不下,为避免发生大的争斗,最后双方达成妥协,没有拥立一位男性来当天皇,而是共同拥立已故的敏达天皇的

---

① 荒木敏夫:《日本古代の皇太子》,第26—46页。

皇后额田部皇女①为天皇，即推古女帝。推古女帝是日本历史上第一位身份确凿的女性天皇。推古女帝即位后，立其兄用明天皇之子厩户皇子为摄政太子（圣德太子），辅佐自己执政。厩户皇子摄政期间，推行一系列政治改革，以限制大贵族的势力，加强皇权。但不幸的是，厩户皇子在推古女帝在世时便英年早逝，并没有最终继承皇位。

推古天皇去世后，围绕下一代天皇的人选，朝廷又发生了严重的对立。苏我虾夷等人极力拥戴敏达天皇之孙田村皇子，境部摩理势等人等则推荐圣德太子之子山背大兄。最终，苏我虾夷起兵杀害境部摩理势，拥立田村皇子继承皇位，即舒明天皇。舒明天皇十三年（641）十月，舒明天皇去世。舒明天皇去世前没有在皇子之间选定皇位继承人，这使皇位继承问题再次变得复杂起来。此时山背大兄皇子依然是强有力的候选人，舒明天皇与宝皇女所生的中大兄皇子、舒明天皇与苏我氏所生的古人大兄皇子同样有继承皇位的实力。最终，几位皇子达成妥协，于公元642年拥立舒明天皇的皇后宝皇女继承皇位，即皇极女帝。

皇极女帝和推古女帝的即位具有以下三个共同特点：一是两人都以天皇的皇后出身即位；二是两人都在决定皇位继承问题上难以取得进展的时候即位；三是两人都通过了群臣推举即位。此外，通过了解她们的婚姻情况可知，即位后都没有再婚也是两人的一个重要共同特点。皇极女帝与推古女帝的不同之处主要可以用两个词来概括，即"禅让"与"重祚"。皇极女帝在世时便将皇位禅让给同母弟轻皇子（孝德天皇）。"这一姐弟间皇位的传承，大概是受到了一直以来兄弟继承传统的余风影响。"②孝德天皇去世后，已退位的皇极女帝再次即位，谥号为"齐明天皇"。无论是禅让，还是重祚，

---

① 额田部皇女与苏我氏有着很深的血缘关系，她的母亲是苏我马子的妹妹苏我坚盐媛。
② 吉村武彦：《古代日本的女帝》，顾姗姗译，社会科学文献出版社2019年版，第108页。

都是日本皇位继承史上的一项空前之举。①

继皇极女帝之后即位的女性天皇是持统女帝。持统女帝原名鸬野赞良，于天武天皇二年（673）二月被册封为皇后。在持统女帝的身上，背负着重重谜团。如天武天皇去世后，鸬野皇后为何没让草壁皇子即位，而是自己即位？鸬野皇后在继承皇位时，为何不立即即位，而采取称制的形式？鸬野皇后继承皇位后，为何任命高市皇子为太政大臣？高市皇子死后，持统女帝为何匆忙让位给轻皇子？持统女帝在位期间，为何频繁地行幸吉野？

草壁皇子在天武天皇十年（681）二月已经被立为皇太子，因而在天武天皇去世后理应继承皇位。但天武天皇去世后，草壁皇子为何没有继承皇位，而是由其母鸬野皇后称制呢？在考虑这一问题之前，首先必须了解当时围绕皇位继承的皇嗣之间的关系。在天武天皇统治时期，虽然由长子相继已基本成为一种惯例，但嫡长子继承制尚未确立。特别是天武天皇自身皇位的获得正是在否定长子继承制的前提下获得的。因此，天武天皇统治期间，他的诸皇子之间围绕皇位继承包含了十分微妙的问题。

在天武天皇的皇嗣中，最有势力的自然是与皇后鸬野皇女所生的草壁皇子。但在天皇的众多子女中，大津皇子与高市皇子对草壁皇子构成了一定威胁。特别是大津皇子，其早逝的母亲是天武天皇的皇后大田皇女（鸬野皇女同父同母的姐姐），且因具有出色的才能与豪放的性格，使他在宫廷中备受贵族的期待。

天武天皇八年（679）五月，天武天皇与鸬野皇后、草壁皇子、大津皇子、高市皇子、河岛皇子、忍壁皇子、芝基皇子行幸到吉野宫时，一同立誓订盟。天武天皇对皇后及六位皇子说："朕今日与汝

---

① 此后，通过天皇生前的退位和让位与天皇去世后即位相比反而是一般常态。据统计，从推古天皇到江户时代最末一代孝明天皇的103代天皇中，有60代天皇是通退位或让位而继承天皇位。进入明治时代以后，日本才确立起皇位继承必须在前代天皇去世之后进行的制度。2019年4月30日，明仁天皇退位，皇太子德仁即位成为新天皇，这是明治以后首次出现皇位的禅让。

等俱盟于庭，而千岁之后欲无事，奈之何？"草壁皇子首先答道："天神地祇及天皇证也，吾兄弟长幼并十余王，各出于异腹。然不别同异，俱随天皇敕，而相扶无忤。若自今以后，不如此盟者，身命亡之，子孙绝之，非忘非失矣。"接着"五皇子以次相盟如先"。①

该盟约是天武天皇为避免诸皇子之间相互发生斗争，而选择在与"壬申之乱"很有渊源的吉野举行的誓约。②但是，吉野之盟似乎无法抑制诸皇子之间的对立。吉野宣誓之后，在鸬野皇后的强烈要求下，其唯一的儿子草壁皇子被立为皇太子。虽然草壁皇子被立为皇太子，但仍然不能忽视大津皇子的存在。由于大津皇子聪明武勇、礼贤下士，而草壁皇子自幼体弱多病、懦弱无能，因此朝廷当时一直有赞成由大津皇子继承皇位的意见。立草壁皇子为皇太子后，当时的朝廷出现了很大的混乱。因此，鸬野皇后考虑到草壁皇子即位会导致更大的不安定，在天武天皇去世后没有立即让草壁皇子继承皇位。但对鸬野皇后来说，大津皇子始终都是一个威胁，必须予以铲除。因此，为了将大津皇子从皇位继承中铲除，首先有必要保留草壁皇子的皇太子地位。而模仿皇极天皇的先例，由自己来继承皇位，正是十分有效的办法。鸬野皇后继承皇位后，在天武天皇尸骨未寒之际，以大津皇子等人"谋反"为由，以迅雷不及掩耳之势逮捕了大津皇子及其追随者。结果，大津皇子被赐死，其主要追随者也被流放，草壁皇子通向皇位之路的一个障碍被扫清。

鸬野皇后在天武天皇去世后没有立即即位，而是采取称制的形式。所谓称制，指的是先帝去世后，还没举行新帝即位仪式前代替天皇执政。最早的例子是齐明天皇去世后中大兄皇子以称制的形式执掌政事。事实上，称制兼具天皇和皇太子的双重政治权限。笔者认为，鸬野皇后采取称制的形式，而不是直接继承皇位，主要是出于保护草壁皇子的需要。当时皇位继嗣的最终人选是在前任天皇死

---

① 黒板勝美国史大系编修会编辑：《新訂增補国史大系・日本書紀》卷29，第349—350頁。
② 篠川賢：《飛鳥の朝廷と王統譜》，吉川弘文館2001年版，第180—181頁。

后才做定夺，因此以皇位继承为目标的皇室与豪族紧密结合，而豪族为了其自身的政治地位也各自聚集在其拥立的皇位候选人的周围，形成不同的政治集团。前任天皇死后，围绕着皇位继承，皇室以及有势力的豪族之间的抗争往往会激烈化，造成政治的不稳定。①

早在崇峻天皇统治时期便发生了崇峻天皇被苏我马子暗杀的事件。因为男帝即位面临着再次被暗杀的危险，因此为了避免这种危险再次发生，设计出由女帝即位的办法。这也是避免政治权力成为天皇的属性，使天皇的属性只停留在宗教的权威上，基于天皇家的自己防卫的考虑。② 这样，作为天皇的政治权力的替代者，便开始委任可能成为皇位继承者的皇子以政治权限，如圣德太子的摄政就是其中的代表。鸬野皇后通过称制，可以根据不同情况，或者由自己代行天皇的权限，或者由皇太子草壁皇子代行天皇的权限。这样既保证了皇后拥有天皇所拥有的巨大权力，同时在确保草壁皇子皇太子地位的同时，保护草壁皇子免受伤害。当然，鸬野皇后之所以采取称制，没有让草壁皇子立刻即位，恐怕也与草壁皇子的健康有关。③ 草壁皇子一向体弱多病，倘若草壁皇子身体健康，且武勇多谋，恐怕鸬野皇后也就无须采取称制的形式了。

值得注意的是，鸬野皇后在天武天皇去世后，将他的灵柩停放在殡宫达两年三个月之久。在这期间她让朝廷群臣、各级官吏不断去天皇灵前"恸哭""致诔"。这是鸬野皇后对天武天皇葬礼的灵活运用，实际上是借助诸臣的"致诔"来表示对天皇忠诚的仪式。④ 换句话说，这是鸬野皇后"力图通过天武的神威，树立草壁皇子皇位继承人形象，确保王权平稳地向以草壁皇子为首的新政治秩序过

---

① 王海燕：《六至七世纪日本大王（天皇）的殡丧礼仪与王位继承》，《历史研究》2005 年第 3 期。
② 龟田隆之：《皇位継承の古代史》，吉川弘文館 1996 年版，第 126 頁。
③ 篠川賢：《飛鳥の朝廷と王統譜》，第 188 頁。
④ 直木孝次郎：《持統天皇》，吉川弘文館 1980 年版，第 190—191 頁。

渡"①。与此同时，鸬野皇后还向平民百姓频施恩惠，向京城的老弱病残施舍财物，下令取消天武时期的债务利息，等等，以求得民心。② 当"臣心"和"民心"都获得以后，鸬野皇后才为亡夫举行了安葬仪式。

持统天皇三年（689）四月，年仅28岁的草壁皇子以皇太子的身份去世。鸬野皇后于第二年停止称制，正式继承皇位，且即位半年后，任命高市皇子为太政大臣。前已述及，推古女帝与皇极女帝的即位，都是在决定皇位继承问题上难以取得进展的时候，通过群臣推举。但是，由于女帝即位无法从根本上解决围绕皇位继承问题产生的矛盾。如推古女帝在位时山背大兄皇子与田村皇子之间的矛盾，以及皇极女帝在位期间古人兄皇子与中大兄皇子之间的矛盾。因此，鸬野皇后即位后，为了防止产生类似的问题，任命天武天皇诸皇子中最年长的高市皇子为太政大臣，以抑制其他皇子的势力。但是，持统女帝为何选择高市皇子做太政大臣呢？

虽然将包括皇子在内的皇亲官僚化是天武朝的一贯政策，③ 但天武天皇在位期间还是颁布"禁止礼拜卑母诏"，即"凡当正月之节，诸王、诸臣及百寮者，除兄姊以上亲及己氏长以外，莫拜焉。其诸王者，虽母非王姓者莫拜。凡诸臣亦莫拜卑母，虽正月节复准此。若有犯者，随事罪之"④。天武天皇八年（689）三月，天武天皇参拜齐明天皇陵。大海人皇子的母亲不仅是皇女，而且后来成为天皇，而大友皇子的母亲则是所谓的"卑母"。天武天皇颁布"禁止礼拜卑母诏"，实际包含了皇子的母亲身份的尊卑是决定能够继承皇位的重要条件这一政治意义。高市皇子的生母出身不高，因而跟天皇之位基本无缘。所以，即使任命高市皇子为太政大臣，也不会给将要

---

① 王海燕：《六至七世纪日本大王（天皇）的殡丧礼仪与王位继承》。
② 蒋立峰：《日本天皇列传》，东方出版社1992年版，第67页。
③ 仓本一宏：《持统女帝と皇位继承》，吉川弘文館2009年版，第109页。
④ 黑板勝美国史大系编修会编辑：《新訂增補国史大系·日本書紀》卷29，第348页。

继承皇位的轻皇子构成威胁。

持统天皇十年（696）七月，高市皇子去世，持统女帝丧失了抑制天武天皇其他诸皇子的力量。第二年二月，持统女帝册立轻皇子为皇太子，并于该年八月承袭皇极女帝的先例，匆忙让位给年仅15岁的轻皇子，即文武天皇。由于草壁皇子还只是皇太子时就去世了，并没有即位，所以轻皇子本来并没有资格被称为"皇子"，而应该被称为"王"。只是由于祖母持统女帝作为后台，所以在轻皇子被立为皇太子之前，也被称为轻皇子，享受皇子待遇。

根据《怀风藻》所收葛野王传记载，持统女帝让位文武天皇时，天武天皇的一些皇子认为自己才是皇位继承人。也就是说，此时由皇太子继承皇位的制度可能尚未确立，在很大程度上还依赖于其他力量。在这种情况下，持统女帝对轻皇子能否顺利继承皇位抱有很大的不安焦虑。① 因此，持统女帝的让位，实际上与她的称制具有同样的性质。持统女帝虽然让位，但却没有脱离政治。作为日本史上最早的太上皇，她实际上成为年轻的文武天皇的监护人，一直陪伴文武天皇成长。

最后，从《日本书纪》"持统纪"来看，持统女帝行幸吉野十分频繁。行幸是对古代帝王出外巡行的尊称，实质是为了向天下万民展示天皇权力的强大。根据《日本书纪》的统计，从持统天皇三年到大宝元年（689—701），持统女帝共行幸吉野32次。② 持统女帝行幸吉野为何如此频繁呢？

前园实知雄认为吉野是圣地，持统女帝频繁行幸吉野是为举行祈祷五谷丰登的祭祀仪式。③ 笔者认为，对于以持统女帝为首的天武天皇一系而言，吉野是"壬申之乱"的起点，也是"吉野之盟"所

---

① 倉本一宏：《持統女帝と皇位継承》，第109页。
② 亀田隆之：《皇位継承の古代史》，第133页。
③ 前園実知雄：《奈良・大和の古代遺跡を掘る》，學生社2004年版，转引自関裕二《"女帝"誕生の謎——古代史に見る女性天皇》，講談社2008年版，第70页。

在地。持统女帝行幸吉野有着更重要的政治意图，即通过重返王权确立的原点，回顾王权的确立，包含着再次确认皇位继承中父子相承与长子相继的意图，①同时，也希望借此维持凭借天武天皇的人格魅力所保持的近江朝廷和功臣之间的均衡。②此外，频繁进行带有上述意图的行幸，也如实地反映了当时皇位继承尚未稳定的一面。

可以说，"持统"这一汉风谥号里正包含着"维持皇统"这一特定内涵。持统女帝正是通过巧妙地利用称制、任命高市皇子为太政大臣、让位给轻皇子以及频繁地行幸吉野等先例与独特方式，有效抵制了兄弟继承的旧习，维持了天武天皇→草壁皇子→轻皇子的直系继承皇统。

第二节　奈良时代的皇位继承

大宝二年（702），文武天皇在全日本陆续颁布和施行《大宝律令》，标志着日本律令制国家开始形成。养老二年（718），元正女帝在《大宝律令》的基础上修成了《养老律令》，律令制国家进一步完善。但是，《养老律令》并没有关于皇位继承法的规定，只是在《神祇令》"即位条""践祚条"和"大尝祭条"中作了关于即位仪礼的规定：

>凡天皇即位，揔祭天神地祇。散斋一月，致斋三日。其大币者，三月之内，令修理讫。③

---

① 龟田隆之：《皇位继承の古代史》，第132页。
② 井上亘：《虚伪的"日本"——日本古代史论丛》，社会科学文献出版社2012年版，第190页。
③ 井上光贞等校注：《日本思想大系新装版·律令》神祇令10，岩波书店1994年版，第213页。

凡践祚之日，中臣奏天神之寿词。忌部上神玺之镜剑。①

凡大尝者，每世一年，同司行事。以外，每年所司行事。②

律令中之所以没有皇位继承的规定，是因为律令将天皇置于超越法律之上的位置。③ 即律令只是官员和百姓必须遵守的规范，不具备约束天皇职权的效力。

《令集解》解释"天皇即位，谓之践祚。祚位也，福也"④。即"位"与"祚"指的都是"天皇之位"，"即位"与"践祚"都是"即天皇位"的同义语。不过，到平安时代初期，皇位的继承礼仪分为先帝驾崩或让位当日的授让神玺、铃印礼与后日的大极殿礼。前者被称为"践祚"，后者被称为"即位"，"践祚"与"即位"的语义开始发生变化。

一 元明女帝与"不改常典"

持统天皇十一年（697）二月，轻皇子被持统女帝册立为皇太子。半年后，年仅15岁的轻皇子接受持统女帝的让位，即位为文武天皇。文武天皇的皇位继承人是他与藤原宫子所生的首皇子。但是，首皇子在7岁时，他的父亲文武天皇去世，母亲藤原宫子也得了精神疾病。因此，由文武天皇的生母阿閇皇女（天智天皇之女）即位，即元明女帝。元明女帝即位是颁布《大宝令》后首次出现皇位的更替，同时也是首次出现皇位由子至母的顺序传承。和铜三年（710）三月，元明女帝迁都平城京，开创了奈良时代。

在《续日本纪》庆云四年（707）七月壬子条的元明女帝即位

---

① 井上光贞等校注：《日本思想大系新装版·律令》神祇令13，第214页。
② 井上光贞等校注：《日本思想大系新装版·律令》神祇令14，第214页。
③ 佐藤宗諄：《律令制と天皇》，岸俊男編：《日本の古代第15巻·古代国家と日本》，中央公論社1988年版，第18頁。
④ 黒板勝美国史大系編修会編輯：《新訂増補国史大系·令集解》（一）卷7，吉川弘文館1982年版，第201頁。

宣命中，有如下记载：

> 现神八洲御宇倭根子天皇诏旨敕命，亲王、诸王、诸臣、百官人等，天下公民，众闻宣。关_母_威_岐_藤原宫御宇倭根子天皇（持统女帝）丁酉八月_尔_。此食国天下之业_乎_日并知皇太子（草壁皇子）之嫡子。今御宇_豆留_天皇_尔_（文武天皇）授赐而并坐而。此天下_乎_治赐_比_谐赐_岐_。是者关_母_威_岐_近江大津宫御宇大倭根子天皇_乃_（天智天皇）与天地共长与日月共远不改常典_止_立赐_比_敷赐_覇留_法_乎_。受被赐坐而行赐事_止_众被赐而。恐_美_仕奉_利豆罗久止_诏命_乎_众闻宣。①

根据上述记载可知，持统女帝于丁酉年（697）八月让位给草壁皇太子之嫡子文武天皇，是遵照了天智天皇所制定的"与天地同长与日月同远"的"不改常典"。但是，作为确保皇位正统性的"不改常典"，为何不是在文武天皇即位时出现，而是在元明女帝即位时才出现呢？天智天皇真的制定了所谓的"不改常典"吗？为何《日本书纪》中没有任何关于天智天皇制定皇位继承法或相关制度的记载，同时也没有关于"不改常典"的任何具体内容？文武天皇出生于天智天皇去世的十二年后，天智天皇如何直接任命素未谋面的文武天皇即位呢？由此种种迹象来看，所谓"不改常典"应是元明女帝假托天智天皇名义捏造。那么，元明女帝为何要假托天智天皇的名义捏造出"不改常典"呢？

元明女帝捏造出"不改常典"首先是为了说明其即位的正当性。持统女帝是天武天皇的皇后、文武天皇的祖母，元明女帝则是与皇位失之交臂的草壁皇太子之妃、圣武天皇的祖母。元明女帝通过讲述持统女帝遵照"不改常典"让位给皇太子文武天皇的故事，其意

---

① 黒板勝美国史大系編修会編輯：《新訂増補国史大系・続日本紀》卷4，吉川弘文館1984年版，第31頁。

在说明自身同持统女帝一样，作为"皇后"兼皇太子的祖母，同样会在即位后遵照"不改常典"让位给圣武天皇。这样，就充分地说明了自身即位的正当性。

元明女帝捏造出"不改常典"的第二个原因是排斥兄弟继承，进而确保天武系皇统的父子继承。文武天皇是草壁皇子之子，圣武天皇则是文武天皇之子。元明女帝讲述持统女帝遵照"不改常典"让位给皇太子文武天皇的故事，从另一个侧面说明了文武天皇即位的正统性来自"不改常典"，进而也说明了圣武天皇即位的正统性。

根据《续日本纪》庆云四年（707）十一月甲寅条记载："葬倭根子丰祖父天皇于安古山陵。"[①] 元明女帝给文武天皇献上"倭根子丰祖父"这一和风谥号值得注意。"倭根子"即倭国的统治者，"丰"是一种敬称，"祖父"即先祖父亲。也就是说，元明女帝视文武天皇为自己的父亲。但是，实际上文武天皇是元明女帝的儿子，母亲称儿子为"父亲"，这又是为何？笔者认为，元明女帝称文武天皇为"父亲"，其目的或许就在于强调父子继承的关系，进而排斥兄弟继承的方式。

元明女帝此后又将文武天皇的谥号改为"天之真宗丰祖父"。即将"倭根子"改为"天之真宗"，"祖父"的身份则不变。所谓"宗"，即祖宗，"真宗"即"嫡长子"，寓意为"文武天皇以天武天皇为祖父，持统女帝为祖母，草壁皇太子为父亲，是皇统的嫡系"。也就是说，元明女帝改定文武天皇的谥号，其意在说明文武天皇是最正统的皇位继承者，进而间接证明自己和圣武天皇才是正当和正统的皇位继承者。

值得注意的是，元明女帝即位后的第四天便设置了授刀舍人寮一职。该官职是管理禁中的带刀侍卫，相当于天皇亲卫队，其职能与皇位继承关系紧密。由于元明女帝的即位并未得到诸皇子和群臣

---

① 黑板勝美国史大系編修会编辑：《新訂增補国史大系·続日本紀》卷4，第32页。

的一致肯定，因此，"据说它还是保护皇嗣内定者即首皇子免受反对势力迫害的武官组织"①。可以说，授刀舍人寮一职的设置传递出一个强烈的信号，即不惜动用武力也要实现首皇子即位。

和铜七年（714），元明女帝为14岁的孙子首皇子举行"元服仪式"②，同时宣布将他立为皇太子。灵龟元年（715）元旦，首皇子以皇太子身份第一次身着礼服出席朝贺仪式。但就在同年九月，元明女帝却突然将皇位让给女儿冰高皇女。让位诏书中有如下记载：

> 今精华渐衰，耄期斯倦。深求闲逸，高踏风云。释累遗尘，将同脱屣。因以此神器，欲让皇太子。而年齿幼稚，未离深宫。庶务多端，一日万机。一品冰高内亲王，早叶祥符，凤彰德音。天纵宽仁，沈静婉丽。华夏载佇，讴讼知归。今传皇帝位于内亲王。公卿百寮，宜悉祗奉以称朕意焉。③

诏书大意是说，元明女帝因年老体衰、身心疲惫，同时鉴于皇太子仍然年幼且政务繁重，故将皇位禅让于仁慈、貌美的冰高内亲王，即元正女帝。此时的皇太子首皇子已经举行过成人典礼，且与他的父亲文武天皇即位时的年龄一样，都是15岁。元正女帝没有让位给首皇子的原因，恐怕并非让位诏书所说"年齿幼稚，未离深宫"，而是"因为首皇子体弱多病，出于健康因素考虑"。④

元正女帝同元明女帝一样，也是为了保护年幼的圣武天皇，作为维持皇统传承的一个过渡。与之前的女帝都是皇后或皇太子妃不同，元正女帝是第一位以未婚独身的身份即位的女性天皇，而且是

---

① 吉村武彦：《古代日本的女帝》，第164页。
② 即通过改变发型和服饰，加冠，废止幼名，起正式名等表明成年的仪式。
③ 黒板勝美国史大系編修会編輯：《新訂増補国史大系・続日本紀》卷6，第61页。
④ 吉田孝：《岩波日本史第二卷 飞鸟·奈良时代》，刘德润译，新星出版社2020年版，第110页。

历代天皇之中唯一的皇位由母亲传给女儿的女系继承。笔者认为，冰高皇女继承皇位未遭反对，很可能得益于她未婚独身这一特殊身份。换个思路说，冰高皇女之所以一直没有结婚，很可能是元明女帝渐感身体不支，因此不让冰高皇女成婚，以便她将来继承皇位。

总之，元明女帝捏造出"不改常典"，是为了证明自己和首皇子即位的正当性，进而排斥兄弟继承，确保草壁皇子→轻皇子→首皇子这一天武系皇统的父子直系继承。

二　称德女帝与"宇佐神托事件"

神龟元年（724）二月，元正天皇让位于皇太子首皇子，是为圣武天皇。天平胜宝元年（749）七月，圣武天皇让位于阿倍内亲王，是为孝谦天皇。孝谦女帝统治时期，藤原仲麻吕（藤原武智麻吕之子）的势力迅速扩张。天平宝字二年（758），孝谦女帝让位给皇太子大炊王，自己成为太上皇。"藤原仲麻吕之乱"被平定后，孝谦上皇废黜淳仁天皇，并将其流放至淡路幽禁，自己则重祚，称为称德天皇（称德女帝）。在称德女帝统治期间，不但没有册立皇太子，反而发生了皇位继承史上令人吃惊的"宇佐神托事件"。

关于"宇佐神托事件"，还要从称德女帝宠幸的道镜开始说起。道镜原本只是奈良时代法相宗[1]的一介僧侣。因其俗姓弓削，又被称为弓削道镜。天平宝字五年（761），道镜因孝谦上皇行幸保良宫时，为其治病开始受到宠信。在藤原仲麻吕败亡的两天之后，孝谦上皇任命道镜为"大臣禅师"。天平神护元年（765）闰十月，道镜被重祚的称德女帝提升为"太政大臣禅师"，[2] 即"出家的太政大臣"，开始把持朝政。天平神护二年（766）十月，称德女帝又将道镜封为"法王"。所谓"法王"，即"法界（佛界）之王"，与"世俗之王"——天皇几乎处于对等的地位。

---

[1] 法相宗是大唐玄奘大师所创立的佛教宗派，又名唯识宗、瑜伽宗。
[2] 黑板勝美国史大系编修会编辑：《新訂增補国史大系·続日本紀》卷26，第324页。

在平安时代初期写就的《日本灵异记》中有如下记载:"弓削氏僧道镜法师,与皇后同枕交通,天下政相摄,治天下。"① 这里将称德女帝称为道镜的"皇后"。也就是说,《日本灵异记》中认为称德女帝与道镜两人是夫妇关系。虽然上述记载不一定可信,但也从另一个侧面反映了道镜与称德女帝的亲密关系。不过好景不长,道镜不久便失去了权势。

神户景云三年(769)九月,大宰府的主神习宜阿曽麻吕称丰前国的宇佐八幡神降下神谕:"令道镜即皇位,天下太平。"此时,称德女帝也称自己收到八幡神的托梦,于是召见自己的心腹和气清麻吕,让其前往宇佐八幡宫一探究竟。在清麻吕临发前,道镜对清麻吕说:"大神所以请使者,盖为告我即位之事,因重募以官爵。"但是,请示神谕后回到都城的清麻吕却称:"大神诧宣曰:'我国家开辟以来,君臣定矣。以臣为君,未之有也。天之日嗣必立皇绪。无道之人,宜早扫除。'"② 道镜便失去了神谕的依据,最终没能继承皇位。以上就是日本奈良时代著名的"宇佐神托事件"。

一般认为,阿曽麻吕的神托上奏是他个人为了奉承道镜而为之。③ 也有学者认为"宇佐神托事件"为后人伪造。笔者认为,"宇佐神托事件"是真实存在的,但可能是藤原氏联合阿曽麻吕与清麻吕一起策划的一场阴谋。

首先,在传统的皇位继承制度中,皇位都是由皇统之内的皇室来继承,从未出现过由皇统之外者继承的事例。日本历史上即使再有权势的臣下,也不敢觊觎天皇位,很难想象道镜竟然有觊觎天皇位的野心。并且,在道镜贬官的理由中并没有列举其图谋皇位之事,道镜贬官也不过是将其从政治家彻底地打回到普通僧侣而已。

---

① 小泉道校注:《新潮日本古典集成·日本霊異記》下卷第38,新潮社1984年版,第300页。
② 黒板勝美国史大系编修会编辑:《新訂增補国史大系·続日本紀》卷30,第369页。
③ 横田健一:《道鏡》,吉川弘文館1978年版,第221页。

其次，阿曾麻吕在道镜失势后，不仅没有受到处罚，反而获得升官和恩赏，宝龟元年（770）八月，"以从五位下中臣习宜朝臣阿曾麻吕为多十襧嶋守"①，宝龟三年（772）六月，又"以从五位下中臣习宜朝臣阿曾麻吕为大隅守"②。阿曾麻吕的这些职务都是在藤原氏掌权下获得的。

再次，清麻吕虽然在"宇佐神托事件"后被贬官、除名和流放配所，但在流放过程中，藤原百川因怜悯清麻吕的忠烈，将自己后备国的封户二十户送往其配所。并且，在此后藤原氏所编纂的史书中，对清麻吕大加赞赏。

最后，在"宇佐神托事件"之前，发生了一起涉及皇位的事件。根据《续日本纪》天平神户二年（766）四月条件记载："有一男子，自称圣武皇帝之皇子，石上朝臣志斐氏之所生也。勘问果是诬罔，诏配远流。"③ 笔者有个大胆的猜想，即"宇佐神托事件"有可能是藤原氏受到了有人自称圣武天皇皇子后被流放这一事件的启发而策划的一场阴谋。

总之，看似是一场皇位继承危机的"宇佐神托事件"，既不是阿曾麻吕为了奉承道镜而上奏神托，也不是后人伪造，其实际上是藤原氏酝酿的一场阴谋。我们在考察"宇佐神托事件"时，必须把它放在特定的历史条件下分析。因为藤原仲麻吕之乱后，藤原氏的势力受到削弱，而道镜的势力则如日中天，获得一人之下万人之上的"太政大臣禅师"地位和"法王"称号，这必然遭到藤原氏的不满。在奈良时代末期讲究身份等级的贵族政治中，以道镜为首的僧侣们虽然因为佛教的兴盛而获得了很高的地位，但他们没有执政的传统，更没有经济基础，而仅仅是依靠天皇的喜爱，这注定了道镜的失败。

---

① 黒板勝美国史大系編修会編輯：《新訂増補国史大系・続日本紀》卷30，第380页。
② 黒板勝美国史大系編修会編輯：《新訂増補国史大系・続日本紀》卷32，第404页。
③ 黒板勝美国史大系編修会編輯：《新訂増補国史大系・続日本紀》卷27，第331页。

三 光仁天皇与"天智系皇统"

从"壬申之乱"中获胜的天武天皇到称德女帝,皇位继承一直由天武系独占(属于天智系的持统女帝和元明女帝分别是天武天皇的皇后和草壁皇子的妃子,她们都是在皇子未成年时作为过渡,去世后都把皇位传给了天武系的后代)。这一继承原则对防止激烈的皇位纷争曾起到了重要的作用。但是,至称德天皇以后,由于在圣武朝、孝谦朝、淳仁朝和称德朝的多次政变中,天武系皇亲几乎被肃清,于是出现了皇统从天武系转向天智系的情况。

称德女帝终身未婚,在世时也没有明确立谁为皇太子,故女帝一逝世,面临的第一个问题便是皇嗣由谁来继承。吉备真备出于维持天武天皇这支皇室的嫡亲皇统的考虑,主张推立天武天皇之孙,已被削去亲王位阶、属于臣籍的文室净三与文室大市兄弟继承天皇位。藤原百川、藤原永手等重臣则主张不应只从天武天皇这支皇室系统考虑,可以从天智天皇这支皇室中推选。于是围绕皇嗣问题在君臣之间决定专门召开会议进行协议。

根据《续日本纪》宝龟元年(770)八月癸巳条记载,时任左大臣从一位的藤原朝臣永手在与群臣商议皇位继承人时,宣读称德天皇的遗诏称:

> 今诏久,事卒尔尔有依诸臣等议天。白壁王波诸王乃中尔年齿毛长奈利。又先帝乃功毛在故尔太子止定天奏波奏流麻尔麻定给布止敕久止宣。①

虽然当时大家就觉得这份遗诏乃伪作,但最终还是在藤原百川和藤原永手等人的拥护下,根据白壁王是诸王中的最长者以及"先帝"之功,立其为皇太子。同年十月,白壁王即位为光仁天皇,时

---

① 黑板勝美国史大系编修会编辑:《新訂増補国史大系·続日本紀》卷30,第379页。

年62岁。

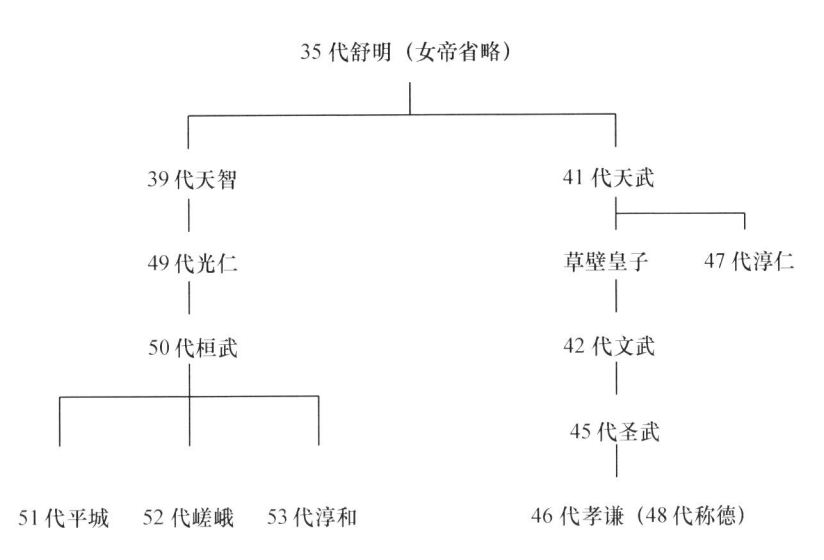

```
                    35代舒明（女帝省略）
          ┌──────────────────┴──────────────────┐
      39代天智                                 41代天武
          │                              ┌──────┴──────┐
      49代光仁                        草壁皇子        47代淳仁
          │                              │
      50代桓武                        42代文武
     ┌────┼────┐                         │
                                     45代圣武
                                         │
  51代平城  52代嵯峨  53代淳和         46代孝谦（48代称德）
```

图2—2 天智系皇统与天武系皇统示意图

根据《续日本纪》记载，宝龟二年（771）三月，"复和气公清麻吕本位从五位下"，①此前被免官的清麻吕恢复原职。七月，"从四位上守部王之男笠王、何鹿王、为奈王，正三位三原王之男山口王、长津王、船王之男苇田王及孙他田王、津守王、丰浦王、宫子王去天平宝字八年赐姓三长真人，配丹后国。从四位下三嶋王之女河边王、葛王配伊豆国。至是皆复属籍"②。此前被赐姓的诸王恢复皇亲籍。八月，"毁外从五位下丹比宿祢乙女位记。初乙女诬告忍坂女王、县犬养姊女等厌魅乘舆。至是姊女罪雪，故毁乙女位记"③。此前诬告皇亲的丹比乙女受到处罚。九月，"和气王男女大伴王、长冈王、名草王、山阶王、采女王并复属籍"④。总之，光仁天皇即位

---

① 黒板勝美国史大系編修会編輯：《新訂増補国史大系·続日本紀》卷31，第391頁。
② 黒板勝美国史大系編修会編輯：《新訂増補国史大系·続日本紀》卷31，第393頁。
③ 黒板勝美国史大系編修会編輯：《新訂増補国史大系·続日本紀》卷31，第394頁。
④ 黒板勝美国史大系編修会編輯：《新訂増補国史大系·続日本紀》卷31，第394頁。

后，重新定性了天武系皇统统治时期的众多事件。

光仁天皇即位后立井上内亲王（圣武天皇之女）为皇后，他户亲王为皇太子。可是，宝龟三年（772）五月，井上内亲王因诅咒、图谋大逆之罪被废黜皇后，皇太子他户亲王也被废。母子二人一同被幽禁后又于同一天离奇死去。井上内亲王身为皇后，为何要诅咒、杀害光仁天皇？难道是因为井上内亲王过于着急让自己的儿子当上天皇，还是井上内亲王希望自己尽早成为天皇？或者是因为井上内亲王所生的他户亲王是天武系血统，光仁天皇为了改变天武直系皇统继承，只能废黜皇后与皇太子？暂且不给这一问题下一个定论。但天武系皇统与天智系皇统的矛盾是实际存在的。

实际上皇太子他户亲王被废后，拥有天武系皇统的男性皇亲依然健在，即圣武天皇的女儿不破内亲王与盐烧王所生之子冰上川继。不过，宝龟四年（773）正月，光仁天皇册立的皇太子并非天武系皇统的冰上川继，而是天智系皇统的山部亲王。山部亲王的生母是百济后裔高野新笠。因为生母是出自身份低下的归化系氏族，山部亲王只是担任大学头和侍从等普通官职。无论是从其出身来看，还是从其阅历来看，山部亲王被册立为皇太子都让许多人意想不到。据推测，这是藤原百川等人策划的。

天应元年（781）四月，山部亲王接受光仁天皇的让位，就天皇位，即桓武天皇。同年十二月，光仁上皇去世。光仁上皇去世仅仅两个月后，发生了"冰上川继之变"。关于"冰上川继之变"，《续日本纪》延历元年（783）闰正月丁酉条中有如下记载：

> 冰上川继潜谋逆乱，事既发觉。据法处断，罪合极刑。其母不破内亲王反逆近亲，亦合重罪。但以谅暗之始山陵未干，哀感之情未忍论刑。其川继者，宜免其死处之远流，不破内亲

王并川继姊妹者，移配淡路国。①

一些学者已经指出，"冰上川继之变"很可能是桓武天皇捏造的一个事件，其目的是将对其统治构成威胁的冰上川继及其同党一网打尽，确立今后的政治主导权。② 从此后桓武天皇决定迁都长冈京也可以看出，他希望摆脱平城京以天武系为主体的反对势力，重新构筑自己政治势力的愿望。而这一切，都为天智系皇统的顺利传承奠定了基础。

大同元年（806）三月，桓武天皇去世后。安殿皇子继承皇位时先在桓武天皇去世当日践祚，两个月后才正式即位。同年五月，安殿皇子即位为平城天皇，同时立同母弟神野亲王（嵯峨天皇）为皇太弟。由此奠定了平城天皇系与嵯峨天皇系之间皇统迭立的基础。③

翌年（807）十月，平城天皇的异母弟伊予亲王作为谋反的首谋者与其母藤原吉子（藤原南家）一起被幽禁在川原寺。翌月，二人饮毒自尽，这就是所谓的"伊予亲王之变"。从当时的背景来看，这场政变很可能是为了肃清威胁到皇统迭立的伊予亲王而策划的一场阴谋。

大同四年（809）四月，平城天皇在位仅三年后，以生病为由，让位于同母弟神野亲王，即嵯峨天皇，自己成为太上天皇，"和当年的孝谦上皇一样，大事自己亲自裁决，小事交给天皇裁决"④。嵯峨天皇即位后，册立平城天皇之子高岳亲王为皇太子，皇统迭立依旧顺利地进行。然而，退位后移居旧都平城京的平城上皇因嵯峨天皇擅自更改原先的制度，新设置了藏人所等职，开始对嵯峨天皇感到

---

① 黑板勝美国史大系編修会編輯：《新訂增補国史大系·続日本紀》卷37，第481頁。
② 木本好信：《奈良時代の政争と皇位継承》，吉川弘文館2012年版，第206頁。
③ 虽然平城天皇、嵯峨天皇以及后面的淳和天皇和仁明天皇均是平安时代前期的天皇，但为了便于理解皇位在兄弟的子孙之间迭立继承的问题，把以上四位天皇放在本节进行考察。
④ 池田晃渊：《早稻田大学日本史第4卷·平安时代》，罗安译，华文出版社2020年版，第99页。

不满。后来，平城上皇病愈，再加上图谋让平城上皇复位的藤原药子和藤原仲成的挑拨，两个朝廷的对立情绪更加严重。

大同五年（810）九月，平城上皇与嵯峨天皇之间最终发生武力冲突，结果嵯峨天皇方面获得了胜利，藤原仲成被射杀，藤原药子服毒自杀，平城上皇落发出家，事态得以平息。这场政治斗争史称"药子之变"。此后，嵯峨天皇为防止产生新皇位继承纷争，继续采取了让各自的直系相互之间继承皇位的迭立制度。嵯峨天皇首先废黜了皇太子高岳亲王，接着册立异母弟大伴亲王（淳和天皇）为皇太子。此后，形成了嵯峨天皇系与淳仁天皇系的皇统更迭。

弘仁十四年（823）四月，嵯峨天皇正式让位给淳和天皇。其后，淳和天皇赠送嵯峨"太上天皇"称号，同时，以嵯峨上皇之子正良亲王为皇太子，嵯峨上皇的皇后橘嘉智子为皇太后。"让位之后的嵯峨太上皇，吸取平城太上皇的教训，没有直接干涉国政，表面上完全退出政治舞台，不过在当时的皇室和贵族社会，嵯峨的权威依旧存在。"① 天长十年（833）二月，淳和天皇将皇位传给嵯峨上皇皇子正良亲王，即仁明天皇。仁明天皇即位时，立淳和上皇之子恒贞亲王为皇太子。从嵯峨天皇开始建立的嵯峨天皇系、淳和天皇系血统轮流即位的皇权继承体系维持了近三十年的稳定，在此期间没有发生有关皇权的纷争。

在此期间，藤原北家的藤原良房的势力迅速崛起，藤原良房之妹藤原顺子成为仁明天皇的中宫，并且生下了皇子道康亲王。由于恒贞亲王的母亲正子内亲王是嵯峨上皇与橘嘉智子所生，从血统上看，恒贞亲王优于道康亲王。但藤原良房还是一心想道康亲王成为皇太子。在这种状况下，不愿卷入政治权力斗争的旋涡的恒贞亲王多次向父亲淳和上皇表明了辞皇太子之位的心意，却屡被嵯峨上皇劝阻而未能如愿。

承和七年（840）五月，淳和上皇过世，结束了嵯峨上皇与淳和

---

① 王海燕：《日本古代史》，昆仑出版社2012年版，第319页。

上皇、仁明天皇并存的"一帝二太上"局面。承和九年（842）七月，嵯峨上皇行将咽气。此时，仕于皇太子的春宫坊带刀舍人伴健岑和但马权守橘逸势感到危机临近，开始谋划将恒贞亲王移往东国。他们将此计划告诉了阿保亲王（平城天皇的皇子）说，"嵯峨太上皇今将登遐，国家之乱在可待也。请奉皇子入东国"①。但阿保亲王反对他们的计划，将此计划秘密上报给了皇太后橘嘉智子。被震惊的皇太后立即召见中纳言藤原良房，并将阿保亲王的密呈传奏于仁明天皇。

七月十五日，嵯峨上皇驾崩。恒贞皇子以及橘逸势等人失去了一个强有力的后盾，政治上的均衡关系被打破。上述迭立继承之所以能够顺利进行，主要是由于嵯峨上皇与淳和上皇的存在。一旦嵯峨上皇与淳和上皇去世，迭立继承也就无法维持，兄弟天皇间的和平局面也随之瓦解。仅在嵯峨上皇去世两天之后，仁明天皇将伴健岑和橘逸势一同抓捕，同时命令六卫府对平安京进行警备戒严。至二十三日，左近卫少将藤原良相率领近卫府之兵包围皇太子居所，逮捕了仕于皇太子的大纳言藤原爱发、中纳言藤原吉野、东宫大夫文室秋津。仁明天皇下诏判伴健岑和橘逸势谋反罪，恒贞亲王虽与事件无关，但也受到牵连，被废黜皇太子之位。最终伴健岑被流放至隐岐，橘逸势流放至伊豆。大纳言藤原爱发、中纳言藤原吉野以及参议文室秋津等或被贬官，或被左迁。同时，侍奉恒贞亲王的东宫职及春宫坊的官员等60余人也被处分。

其实关于伴健岑等人的密谋，除了大保亲王的告密外，并没有其他足够充实的证据。"橘逸势、伴健岑这样官位低，权力小的贵族，且橘逸势年老多病，是难以挟持皇太子，篡权谋政的。"②退一步说，即使证据确凿，那也和恒贞亲王没有牵连，因为恒贞亲王在

---

① 黒板勝美国史大系编修会编辑：《新訂増補国史大系·続日本後紀》卷12，吉川弘文館1983年版，第138页。

② 王金林：《简明日本古代史》，天津人民出版社1984年版，第167页。

被立为皇太子过程中，曾再三上表，表示不愿做皇太子。再退一步说，就算这一切全都经过恒贞亲王首肯，前往东国也只是避祸，而非谋反。

此外，在"承和之变"中最大的获利者为藤原良房也是一目了然。因此，一般认为，"承和之变"是藤原氏为排挤其他氏族势力而进行的一场有预谋的政变。藤原良房不仅得以让自己的外甥道康亲王（文德天皇）被立为皇太子，而且也给予氏族伴氏和橘氏以重大打击，还让同是藤原氏的竞争对手藤原爱发，藤原吉野垮台。① 除此之外，嵯峨天皇系与淳和天皇系两血统轮流继承皇位的迭立制度被终止，皇位继承统一到了嵯峨天皇、仁明天皇的系统。此后文德天皇、清和天皇、阳成天皇按照直系继承的原则顺利继承皇位。

令人稍稍费解的是，橘嘉智子不仅和被认为可能犯谋反罪的橘逸势出自同一氏族——橘氏，而且被废的皇太子恒贞亲王是其最疼爱的正子内亲王所生，她为何要轻信谣言？即使是普通氏族的女性，也把祈愿一族的繁荣和子孙的幸福作为第一要义，但皇太后的举动却为何与此相反呢？笔者认为，或许在橘嘉智子皇太后看来，皇统的直系继承可能比以上二者更加重要。

第三节　平安时代的皇位继承

古代中国，皇权的行使主体一般是皇帝，但在特殊情况下，"皇权的拥有者也可以是其他人，如母后、外戚、宗室、权臣、宦官等。他们采取垂帘听政、摄政、辅政等方式，代行皇权，造成皇权与皇位相分离的局面"②。日本古代天皇制国家同样也经历过类似的情况，即由外戚和上皇通过摄关与院政的方式，代行天皇的权力。摄关与

---

① 奈良本辰也编：《日本史小百科第12卷——政变》，近藤出版社1981年版，第47页。
② 杨珍：《清朝皇位继承制度》，学苑出版社2001年版，第4页。

院政时代，皇权遭到严重削弱，皇位继承人选的决策权和皇位传承运作状况被外戚与上皇所掌控。本节主要就平安时代摄关政治出现的前提以及院政时代围绕皇位继承纷争而展开的斗争作一考察。

一 清和天皇登基与阳成天皇退位

仁明天皇从小身体病弱，且即位后经常制作丹药、石药等药物服用。嘉祥三年（850）三月，仁明天皇因病让位于道康亲王（文德天皇），并于三天后去世。文德天皇即位不久，藤原良房不顾文德天皇已有惟乔亲王、惟条亲王和惟彦亲王三位皇子，胁迫文德天皇册立刚刚出生的小外孙惟仁亲王为皇太子。天安二年（858）八月，同样体弱多病的文德天皇在即位八年后去世，年仅9岁的惟仁太子登基，为清和天皇。清和天皇是日本史上第一位"幼帝"。纵观此后整个平安时代，又先后出现了阳成天皇（9岁）、朱雀天皇（8岁）、圆融天皇（11岁）、一条天皇（7岁）、后一条天皇（9岁）、堀河天皇（8岁）、鸟羽天皇（5岁）、崇德天皇（5岁）、近卫天皇（3岁）、六条天皇（1岁）、高仓天皇（8岁）、安德天皇（3岁）、后鸟羽天皇（4岁）等在元服之前便即位的幼帝。①

在古代日本的皇位继承上，幼帝登基并非其传统。按照此前的皇位继承传统，特别是元明女帝假托天智天皇的名义制造出"不改常典"以后，前任天皇去世后，如果皇太子年幼，则由天皇的祖母即位作为过渡，等待皇太子成年后再让位。如持统天皇四年（690）一月，鸬野皇女因皇太子珂瑠（8岁）年幼，以其祖母身份即位，是为持统女帝；庆云四年（707）七月，阿閇皇女因皇太子首皇子（7岁）年幼，以其祖母身份即位，是为元明女帝。虽然从称德女帝（孝谦女帝）去世后，近90年再没有出现女帝，但没有任何迹象表明此时女帝即位的传统已被废除。笔者认为，此时日本出现历史上

---

① 除此之外，还有13岁即位的幼帝醍醐天皇，但醍醐天皇是在元服的同时即位。

最早的幼帝主要是由于当时没有其他具备女帝资格的皇位继承人。①

要成为女帝，皇女身份是必要条件之一，但不是说皇女就一定能成为女帝。除元正女帝和孝谦女帝被立为皇太子即位之外，推古、齐明、持统、元明等女帝有个共同的特征，即都是直系天皇（或皇嗣）的生母。因此，从文德天皇至清和天皇的皇位继承继任者中，如果要立作为过渡的女帝，必须是仁明天皇、文德天皇和清和天皇的生母。但是，他们的生母都不是皇女，因而也就无法成为天皇的继任者。

从文德天皇去世至清和天皇即位，一切有条不紊。根据《三代实录》天安二年（858）八月二十九日条记载，文德天皇去世后的第二天，"皇太子与皇大夫人，同舆迁御东宫。仪同行幸，但不警跸。先是，二十七日，奉迎皇大夫人于东五条宫，欲令拥护幼冲太子也"②。这里的"皇大夫人"指的是藤原顺子（文德天皇的生母、清和天皇的祖母），因为当时已经有太皇太后橘嘉智子和皇太后正子内亲王，为避免同一位号同时被多人使用的情况产生，因此藤原顺子被尊称为"皇大夫人"。由上文可知，藤原顺子于文德天皇死后当日从东五条宫前赴冷然院，两天后又同清和天皇一同移往东宫，而这一切都是为了"拥护幼冲太子"。

根据贞观十八年（876）十二月条记载：

> 臣谨检前记，太上天皇（文德天皇）在世，未闻臣下摄政，幼主（清和天皇）即位之时，或有太后临朝。陛下（清和天

---

① 早川庄八认为，幼帝出现的前提是天皇与议政官组织（公卿）在国家机构内部各自分担不同功能，天皇是被绝对化为统治阶级统合结点的权威，公卿在天皇的名义下审议国政。因此即使天皇年幼，通过"贤人良佐"（摄政），只要有包括公卿在内的太政官机构领导，国政的运营不会产生障碍。参见早川庄八《律令国家·王朝国家における天皇》，朝尾直弘编《日本の社会史第 3 巻·権威と支配》，岩波書店 1987 年版。

② 黒板勝美国史大系编修会编辑：《新訂増補国史大系·三代実録》卷 1，吉川弘文館 1983 年版，第 5 頁。

皇）若宝重社稷，忧思幼主（阳成天皇），臣愿公政之可惊视听者，将闻敕于陛下，庶事之无妨施行者，又请令于皇母。①

以上是藤原基经拥立年仅9岁的阳成天皇继位的上表，其根据是"幼主即位之时，或有太后临朝"。从《三代实录》中的"拥护"，到《本朝文萃》中的"临朝"，可以看出藤原顺子的作用几乎等同于女帝。

从以上分析来看，文德天皇去世后，幼帝登基主要是由于当时没有其他适合的皇位继承人。换句话说，当时女帝作为过渡天皇的传统，仍然保持着生命力。皇太后藤原顺子的临朝，实际上起到了相当于女帝的作用。但是，清和幼帝的即位，却导致了女帝传统的终结。因为幼帝登基一旦经历过了，它逐渐将会成为一种惯例，如同"藤原光明子立后"和"人臣摄政"一样，此后幼帝不断。这样，女帝也就逐渐失去了存在的理由，因此可以说清和天皇登基降下了女帝时代的帷幕。

贞观十八年（876）十二月，清和天皇退位后，年仅9岁的太子贞明亲王继位，是为阳成天皇。从仁明天皇→文德天皇→清和天皇→阳成天皇一直按照直系继承的原则顺利继承皇位。但是，元庆八年（884）二月，17岁的阳成天皇突然退位，最终由仁明天皇之子时康亲王继承皇位，是为光孝天皇，嵯峨天皇系的直系继承就此终止。光孝天皇相对来说是旁系，当时旁系何以能取代直系呢？

根据《三代实录》元庆八年（884）二月四日壬辰朔条记载：

先是，天皇手书，送呈太政大臣曰：朕近身病数发，动多疲顿。社稷事重，神器叵守。所愿速逊此位焉。宸笔再呈，旨

---

① 黒板勝美国史大系編修会編輯：《新訂増補国史大系·本朝文粹》卷4，吉川弘文館1965年版，第82頁。

在难忤。①

从这段记载来看，阳成天皇退位是由于受病痛苦恼，自己主动提出。但事实上阳成天皇十分高寿，直至82岁才去世。因此，病痛苦恼的原因恐怕站不住脚。

一般认为，阳成天皇退位的原因与宫中发生的一起杀人事件有关。② 根据《三代实录》元庆七年（883）十一月十日癸酉条记载：

> 散位从五位下源朝臣荫之男益侍殿上，猝然被格杀。禁省事秘，外人无知焉。益，帝乳母从五位下纪朝臣全子所生也。③

据此可知，元庆七年十一月十日在殿上发生了阳成天皇的乳母之子源益被杀害的事件。虽然《三代实录》并没有指出杀害源益的凶手是谁，但很明显此人正是阳成天皇。发生上述事件以后，朝廷"停新尝祭。于建礼门前，修大祓。以内里人死，诸祀停废也"。但阳成天皇是个斗鸡赛马，放荡不羁之人，依旧与小野清如等人胡作非为，藤原基经知道后，"遽参内里，驱逐宫中庸猥群小，清如等尤为其先焉"④。"天皇杀人是前所未有的破天荒事件，给贵族十分强烈的冲击。"⑤ 可以说，阳成天皇的退位是由于以藤原基经为首的贵族无法容忍其所作所为，在贵族层共同的抗议下的被迫选择。

二 光孝天皇即位与宇多天皇让位

阳成天皇退位后，由光孝天皇即位。光孝天皇是仁明天皇第三

---

① 黒板勝美国史大系編修会編輯：《新訂増補国史大系・三代実録》卷44，第547頁。
② 河内祥輔：《古代政治史における天皇制の論理》，吉川弘文館1986年版，第215頁。
③ 黒板勝美国史大系編修会編輯：《新訂増補国史大系・三代実録》卷44，第544頁。
④ 黒板勝美国史大系編修会編輯：《新訂増補国史大系・三代実録》卷44，第544頁。
⑤ 河内祥輔：《古代政治史における天皇制の論理》，第217頁。

皇子，阳成天皇祖父文德天皇的异母弟，名时康，即位时已55岁高龄。阳成天皇退位后，时康亲王在皇亲中资历最老，但皇位继承资格与资历没有直接关系，而是由血统来决定。从血统上来看，时康亲王属于皇位继承的旁系血统，且与阳成天皇血统疏远，因此他几乎不被认为有皇位继承的资格。与其相比，如阳成天皇的同母弟贞保亲王、异母弟贞辰亲王等更加适合。①

一般认为，因为时康亲王是藤原基经的表兄，所以藤原基经不顾别人的反对，拥立其为天皇。但是，如果藤原基经真要拥立天皇，为何不拥立与其关系更加密切的外孙贞辰亲王呢？笔者认为，当时的皇位继承并不是藤原基经一人可以左右，同阳成天皇退位是贵族层共同抗议的结果一样，时康亲王即位也是贵族层共同合议的结果。

根据《三代实录》元庆八年（884）二月四日条的阳成天皇退位宣命记载：

> 一品式部卿亲王波，诸亲王中尔贯首尔毛御坐。又前代尔无太子时尔波，如此老德乎立奉之例在。加以御龄母长给比，御心母正直久慈厚久慎深御坐天，四朝尔佐仕给天政道乎母熟给利。百官人天下公民末天尔讴歌所归咸五异望。故是以天皇玺绶乎奉天，天日继位尔定奉良久止，亲王等王等臣等百官人等天下公民众闻给部止宣。②

据此可知，光孝天皇即位是根据前代出现没有立太子的情况时，立资历较老者为天皇的先例。很明显，这一先例指的是光仁天皇。

光孝天皇即位与光仁天皇即位有一不同之处，即光孝天皇即位前始终没有被立为皇太子，而光仁天皇即位前被立为皇太子。平安

---

① 阳成天皇退位时尚未生子，其长子元良亲王于宽平二年（890）才出生，这已经是宇多天皇即位之后的事了。

② 黑板勝美国史大系编修会编辑：《新訂增補国史大系·三代实录》卷44，第548页。

时代的天皇在即位前几乎都被立为皇太子，没有被立为皇太子而即位的天皇极其罕见。① 光孝天皇在即位两个月后还做出了一个十分特殊的举动。根据《三代实录》元庆八年（884）四月十三日癸卯条记载：

> 敕曰："朕以庸菲之资，谬膺大横之繇，仰璇玑而如冠夏日，按玉镜而若踏春冰。今所有男女，皆居藩时生也。既殊周邦之懿亲，何比汉典之封建。加之，弘仁以降，茂躅长存。或材子八人，作元凯于朝端，或本枝百世，助蒸尝于祖庙。彼圣明之深图远算，犹尚如斯。况朕之褊虑短衿，岂曰克堪。汉明帝有言：'我子不当与先帝子等，'圣哉言也。宜同赐朝臣之姓，勿烦景风之吹。是朕一身之闺闱之事耳，不欲为后王之法。唯二女，应供奉斋宫、斋院者，上畏神明，下迫群议。不得遂朕之素怀。其余皆罢鸿胪之册务，从燕翼之谋。普告遐迩，令知朕意。"②

光孝天皇在该敕书中将除侍奉伊势神宫的斋宫和贺茂神社的斋院之外的所有子女赐姓降下。③ 虽然，在光孝天皇的这份敕书中没有提及皇位继承问题，但皇子一旦接受赐姓，意味着其脱离皇籍，因此其皇位继承权自动丧失。平安时代的天皇给皇子赐姓是常有的事情，但将自己所有的皇子全部赐姓却是首次，且其做法为光孝天皇"一身之闺闱之事耳，不欲为后王之法"。通过这份敕书，可以说从原则上否定了光孝天皇所有皇子的皇位继承权。

通过上述事件，可以作如下推测：此时的藤原基经尚无法左右皇位继承，光孝天皇的即位实际上是贵族层合议的结果，但光孝天

---

① 后白河天皇也是在没有被立为皇太子的情况下即位。
② 黑板勝美国史大系编修会编辑：《新訂增補国史大系·三代實録》卷45，第557页。
③ 关于斋宫与斋院，参见本书第六章；关于赐姓降下，参见本书第五章。

皇毕竟是天皇旁系，因此具有过渡性质。光孝天皇即位后将自己的皇子全部赐姓降下，实际是希望等待阳成天皇之子长大后让位，其性质同女帝即位十分相似。此时之所以没有出现女帝，同清和天皇即位一样，也是由于没有其他具备女帝资格的皇位继承人。

虽然光孝天皇将自己置于过渡性的位置，但光孝天皇去世后，阳成太上皇还没有皇子，因此，在藤原基经等人的拥立下，被降为臣籍的皇子定善亲王源定省继位，即宇多天皇。宇多天皇即位后，一方面慑于太政大臣藤原基经的威势，表面上与藤原基经和谐一致；另一方面经过了"阿衡纷争"事件①以后，隐忍自重，企图恢复天皇的权威。宽平三年（891）一月，藤原基经去世，宇多天皇实行亲政，不再设立摄关，并对人事进行调整，提拔重用菅原道真等一批中下级贵族，企图重新建立自己的权势。

宽平九年（897）七月，宇多天皇让位给13岁的敦仁皇太子，即醍醐天皇，自己则在仁和寺剃度出家。醍醐天皇在即位的同日举行元服礼。皇太子的元服和即位同日举行十分少见，其中包含了特殊的原因。宇多天皇让位首先让笔者想起藤原基经拥立阳成天皇继位上表里的那句："太上天皇在世，未闻臣下摄政。"

平安时代皇子的元服年龄一般为14岁与15岁，偶尔也有16岁时才元服。从醍醐天皇13岁便元服、即位来看，显得宇多天皇似乎急不可耐地希望退位。此时，阳成天皇的长子元良亲王已经出生，且已8岁。所以，宇多天皇或许是想通过尽早让位，来防止以藤原氏为首的贵族干预皇位继承，进而否定阳成天皇的直系权威，确立自己的正统性。宇多天皇虽然让位成为太上天皇，但他并没有退出

---

① 宇多天皇于即位当年下诏："社稷之臣，非朕之臣。宜以阿衡之任，为卿之任。"阿衡是中国古代的官名，后人就把辅弼皇帝的贤相，尤其是代帝摄政的宰相，喻为"阿衡"。诏书用"阿衡"之典，貌为礼遇，实不与实权。藤原基经也深纳其中的道理，拒不上朝视事。百官因忌惮基经的权势，亦多称病不朝，使得政务停摆。事态僵持半年，直至仁和四年（888）六月，天皇下诏重新请藤原基经关白万机，才最终了结此事。这一因为"阿衡"的职权不明而引发的政治事件，被称为"阿衡纷争"。

政治舞台，而是退居二线，在背后操纵政治，其影响力在醍醐天皇之上，大有太上天皇君临天下之势。

宇多天皇让位前，任命藤原基经之子藤原时平和菅原道真为"内览"，确立了"时平、道真二头体制"。① 但是，延喜元年（901）发生的两件事，使宇多天皇的构想难以实现。一件事是藤原时平的同母妹藤原稳子入醍醐天皇后宫成为女御。宇多天皇在让位前，将自己的皇女为子内亲王嫁给醍醐天皇，防止藤原氏成为外戚。醍醐天皇也在即位后立为子内亲王为正妃。但是，为子内亲王被立为正妃两年后去世。此后宇多上皇与醍醐天皇父子之间围绕藤原稳子是否入宫的问题产生了争论。最终，醍醐天皇在藤原时平的协助下，成功将藤原稳子纳为女御。② 宇多上皇和为子内亲王的母亲班子对藤原稳子入宫十分愤怒，认为为子内亲王就是死于藤原稳子的诅咒。从此，醍醐天皇要求自立的倾向越来越明显，宇多上皇与醍醐天皇从父子一体的关系变为父子对立的关系。

另一件事是"昌泰之变"。菅原道真出身历代都是作为实务官僚立身出仕的菅原家。相对于藤原氏这样的世代名门，菅原家属于"寒门"。醍醐天皇即位后菅原道真步步高升，直至右大臣。此时，对菅原道真掌权感到威胁的藤原氏、对菅原道真的政治改革感到不安的中下层贵族以及对菅原道真破格晋升越来越反感的学者们，都与菅原道真产生了对立的情绪。于是，他们相互勾结，诬告菅原道真意图帮助自己的女婿齐世亲王篡夺皇位。虽然宇多上皇闻讯后意图赶去相救，但被门卫挡住，在宫门外等了一夜竟然都无法与醍醐天皇见面，只好黯然离去，从此不再过问世事。"醍醐天皇本来与父亲宇多上皇一样信任并重用菅原道真，但是他对宇多上皇通过菅原

---

① 参见北山茂夫《日本の歴史第4巻・平安京》，中央公論社1965年版；河内祥輔《古代政治史における天皇制の論理》。

② 藤木邦彦：《藤原穏子とその時代》，林陸朗編《論集日本歴史第3巻・平安王朝》，有精堂1976年版，第42頁。

道真干预政治抱有戒心。当被暗示有人密谋威胁比什么都重要的皇位时，醍醐天皇为了斩草除根，也就只有下决心抛弃菅原道真。"① 最终，菅原道真被贬为大宰府权帅，流放至九州大宰府，并且病死在那里。菅原道真的四个儿子，高视、景行、兼茂、淳茂皆被处以流刑，是为"昌泰之变"。"昌泰之变"完全是一桩冤案。菅原道真去世后，正值盛年的藤原时平去世，藤原时平的妹妹藤原稳子所生皇太子保明亲王与皇太孙庆赖王也先后夭折。此外，京都还发生了雷击宫殿的事件，导致贵族死伤惨重。传说这些灾异都是菅原道真的冤魂在作祟。最终，醍醐天皇为平息各种不祥事件，恢复了菅原道真的名誉。

延喜元年发生的这两件事对此后的皇位继承产生了决定性的影响。藤原稳子入宫后作为此后两代天皇（朱雀天皇和村上天皇）的母亲，实际上成为藤原氏实行摄关政治的依据。"昌泰之变"不仅使菅原道真被贬官，而且宇多天皇的构想也彻底失败。

对于醍醐天皇而言，值得庆幸的是，在保明亲王去世的当年，藤原稳子生下了次子朱雀。延长八年（930）九月，醍醐天皇让位给年仅8岁的朱雀天皇，由藤原时平的弟弟藤原忠平任摄政。朱雀天皇即位后，朝廷大权操纵在藤原忠平和藤原仲原兄弟二人手里，自己只不过是藤原家的一个玩偶。承平·天庆年间，由于"平将门之乱"和"藤原纯友之乱"②，日本国内局势动荡不安。在母亲藤原稳子的干预下，朱雀天皇于是让位给胞弟，即村上天皇。从村上天皇（第62代）至后冷泉天皇（第70代），③ 皇位继承被摄关家的强权政治所左右，天皇大多碌碌无为，甚至出现重度精神障碍患者。

---

① 胧谷寿、仁藤敦史：《倒叙日本史04 平安·奈良·飞鸟》，韦和平译，商务印书馆2018年版，第69页。
② 以平将门和藤原纯友为首，几乎同一时间在日本东部与西部发动的两场叛乱。
③ 中间七位天皇分别为冷泉天皇、圆融天皇、花山天皇、一条天皇、三条天皇、后一条天皇、后朱雀天皇。

三 鸟羽法皇与崇德上皇

治历四年（1068）四月，后冷泉天皇去世，异母弟弟尊仁亲王即位，是为后三条天皇。前已述及，后三条天皇是自宇多天皇以来170年间，唯一一位和藤原氏没有血统关系的天皇，经过后三条天皇和白河天皇的努力，开创了以"院政"取代"摄关"政治体制，实现还政于皇室的愿望。但是政权虽然重新归皇室，但权力不是属于天皇，而是属于上皇。

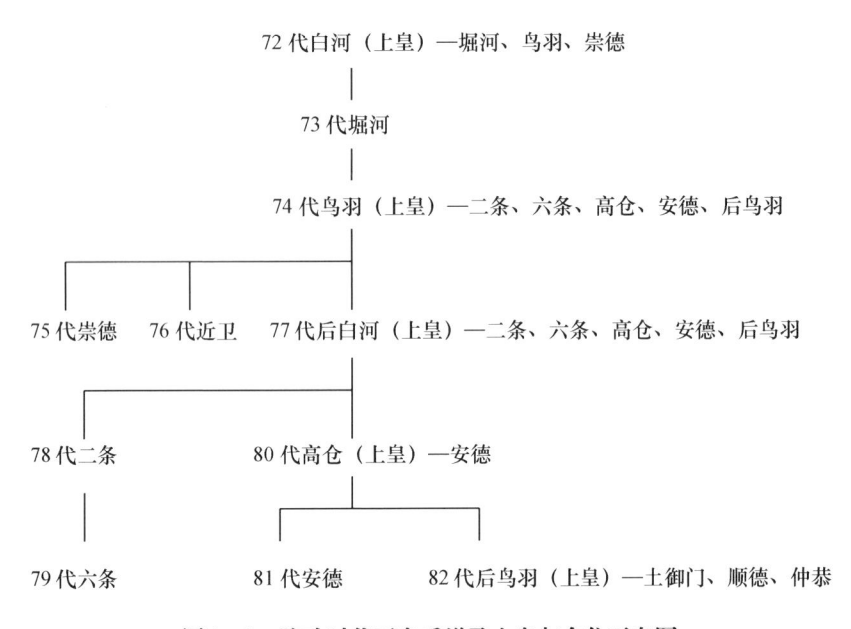

```
        72代白河（上皇）—堀河、鸟羽、崇德
                │
            73代堀河
                │
        74代鸟羽（上皇）—二条、六条、高仓、安德、后鸟羽
         ┌──────┼──────┐
     75代崇德 76代近卫 77代后白河（上皇）—二条、六条、高仓、安德、后鸟羽
                     ┌──────┴──────┐
                  78代二条      80代高仓（上皇）—安德
                     │          ┌──────┴──────┐
                  79代六条    81代安德    82代后鸟羽（上皇）—土御门、顺德、仲恭
```

图2—3 院政时代天皇系谱及上皇与在位天皇图

从摄关政治发展到院政，也就是从由摄关家决定皇嗣的外戚政治发展为由上皇决定皇嗣的家父长制。皇子们为了争夺天皇家家父长的位置，促使皇位继承的矛盾更加尖锐化。由于后三条天皇的长子贞仁亲王（白河天皇）流有藤原氏的血脉（藤原茂子所生），因此后三条让位白河天皇时，为防止藤原氏介入皇位继承问题，将和藤原氏没有血缘关系的第二皇子实仁亲王（源基子所生）立为皇太

子，且临终遗言，实仁亲王即位后立第三皇子辅仁亲王为皇太子。但白河天皇强烈的希望自己的子孙继承皇位。① 由于实仁亲王突然病亡，白河天皇违背后三条天皇的意愿，将皇位让给了儿子堀河天皇，自己做了上皇，继续听政，并开创了院政制度。白河上皇非常高寿，经历了儿子堀河天皇、孙子鸟羽天皇、重孙崇德天皇三朝，始终保持院厅的"垂帘听政"。

白河上皇在实行院政过程中，为防范再次出现类似实仁亲王立太子的事情发生，让亲自指名为后继者的堀河、鸟羽、崇德三位天皇的异母弟全部出家，剥夺他们的皇位继承权。但具有讽刺意味的是，白河上皇去世后，鸟羽上皇宠爱体仁亲王（近卫天皇），不仅没有让他出家，而且将当时年仅两岁的体仁亲王指定为自己的皇位继承人，并在不久后说服自己时年23岁的儿子②崇德天皇退位。

久寿二年（1155）七月，年仅17岁的近卫天皇去世。由于近卫天皇去世时没有子嗣，皇室内部围绕皇位继承人的问题，发生了激烈的斗争。这时两位太上皇即近卫天皇的父亲鸟羽法皇和近卫天皇的兄长崇德上皇还都在人世。崇德上皇希望自己复位，或是传给自己的儿子重仁亲王；鸟羽法皇主张由自己的儿子雅仁亲王（崇德上皇的弟弟）或者近卫天皇的姐姐八条院璋子继位。③ 为了皇位继位问题，藤原氏内部也出现对立。关白藤原忠通支持鸟羽法皇和雅仁亲王，而左大臣藤原赖长拥护崇德上皇。最后，继承皇位的是鸟羽上皇的儿子雅仁亲王，即后白河天皇。此时，鸟羽上皇与崇德上皇二人围绕皇统的对立，已经到了水火不容的地步。最终，

---

① 黒田俊雄：《体系日本歴史第2卷·莊園制社会》，日本評論社1967年版，第106頁。

② 日本镰仓时代的故事集《古事谈》认为，崇德上皇实际是白河上皇与鸟羽上皇的中宫藤原璋子（白河上皇的义女）私通所生，即表面上崇德上皇是鸟羽上皇的儿子，实际上是叔父。日本江户时代的学者新井白石也持此观点。

③ 荒木敏夫：《可能性としての女帝——女帝と王権・国家》，青木書店1999年版，第245頁。

以鸟羽上皇的去世为契机，日本爆发了"保元之乱"这一大规模的内乱。

在"保元之乱"（1156）中，严重对立的天皇家和藤原摄关家、势力强大的武家分成两派。最终，借助武士平清盛和源义朝兵力的后白河天皇、藤原忠通一派击败了依靠武士源为义、平忠正兵力的崇德上皇、藤原赖长一派。"保元之乱"使贵族们认识到，皇族与贵族之间的对立，不依靠武士力量无法解决，标志武士阶层走上日本政治舞台。但是，以武士来抗衡贵族，终归只是一种"饮鸩止渴"的政治措施。

"保元之乱"后，崇德上皇被流放至赞岐，写下"愿化身大魔王烦扰天下"的血书，在诅咒中去世；① 后白河天皇则退位，其子守仁亲王即位，是为二条天皇。作为"保元之乱"中的功臣，平清盛受到后白河上皇重用，同样立了大功的源义朝对此颇为不满。平治元年（1159）十二月，源义朝乘平清盛离开都城之机发动军事政变，幽禁后白河上皇和二条天皇。接着，平清盛火速归京，击败源义朝，平息军事政变，史称"平治之乱"。

"平治之乱"后，天皇与武士的地位发生了根本逆转，平清盛确立了武士阶级的领导地位，独揽大政，且让自己的女儿平德子做了高仓天皇的皇后，顺利成为天皇的外戚，使平氏族人几乎占尽朝廷重职，显赫一时。平氏的繁盛正如《平家物语》所述："平家一门共有公卿十六人，殿上人三十余人。此外尚有各国国守，及在卫府与诸省司任职者，计六十余名。殿宇庙堂之上，仿佛再无别姓。"②

天皇原本想利用武士为自己夺取政权，没想到最终成了武士争权夺利的一件道具，并最终导致朝廷被幕府取代的结局。

---

① 当时的人们认为此后接连不断的内乱皆与崇德上皇的诅咒有关。
② 佚名：《平氏物语》，王新禧译，上海译文出版社2011年版，第14页。

第四节　小结

　　飞鸟时代的日本尚未形成特定的皇位继承制度，这一时期的皇位继承方式具有多样性和复杂性的特点。所谓的"大兄"，只是用于一部分天皇及其他家族中的长子的名字中，用以表示对其尊敬。在大陆文化的影响下，飞鸟时代的日本社会已经存在长子相继的观念，因此"大兄"作为天皇诸皇子之中的长子，只是皇位继承的最有力竞争者。天智天皇以后，中央集权得到加强，由大兄作为皇位继承有力竞争者的继承方式大致已被废除，嫡长子直系继承制逐渐形成。特别是持统女帝，她通过巧妙地利用称制、任命高市皇子为太政大臣、让位给轻皇子以及频繁地行幸吉野等先例与独特方式，有效地抵制了兄弟继承的旧习，维持了天武天皇→草壁皇子→轻皇子的直系继承皇统。

　　文武天皇去世后，由于其皇位继承人首皇子年仅 7 岁，所以由其祖母元明女帝即位。元明女帝统治时期，正是皇位继承方式从兄弟继承向父子继承转变的过渡阶段。元明女帝为将天武系父子继承正统性合法化，捏造出"不改常典"。称德女帝统治时期发生"宇佐神托事件"看似是一场皇位继承危机，实际上是藤原氏酝酿的一场阴谋。单身的称德女帝的出现，使天武系皇统走向了衰亡。称德女帝去世后，天智系的光仁天皇即位，皇统从天武系转向天智系。天智系的桓武天皇即位后，更是废除了天武直系所制定的各种政策。经过"承和之变"，嵯峨天皇系与淳和天皇系两血统轮流继承皇位的迭立制度终止，皇位继承统一到了嵯峨天皇→仁明天皇的系统。

　　进入平安时代中期以后，日本经历了由外戚和上皇通过摄关与院政的方式，代行天皇的权力的时期。摄关政治出现的前提是幼帝的出现。事实上，幼帝即位并非古代日本皇位继承的传统。按照此前的皇位继承传统，前任天皇去世后，如果皇太子年幼，则由天皇的祖母即位作为过渡，等待皇太子成年后再让位。但是，由于文德天皇去世后，当时没有其他具备女帝资格的皇位继承人，因此由年仅9岁的惟仁太子即位。宇多天皇即位后，希望通过尽早让位的办法，来防止以藤原氏为首的贵族干预皇位继承，进而否定阳成天皇的直系权威，确立自己的正统性。但由于藤原稳子入醍醐天皇后宫成为女御以及"昌泰之变"的发生，使宇多天皇的构想难以实现。

经历了近二百年的摄关政治以后，经过后三条天皇和白河天皇的努力，开创了以"院政"取代"摄关"政治体制，实现还政于皇室的愿望。不过，虽然政权重新归皇室，但权力不是属于天皇，而是属于上皇，从而促使皇室内部围绕皇位继承的矛盾更加尖锐化，并引发贵族之间相互对立的连锁反应。由于无论是皇亲与贵族之间，还是皇亲内部之间的斗争，以及王权的维系等都离不开武士的力量，结果导致幕府的将军取代朝廷的天皇成为日本的实际统治者。

第 三 章
叙位、任官与封禄制度

权力的分配是古代日本天皇制的核心问题之一。为了合理、有效地分配权力资源，日本确立"位阶制"，按位阶把官人阶层分为不同等级类型，以此赋予官职、确定封禄，形成"有位者集团"。由于古代日本位阶的授予是按照天皇及其一族的远近关系以及各氏族在政治、经济上的实力和地位为划分标准，因此，在"有位者集团"中，以皇室血缘关系为纽带联结起来的皇亲阶层占有特殊的地位。他们由天皇授予位阶、担任官职，被纳入官僚体制中，且往往介入中央权力运转的核心，从而对当时政治权力的分配与古代天皇制产生重要的影响。本章主要就古代日本皇亲的叙位、任官、封禄等制度作一考察。

第一节　皇亲的叙位

在古代日本，"官人阶层的内部，是通过一种称作'位阶制'的爵位制度来调整其内部的权力和利益分配关系"①。所谓"位阶"，

---

① 徐建新：《古代日本律令制国家的身份等级制》，《世界历史》2001年第6期。

就是授予官人不同爵位后产生的爵位和爵位之间的等差，它表示的并不是官职的等级，而是官员的等级。石母田正将被授予位阶者称为"有位者集团"。① 如果说古代中国是一个"学而优则仕"的"官本位"社会，那么古代日本则是一个"血而优则仕"的"阶本位"社会。因为，只有先授予一定的位阶，才能够获得相应的官职，而只有"血统高贵"的贵族或势力强大的豪族才能被授予位阶，出身卑微的平民百姓则被剥夺了这一权利。

一　叙位制的演变与皇亲

古代日本的叙位制也称为位阶制。根据《日本书纪》记载，位阶制始于推古十一年（603）十二月摄政太子厩户皇子制定的冠位十二阶：

> 始行冠位。大德、小德、大仁、小仁、大礼、小礼、大信、小信、大义、小义、大智、小智，并十二阶，并以当色绝缝之。顶撮总如囊，而著缘焉。唯元日著髻华。②

上述冠位并不是官职，也没有职权，而只是授予豪族的爵位。由于日本此前一直将属于整个氏族且可以世袭的姓作为豪族的爵位，而冠位则属于个人且无法世袭，因此，"冠位制的实行在一定程度上起了抑制氏姓门阀势力和选拔人才的作用，并推进了贵族的官僚化和以天皇为首的官僚体制的形成"③。

继冠位十二阶之后，位阶制又经过了多次变迁。为了巩固大化改新的成果，孝德天皇于大化三年（647）十二月改为冠位十

---

① 石母田正：《古代官僚制》，初出《日本古代国家論》第一部，岩波書店 1973 年版，《石母田正著作集第 3 卷·日本の古代国家》，岩波書店 1989 年版，第 341—349 页。

② 黑板勝美国史大系編修会編輯：《新訂增補国史大系·日本書紀》卷 22，吉川弘文館 1983 年版，第 141—142 页。

③ 吴廷璆：《日本史》，南开大学出版社 1994 年版，第 45—46 页。

三阶：

> 制七色一十三阶之冠。一曰，织冠，有大小二阶，以织为之，以繡裁冠之缘，服色并用深紫。二曰，繡冠，有大小二阶，以繡为之，其冠之缘，服色并同织冠。……此冠者大会飨客，四月、七月斋时所着焉。①

企图在将"私地、私民"变为"公地、公民"的基础上，将众"豪族"变为新国家机构的"官僚"。

随着政务的繁杂和官吏数量的大批增加，两年之后，孝德天皇又进一步将冠位细分为十九阶：

> 制冠十九阶。一曰，大织。二曰，小织。三曰，大繡。四曰，小繡。五曰，大紫。六曰，小紫。七曰，大华上。八曰，大华下。九曰，小华上。十曰，小华下。十一曰，大山上。十二曰，大山下。十三曰，小山上。十四曰，小山下。十五曰，大乙上。十六曰，大乙下。十七曰，小乙上。十八曰，小乙下。十九曰，立身。②

天智天皇三年（664）二月，天智天皇在冠位十九阶的基础上又细分为冠位二十六阶：

> 天皇命大皇弟（天武），宣增换冠（倍）位阶名及氏上民部、家部等事。其冠有二十六阶。……其大氏之氏上赐大刀，小氏之氏上赐小刀，其伴造等之氏上赐干楯弓矢，亦定其民部、

---

① 黒板勝美国史大系编修会编辑：《新訂增補国史大系·日本書紀》卷25，第241—242頁。
② 黒板勝美国史大系编修会编辑：《新訂增補国史大系·日本書紀》卷25，第243頁。

家部。①

随着位阶的不断增加，授予冠位的范围不再仅限于大贵族，也包括中小豪族，使其覆盖面更加广泛。同时，也反映出位阶制的日趋完备、官僚制的日益复杂和等级制的日趋严格。

关于皇亲的位阶，最早见于《日本书纪》天武天皇二年（673）十二月戊戌条："以小紫美浓王，小锦诃多麻吕，拜造高市大寺司。是时知事福林僧由老辞知事。然不听焉。"② 上文中的"小紫"正是冠位二十六阶中的第六阶。此外，《日本书纪》"天武天皇纪"中还有"四位栗隈王"（天武天皇四年三月庚申条）、"三位麻续王"（天武天皇四年四月辛卯条）、"三位屋垣王"（天武天皇五年九月丁丑条）、四位葛城王（天武天皇八年七月乙未条）、五位舍人王（天武天皇九年七月戊戌条）等记载，当时已经习惯在诸王名字前加上他的位阶这样的称呼。

天武天皇十四年（685），天武天皇按照明、净、正、直、勤、务、追、进八色改冠位二十六阶为冠位六十阶，将明位二阶与净位四阶共六阶按大、广细分为十二阶作为诸王以上的冠位，区别于诸臣的四十八阶。

> 更改爵位之号，仍增加阶级，明位二阶，净位四阶，每阶有大广，并十二阶，以前诸王已上之位。正位四阶，直位四阶，勤位四阶，务位四阶，追位四阶，进位四阶，每阶有大广，并册八阶，以前诸臣之位。是日，草壁皇子尊授净广一位，大津皇子授净大二位，高市皇子授净广二位，川岛皇子、忍壁皇子、授净大三位。自此以下诸王、诸臣等，增加爵位，各有差。③

---

① 黑板胜美国史大系编修会编辑：《新订增补国史大系·日本书纪》卷27，第287—288页。
② 黑板胜美国史大系编修会编辑：《新订增补国史大系·日本书纪》卷29，第334页。
③ 黑板胜美国史大系编修会编辑：《新订增补国史大系·日本书纪》卷29，第376页。

根据《续日本纪》大宝元年（701）三月甲午条记载，至文武天皇统治时期，又实行了新的叙位制。

> 始依新令，改制官名位号。亲王明冠四品，诸王净冠十四阶，合十八阶。诸臣正冠六阶、直冠八阶、勤冠四阶、务冠四阶、追冠四阶、进冠四阶，合三十阶。外位始直冠正五位上阶，终进冠少初位下阶，合二十阶。勋位始正冠正三位，终追冠从八位下阶，合十二等。始停赐冠，易以位记，语在年代历。①

上文的"新令"，指的是《大宝令》。从这段史料中可以看到《大宝令》关于皇亲叙位的大致内容。即皇亲可以获得十八阶，其中，亲王可以获得从"一品"至"四品"的四阶（品），诸王可以获得从"正一位"至"从五位"的十四阶。② 根据《令集解》的解释："义云，品谓位也，亲王称品者，别于诸王。"③ 也就是说，为了将亲王的位阶区别于诸王和诸臣的位阶，故将其称为"品"。

日本学者庄司浩与仓本一宏等人将皇亲在天武朝获得的冠位与他们在颁布《大宝令》后获得的位阶进行了比较。庄司浩认为天武天皇十四年（685）所规定的皇亲冠位与《大宝令》所规定的皇亲冠位几乎呈现出平行移动，天武朝皇亲冠位的一位至五位与《大宝令》中皇亲位阶的一位至五位基本差不多。④ 仓本一宏则认为，旧的冠位制在向新的冠位制过渡时，理所当然会产生个人差别，特别是皇亲冠位的变迁，在不同的时期受到皇亲阶层对于国家重要性的微

---

① 黑板胜美国史大系编修会编辑：《新订增补国史大系·续日本纪》卷1，吉川弘文馆1984年版，第10页。

② 《养老令》与《大宝令》的内容基本相同，同样是亲王一品至四品的品阶，诸王正一位至从五位的位阶。

③ 黑板胜美国史大系编修会编辑：《新订增补国史大系·令集解》（一）卷1，吉川弘文馆1982年版，第10页。

④ 庄司浩：《天武十四年皇亲冠位制について》，《立正史学》34，1970年，第18—27页。

妙影响，天武天皇十四年（685）皇亲的冠位要略高于《大宝令》中皇亲的冠位。①

笔者赞同仓本一宏的观点。如前所述，大化改新前，苏我氏等畿内有势力的贵族同天皇家族形成联合政权。掌握实权的豪族在大化改新后仍然成为制约天皇权力的力量。"壬申之乱"后，中央主要的大贵族失势，地方的中小豪族也无法立刻取代没落的中央贵族。天武天皇掌握政权以后，为防止贵族官僚干预皇位继承和进行分权，逐渐依靠以皇子为中心的皇亲来进行统治，形成了以皇亲势力为权力中枢的皇亲政治。但皇亲地位的提高也可能会危及皇权自身，因此，随着官僚制度的不断完善，皇亲对于天皇制政权的重要性大大降低，皇亲的政治地位有所下降。

二 律令制下皇亲的叙位

根据《养老令·选叙令》"授位条"规定："凡授位者，皆限年二十五以上，唯以荫出身者，皆限年二十一以上。"② 同令"荫皇亲条"规定："凡荫皇亲者，亲王子从四位下，诸王子从五位下，其五世王者从五位下，子降一阶，庶子又降一阶，唯别敕处分，不拘此令。"③ 另据《公式令》"品位应叙条"规定："凡应叙，亲王四品，诸王五位，诸臣初位以上。"④ 该条集解解释："诸王五位，谓三四世王也。二世王不合也，合叙四位。"⑤ 也就是说，普通臣下的初次叙位，一般为25岁；皇亲的初次叙位为21岁。皇亲21岁时，亲王可获得四品的品阶；亲王之子（二世王）可获得从四位下的位阶；

---

① 仓本一宏：《皇親冠位の变迁について》，《続日本紀研究》第249号，1987年，第3页。
② 井上光贞等校注：《日本思想大系新装版·律令》選叙令34，岩波書店1994年版，第279页。
③ 井上光贞等校注：《日本思想大系新装版·律令》選叙令35，第279页。
④ 井上光贞等校注：《日本思想大系新装版·律令》公式令54，第396页。
⑤ 黑板勝美国史大系編修会編輯：《新訂增補国史大系·令集解》（四）卷35，吉川弘文館1981年版，第871页。

诸王之子（包括三世王与四世王）可获得从五位下的位阶。五世王虽不属于皇亲，但也可获得同三世王与四世王一样的从五位下的位阶。五世王的嫡子可获得正六位上的位阶，其庶子可获得正六位下的位阶。更进一步分析的话，不难得出这样一个结论：皇亲的荫位是不受嫡庶之别限制的，五世王虽也可获得王名，但因为毕竟不属于皇亲，所以其子的荫位有嫡庶之别。此外，根据《续日本纪》大宝三年（703）十二月甲子条记载："始皇亲五世王，五位已上子。年满二十一已上者，录其历名，申送式部省。"① 即21岁以上皇亲以及五世王在叙位前必须到式部省②登记姓名。

《续日本纪》庆云三年（706）二月庚寅条规定："自今以后，五世之王在皇亲之限。其承嫡者相承为王，自余如令。"③ 关于"承嫡者"的范围，竹岛宽与平野博之等认为包括六世王以下，菊地康明则认为仅限于五世王。④ 认为"承嫡者"包括六世王以下的依据主要包括："相承"二字解释为代代相传是十分合理的；《养老令·户令》"户主条"论及皇亲时是以"七世王"的存在为前提的；延历二年（783）九月丙子条记载了近江国司根据庆云三年格，免除六世以下承嫡者的课役等。认为"承嫡者"仅限于五世王的依据主要有：《养老令·选叙令》"荫皇亲条"的"古记"记载，"子降一阶，谓六世王，即得王名，七世以下不合得名也"。

相对而言，笔者比较赞同前者的观点，一是"古记"所引主要是《大宝令》的内容，后世有可能对此作过修改。二是古代日本的天皇十分重视血统，对于自己的后代应该会给予特殊的照顾。

《续日本纪》神户景云元年（767）四月辛巳条对诸王的叙位又

---

① 黒板勝美国史大系編修会編輯：《新訂増補国史大系·続日本紀》卷3，第19頁。
② 担任文官任免等一般人事的部门，主要负责调查文官的事务成绩，以及指导礼仪等工作。
③ 黒板勝美国史大系編修会編輯：《新訂増補国史大系·続日本紀》卷3，第25頁。
④ 参见竹島寛《王朝時代皇室史の研究》，右文書院1936年版；平野博之《諸王叙位の法制史的背景——八世紀の諸法令の解釈をめぐって》，《日本歴史》第317号，1974年；菊地康明《古代の天皇》，《講座日本史第1巻·古代国家》，東京大学出版会1970年版。

作了重新调整："始授诸王四世者正六位上，五世者从六位下，其朝服用纁色。"① 也就是说，从神户景云元年（767）四月开始，四世王改为叙正六位上，五世王改为叙从六位下，四世王与五世王不仅叙位均下降了，而且两者的叙位开始有了高低之别。

不过，正如平野博之指出的那样："该段记事中并没有涉及律令制中规定的可以荫正六位的六世王，如果就此放任不管的话，便会产生六世王嫡子的位阶要高于五世王的不自然现象。这段记事并不意味着改变一般性的皇亲荫位制，而是一时性地对一部分四世王与五世王授予从六位上与从六位下的位阶。它只是作为改变这样一个情况的措施，即虽然存在皇亲荫位制，但实际上存在很多没有叙位的无位诸王。"② 如《续日本纪》神户景云元年（767）正月己巳条记载了当时有许多高龄的无位诸王：

> 诏曰，今见诸王，年老者众。其中或勤劳可优，或朕情所怜。故随其状，并赐爵级，宜告众诸令知此意焉。无位依智王、筱嶋王、广河王、净水王、名方王、调使王、饭野王、鸭王、壹志浓王、田中王、八上王、津守王、名草王、春阶王、中村王、池原王、积殖王、高仓王、礒部王、长尾王、净名王并授从五位下。③

在延历十五年（796）十二月九日的诏书中可再次看到类似神户景云元年四月条的记载：

> 皇亲之荫，事具令条，而宗室之胤，枝叶已众，欲加荣班，

---

① 黒板勝美国史大系編修会編輯：《新訂增補国史大系·続日本紀》卷28，第342页。
② 平野博之：《諸王叙位的法制史的背景——八世紀の諸法令の解釈をめぐって》，《日本歴史》第317号，1974年，第21页。
③ 黒板勝美国史大系編修会編輯：《新訂增補国史大系·続日本紀》卷28，第339页。

难可周及，是以，进仕无阶，白首不调，眷言于此，实合矜恕，宜其四世五世王，及五世嫡子年满二十一者叙正六位上，但庶子者降一阶叙，自今而后，永以为例。①

这无疑与当时因皇亲数量的增加对政府财政造成了巨大的负担有着密切关系。

从淳仁天皇天平宝字三年（759）实行"亲王宣下"或"内亲王宣下"制度以后，诸王也可能因为"亲王宣下"或"内亲王宣下"获得亲王、内亲王的封位，从而获得亲王、内亲王的品位。如宝龟元年（770）十一月甲子条记载：

> 现神大八洲所知倭根子天皇诏旨止宣诏旨乎，亲王王臣百官人等天下公民众闻食宣。朕以劣弱身承鸿业氏，恐利畏进毛不知尔退毛不知尔所念波贵久庆伎御命，自独能味夜受给武止所念氏奈毛法能麻尔麻尔追皇挂恐御春日宫皇子奉称天皇。又兄弟姊妹诸王子等悉作亲王氏冠位上给治给。又以井上内亲王定皇后止宣天皇御命。众闻食宣，授从四位下讳四品（中略）。酒人内亲王三品。从四位下衣缝女王、难波女王、坂合部女王、能登女王、弥努摩女王并四品。②

另外，一些被赐姓的皇亲，有时也会因为"亲王宣下"或"内亲王宣下"获得亲王、内亲王的封位，从而获得亲王、内亲王的品位。如宽平三年（891）十二月，"先帝皇子中纳言源朝臣是忠为亲王。右近中将源是贞朝臣为亲王。是忠叙三品，是贞叙四品"③。康

---

① 黑板勝美国史大系编修会编辑：《新订增补国史大系·日本後纪》卷5，吉川弘文馆1982年版，第7页。

② 黑板勝美国史大系编修会编辑：《新订增补国史大系·续日本纪》卷31，第386—387页。

③ 黑板勝美国史大系编修会编辑：《新订增补国史大系·日本纪略》（前篇下）卷20，吉川弘文馆1982年版，第538—539页。

保四年（967）六月，"大藏卿正四位下源盛明为亲王。七月五日，壬辰，以盛明亲王为四品"①。贞元二年（977）四月，"以左大臣从二位源兼明朝臣、正四位下行右兵卫督同昭平朝臣等位亲王。即叙四品，兼明二品，昭平四品"②。

还有许多亲王和诸王死后被追赠品阶和位阶的事例。如石川王死后被追赠为二位（《日本书纪》天武天皇八年三月己丑条）；三品能登内亲王死后被追赠为一品（《续日本纪》天应元年二月丙午条）；三品高志内亲王死后被追赠为一品（《日本纪略》大同四年五月壬子条）；无品布势内亲王死后被追赠为四品（《日本后纪》弘仁三年八月辛卯条）；二品万多亲王死后被追赠为一品（《日本纪略》天长七年四月甲子条）；二品伊予亲王死后被追赠为一品（《续日本后纪》承和六年九月癸未条）；二品仲野亲王死后被追赠为一品（《三代实录》贞观九年正月戊午条）等。

当然，律令格式上的规定终归是法律上的规定，在实际叙位时往往会采取变通的方式，而这种变通与当时的政局之间有着密切的关系。③ 从《六国史》的实例来看，诸王初次叙位的位阶大致固定，但初次叙位的年龄却并不固定。

表3—1　　　　　　　　二世王的直叙年龄

二世王名字	直叙年月	年龄	父亲	祖父	叙位
长屋王	庆云元年正月	29岁	高市亲王	天武天皇	正四位上
智努王	养老元年正月	25岁	长亲王	天武天皇	从四位下
栗栖王	养老七年正月	42岁	长亲王	天武天皇	从四位下

---

① 黑板勝美国史大系编修会编辑：《新訂增補国史大系·日本紀略》（後篇）卷5，吉川弘文馆1984年版，第104页。

② 黑板勝美国史大系编修会编辑：《新訂增補国史大系·日本紀略》（前篇下）卷20，第538—539页。

③ 龟田隆之：《親王、王の子の叙位について》，《続日本紀研究》第9卷，第4、5、6合并号，1962年，第78页。

续表

二世王名字	直叙年月	年龄	父亲	祖父	叙位
白壁王	天平九年九月	29岁	志贵亲王	天智天皇	从四位下
大市王	天平十一年正月	36岁	长亲王	天武天皇	从四位下
高栋王	弘仁十四年正月	20岁	葛原亲王	桓武天皇	从四位下
高枝王	天长三年正月	20岁	伊予亲王	桓武天皇	从四位下
正躬王	天长六年正月	31岁	万多亲王	桓武天皇	从四位下
正行王	天长十年三月	18岁	万多亲王	桓武天皇	从四位下
正道王	承和四年八月	16岁	恒世亲王	淳和天皇	从四位下
基枝王	承和十一年正月	20岁	葛井亲王	桓武天皇	从四位下
雄风王	嘉祥三年四月	27岁	万多亲王	桓武天皇	从四位下
利基王	嘉祥三年四月	29岁	贺阳亲王	桓武天皇	从四位下
忠贞王	天安二年正月	39岁	贺阳亲王	桓武天皇	从四位下
洁世王	贞观二年十一月	41岁	仲野亲王	桓武天皇	从四位下
兴基王	贞观八年正月	22岁	人康亲王	仁明天皇	从四位下
十世王	天庆八年二月	51岁	仲野亲王	桓武天皇	从四位下
延光王	天庆九年正月	20岁	敦固亲王	宇多天皇	从四位下

资料来源：相曽貴志：《九世紀における諸王の待遇——皇親時服を中心として》，虎尾俊哉：《日本古代の法と社会》，吉川弘文館1995年版，第236頁。

由表3—1可知，仅以二世王为例，除了长屋王直叙从四位上之外，其余二世王直叙均为从四位下；二世王的直叙年龄从20岁至50岁不等。长屋王之所以能够直叙从四位上，这恐怕与其父亲是皇太子有着重要的关系。[①] 正行王与正道王没有等到律令制规定的21岁便直叙从四位下，主要是由于受到嵯峨天皇的特殊宠爱。

根据《文德天皇实录》天安二年（858）七月己巳条记载：

> 正行王者，赠一品万多亲王第二子也，初与兄正躬王，受业大学。初太上天皇有昭，征之命直嵯峨院，天长十年三月授

---

① 川崎庸之：《長屋王時代》，《記紀万葉の世界》，御茶の水書房1952年版，第135頁。

从四位下，为侍从，时年十八，天皇甚宠遇之。①

另据《续日本后纪》承和八年（841）六月庚戌条记载，正道王"三品中务卿恒世亲王之一男也，缘后太上天皇之附属，今帝亦钟宠爱，具见于上"②。

从上述二世王直叙后最终达到的位阶看，除了后来被赐姓平氏的高栋王达到正三位大纳言，以及活到了80多岁的十世王升至参议从三位之外，包括受到嵯峨太上天皇宠爱的正行王等其他孙王充其量只是升迁至从四位上。

根据仓本一宏统计，在奈良时代前期的106位诸王中，没有再次升迁者为57人，获得再次升迁者为49人；在获得再次升迁的49人中，有21人只升迁了一次，8人升迁两次，8人升迁3次，6人升迁4次，6人升迁5次。在奈良时代后期的101位诸王中，没有再次升迁者为63人，获得再次升迁者为38人；在获得再次升迁的38人中，有24人只升迁一次，6人升迁两次，5人升迁3次，3人升迁4次，没有一人获得升迁5次的机会。③ 可见，虽然从直叙从四位下这一点来看，诸王享受着十分优厚的待遇，但从再次升迁这一点来看，诸王的仕途并不十分顺利，他们或是升迁次数少，或是升迁速度十分缓慢，甚至没有升迁的机会。

根据安田政彦的统计，从《大宝令》实施以后至出现院政的后冷泉天皇的360多年间，在世的皇子、皇女中，亲王有124人，内亲王150人。其中升至一品的皇子、皇女中，亲王12人，内亲王9人。④ 可以看出，即使是从血缘关系上与天皇最为亲近的亲王、内亲

---

① 黒板勝美国史大系编修会编辑：《新訂増補国史大系・文德天皇実録》卷10，吉川弘文館1981年版，第118頁。

② 黒板勝美国史大系编修会编辑：《新訂増補国史大系・続日本後紀》卷10，吉川弘文館1983年版，第121頁。

③ 倉本一宏：《皇親冠位の変遷について》，第10頁。

④ 安田政彦：《平安時代皇親の研究》，吉川弘文館1998年版，第259頁。

王，要担任一品的官职也十分困难。

虽然从《六国史》的实例来看，亲王初次叙位的年龄也并不固定，但进入平安时代以后，选择在亲王的成年仪式"元服"或内亲王的成年仪式"着裳"之际叙位逐渐成为惯例。如淳和天皇天长九年（832）二月，"秀良亲王于冷然院加元服，即授三品"①。天安元年（857）十二月，"第一皇子惟乔亲王在御前加元服，于时年十四。巾栉等类，不敢装饰。太政大臣从一位藤原朝臣良房，左大臣从二位源朝臣信，应召参入。诸近习臣等以次侍宴，自余王臣不在预限。宴乐已酣，琴歌繁奏。既而惟乔亲王，授四品"②。元庆六年（882）正月，"是日，帝同产弟贞保亲王同加元服。即便授三品"③。贞观十一年（869）二月九日，"贺茂斋仪子内亲王始笄"，十一日，"皇太子诞于太政大臣东京染殿第。是日，移入东宫，诏授无品仪子内亲王三品"。④

第二节　皇亲的任官

古代日本的任官制度是天皇加强中央集权统治和调整官人阶层利益分配的重要手段。通过与唐代任官制度的比较可以看出，"唐朝的官人出身注重通过科举制度以选拔人才，尤其是上层官吏的选拔；而古代日本的上层官吏的任用，更多的是重视其所出身的氏族门第

---

① 黒板勝美国史大系編修会編輯：《新訂増補国史大系・類聚国史》卷99，吉川弘文館1981年版，第22页。

② 黒板勝美国史大系編修会編輯：《新訂増補国史大系・文徳天皇実録》卷9，第105—106页。

③ 黒板勝美国史大系編修会編輯：《新訂増補国史大系・三代実録》卷41，吉川弘文館1983年版，第511页。

④ 黒板勝美国史大系編修会編輯：《新訂増補国史大系・三代実録》卷16，第244页。

的高下，通过大学和式部省试所选拔的多是中下层官吏"①。在重视出身的氏族门第高下的古代日本，与天皇有着血缘关系的皇亲被纳入官僚体制后，对当时政治权力的分配与古代天皇制产生重要的影响。

一 知太政官事与皇亲

日本律令官僚制形成以前，已有不少由皇亲来担任某些官职的事例。如《日本书纪》景行天皇五十五年（125）二月，"以彦狭岛王拜东山道十五国都督"②；推古天皇十年（602）二月，任命"来目皇子为击新罗将军，授诸神部及国造等"③；来目皇子死后，"更以来目皇子之兄当麻皇子为征新罗将军"；天智天皇七年（668）七月，"以栗前王拜筑紫率"。④

根据《日本书纪》天智天皇十年（671）正月癸卯条记载："以大友皇子拜太政大臣，以苏我赤兄为左大臣，以中臣金连为右大臣，以苏我果安臣、巨势人臣、纪大人臣为御史大夫。"⑤ 天智天皇任命大友皇子为太政大臣，开了以皇子为太政大臣的先河。"实际上，这不过是把推古朝时厩户和孝德、齐明朝时中大兄等皇太子充任摄政而统摄国务的做法，予以制度化。"⑥《日本书纪》天武天皇十年（681）二月庚子条记载："天皇、皇后共居于大极殿下，以唤亲王、诸王及诸臣。昭之曰：朕今更欲定律令，改法式。故俱修是事，然顿就是务，公事有缺，分人应行。"⑦ 天武天皇改革旧官制，官僚制度日益完备，为以后形成完备的二官、八省、四等官律令制官制奠

---

① 陈伟：《古代日本与唐朝官人出身制度的比较》，《日本研究》2010年第4期。
② 黑板胜美国史大系编修会编辑：《新訂增補国史大系・日本書紀》卷7，第223页。
③ 黑板胜美国史大系编修会编辑：《新訂增補国史大系・日本書紀》卷22，第143页。
④ 黑板胜美国史大系编修会编辑：《新訂增補国史大系・日本書紀》卷27，第294页。
⑤ 黑板胜美国史大系编修会编辑：《新訂增補国史大系・日本書紀》卷27，第298页。
⑥ 翟新：《日本天皇》，复旦大学出版社1992年版，第24页。
⑦ 黑板胜美国史大系编修会编辑：《新訂增補国史大系・日本書紀》卷29，第356—357页。

定了基础。①

律令制下的皇亲根据天皇所授的不同位阶担任相应的官职。这种将位阶与官职相对应的选叙制度习惯上称作"官位相当制"。即所谓"位有贵贱，官有高下，阶贵则职高，位贱则任下，官位相当，各有等差"②。前已述及，亲王、诸王在21岁时，至少可获得从五位下的位阶。根据《养老令·官位令》的规定，亲王、诸王获得叙位后的官职为：

> 亲王。一品，太政大臣。二品，左右大臣。三品，大纳言，大宰帅。四品，八省卿。诸王、诸臣。正一位、从一位，太政大臣。正二位、从二位，左右大臣。正三位，大纳言，勋一等。从三位，大宰帅，勋二等。正四位，皇太子傅、中务卿、以前上阶、七省卿，勋三等。从四位，弹正尹、左右大弁、以前上阶、神祇伯、中宫大夫、春宫大夫，勋四等。正五位，左右中弁、大宰大贰、中务大辅、左右京大夫、大膳大夫、摄津大夫、卫门督、左右卫士督、以前上阶、左右小弁、七省大辅、弹正弼、大判事，勋五等。从五位，中务少辅、左右大舍人头、大学头、木工头、雅乐头、玄蕃头、主计头、主税头、图书头、左右兵卫督、左右马头、左右兵库头、大国守、以前上阶、神祇大副、侍从、少纳言、大宰少贰、七省少辅、大监物、中宫亮、春宫亮、左右京亮、大膳亮、摄津亮、卫门佐、左右卫士佐、皇太子学士、内藏头、缝殿头、大炊头、散位头、阴阳头、

---

① 二官指负责祭祀的神祇官和统括国政的太政官；八省包括中务省、式部省、治部省、民部省、兵部省、刑部省、大藏省、宫内省；四等官包括最上级的"长官"、下一级的"次官"、再下一级的"判官"和最低一级的"主典"。

② 黑板勝美国史大系编修会编辑：《新訂增補国史大系·令集解》（一）卷1，吉川弘文館1982年版，第3頁。

主殿头、典药头、上国守、一品家令、职事一位家令，勋六等。①

但是，从史料中的实例来看，亲王、诸王往往没有就任律令制中的太政大臣、左右大臣以及大纳言等官职，而是独占了律令制施行后新创建的知太政官事一职。

在《大宝令》颁布之前，天皇往往任命自己最信任的皇子担任太政大臣，如天智天皇任命大友皇子为太政大臣、天武天皇任命大津皇子为太政大臣、持统女帝任命高市皇子为太政大臣。井上光贞其称为"皇族太政大臣制"。② 大宝三年（703）一月，文武天皇任命自己的叔父（天武天皇之子）刑部亲王为知太政官事，这是知太政官事的首次任命。自从设立知太政官事一职以后，再也没有任命皇子担任太政大臣。

一般认为，设置知太政官事的目的是调整以太政官为基地的贵族势力与拥护天皇权力的皇亲势力之间的关系，并以此牵制太政官的权力，从而维持皇亲的权威和皇亲辅佐天皇的体制。③ 笔者基本赞同以上观点。④ 前已述及，持统女帝去世后新即位的文武天皇只有

---

① 黒板勝美国史大系編修会編輯：《新訂増補国史大系・令集解》（一）卷1，第10—15頁。

② 井上光貞：《古代の皇太子》，《井上光貞著作集第1卷・日本古代国家の研究》，岩波書店1985年版，第207頁。

③ 参见北山茂夫《740年の藤原広嗣の叛乱》，《法と経済》116，1951年，《日本古代政治史の研究》，岩波書店1959年版；野村忠夫《律令政治の諸様相》；山田英雄《知太政官事について》，《政治社会史論叢》，近藤出版社1986年版；関晃《知太政官事と藤原氏》，《日本の古代国家と社会》，吉川弘文館1989年版。

④ 日本学界并非所有学者都赞同上述观点，一些学者认为王权与贵族势力并非相互对抗，而是共同构成了国家权力的核心。参见倉本一宏《律令貴族論をめぐって》，《日本歴史》472，1987年9月；吉川真司《律令太政官制と合議制——早川庄八〈日本古代官僚制の研究〉》，《日本史研究》309，1988年5月；篠川賢《"知太政官事"小論》，《日本常民文化紀要》19，1996年。

20岁，当时作为天皇还显得比较年轻。因此为了弥补持统女帝去世后带来权力的真空状态，有必要让有实力的皇亲来辅佐天皇。而刑部亲王作为《大宝律令》最主要的编纂者，正是当时最有实力的皇亲，因此由刑部亲王担任知太政官事一职。此后，知太政官事一职从大宝三年至天平十七年（703—745），一直由亲王、诸王就任。

庆云二年（705）五月，担任知太政官事一职两年的刑部亲王去世。同年九月，由文武天皇的叔父（天武天皇之子）穗积亲王继任知太政官事一职。穗积亲王被任命的原因大致与刑部亲王一样，因为当时皇权尚未稳固，他作为当时皇亲中的年长者，是最有实力的皇亲。

值得注意的是，知太政官事最初只是临时性的令外官，在穗积亲王就任该职期间，其性质逐渐发生变化。如《续日本纪》和铜元年（708）七月乙巳条记载：

> 召二品穗积亲王、左大臣石上朝臣麻吕、右大臣藤原朝臣不比等、大纳言大伴宿祢安麻吕、中纳言小野朝臣毛野、阿倍朝臣宿奈麻吕、中臣朝臣意美麻吕、左大弁巨势朝臣麻吕、式部卿下毛野朝臣古麻吕等于御前。敕曰，卿等情存公平，率先百寮。朕闻之憙慰于怀，思由卿等如此。百官为本至天下平民，垂拱开衿。长久平好，又卿等子子孙孙。各保荣命，相继供奉。宜知此意各自努力。①

另据日本群马县高崎市吉井町出土的多胡碑铭文记载：

> 弁官符上野国片罡郡绿野郡甘
> 良郡并三郡内三百户郡成给羊
> 成多胡郡和铜四年三月九日甲寅

---

① 黑板胜美国史大系编修会编辑：《新订增补国史大系·续日本纪》卷4，第36页。

> 宣左中弁正五位下多治比真人
> 太政官二品穗积亲王左太臣正二
> 位石上尊右太臣正二位藤原尊

这段记载不仅将知太政官事穗积亲王的名字同左、右大臣及大纳言等正式议政官的名字书写在一起，而且称呼穗积亲王为太政官，说明知太政官事已经被视为律令国家最高执政机关——太政官中的一个重要官职。

和铜八年（715）七月，穗积亲王去世，此后五年内一直没有设置知太政官事一职。竹内理三认为当时没有设置该职的主要原因在于藤原不比等势力的强大。[①] 筱川贤则认为由于当时已经立了皇太子，因此没有设置该职的必要。[②] 笔者比较赞同后者的说法，即当时没有设置知太政官事一职的主要原因不是由于外因——藤原氏的崛起，而是来自内因——天皇制的成熟与皇权的相对稳固。

养老四年（720）八月，藤原不比等去世后，元正女帝任命自己的叔父（天武天皇之子）舍人亲王为知太政官事。与此同时，元正女帝还设置了知五卫及授刀舍人事等掌管宫廷军事的官职，并任命自己的叔父（天武天皇之子）新田部亲王担任该职。由此，皇亲势力掌握了朝廷直属军队的全权指挥权。

一年前，在位的元正女帝下诏说：

> 开辟以来，法令尚矣。君臣定位，运有所属。泊于中古，虽由行，未彰纲目。将至近江世，弛张悉备。迄于藤原之朝，颇有增损。由行无改，以为恒法。由是稽远祖之正典，考列代之皇纲。承纂洪绪，此皇太子也。然年齿犹稚，未闲政道。但

[①] 竹内理三：《"知太政官事"考》，《史渊》44，1950年，《竹内理三著作集第4卷·律令制と貴族》，角川書店2000年版，第164—179頁。

[②] 篠川賢：《"知太政官事"小論》，《日本常民文化紀要》19，1996年，第184—185頁。

以握凤历而登极，御龙图以临机者。犹资辅佐之才，乃致太平。必由翼赞之功，始有安运。况及舍人、新田部亲王，百世松桂本枝合于昭穆，万雉城石。维盘，重乎国家。理须吐纳清直，能辅洪胤，资扶仁义，信翼幼龄。然则太平之治可期，隆泰之运应致。①

这从一个侧面也反映出舍人亲王和新田部亲王的地位以及藤原不比等去世后给朝廷带来的冲击。

神龟元年（724）二月，元正女帝让位于首皇子，即圣武天皇。此后，天武天皇之孙长屋王逐渐成为辅佐天皇的皇亲之一。可惜，不久之后，就因"长屋王之变"，导致整个皇亲势力受到重创，连身为知太政官事的舍人亲王也受到处分。

天平七年（735）十一月，舍人亲王去世，知太政官事一职再次空缺。当时的圣武天皇35岁，正值壮年，并且中央权力相对制衡，如担任议政官的有右大臣藤原武智麻吕、中纳言多治比县守，参议由藤原房前、藤原宇合、藤原麻吕、铃鹿王、葛城王（橘诸兄）、大伴道足构成，因此不需要知太政官事一职。但是，仅仅在两年之后的天平九年（737）九月，长屋王的弟弟铃鹿王被任命为知太政官事。这主要是为了应对由于当年疫病流行，构成太政官的主要人物藤原武智麻吕、多治比县受守、藤原房前、藤原宇合、藤原麻吕等相继死去这一紧急情况。此后，铃鹿王一直在协调天平九年被任命为太政官的橘诸兄势力与藤原氏势力之间的关系，直至天平十七年（745）九月去世。继铃鹿王之后，朝廷就再没有任命过知太政官事一职。

大宝三年至天平十七年（703—745），知太政官事一职历时43年，先后由四位皇亲担任。其最重要的作用是辅佐天皇，保证律令制国家政务的正常运行。同时，也反映了皇亲政治时期，以天皇为

---

① 黑板勝美国史大系编修会编辑：《新訂增補国史大系・続日本紀》卷8，第78页。

顶点，从亲王到诸王再到诸臣的金字塔形等级制度的特点。

二 律令制下皇亲的任官

在律令制下，亲王和诸王很少就任太政官左、右大臣与大纳言，而是主要就任大宰帅与八省卿。大宰帅是大宰府的长官，相当于唐朝的都督。《日本书纪》与《续日本纪》中散见的"筑紫大宰""筑紫总领"等相当于大宰帅前身的官职。该职有时也由皇亲来担任，如栗隈王分别于天智天皇七年（668）七月和天智天皇十年（671）六月两次就任该职；屋垣王于天武天皇五年（676）九月就任该职；河内王于持统天皇三年（689）闰八月就任该职；三野王于持统天皇八年（694）九月就任该职。颁布《大宝令》以后，"大宰帅"这一官职名称正式确立。大宝二年（702）八月，正三位石上麻吕就任该职，成为首位正式的大宰帅。此后，该职主要由三品或四品的亲王及正三位与从三位的臣下担任。

在整个奈良时代，就任大宰帅一职的皇亲只有船王（就任时称"船王"，后来接受亲王宣下，改称"船亲王"）一人。进入平安时代以后，为了节省皇室的财政开支，开始大量派遣亲王就任该职。大同元年（806）五月，桓武天皇之子三品伊予亲王被任命为大宰帅。弘仁三年（812）正月，桓武天皇之子三品葛原亲王被任命为大宰帅。弘仁十一年（820）十二月，多治比今麻吕成为最后一位出任该职的臣下，此后大宰帅一职由亲王就任逐渐成为惯例，担任大宰帅的亲王被称为"帅宫"。[①] 但是，大宰帅由亲王就任毕竟只是一种不成文的习惯法，有时仍然存在由非皇亲就任的事例，如长保三年

---

① 继葛原亲王之后，就任大宰帅一职的亲王主要有：万多亲王、仲野亲王、秀良亲王、贺阳亲王、宗康亲王、葛井亲王、葛原亲王、惟乔亲王、仲野亲王、时康亲王、贺阳亲王、忠良亲王、本康亲王、惟彦亲王、时康亲王、贞固亲王、是忠亲王、是贞亲王、敦庆亲王、敦固亲王、贞真亲王、元长亲王、重明亲王、成明亲王、式明亲王、有明亲王、章明亲王、广平亲王、致平亲王、敦道亲王、为尊亲王、敦康亲王、敦平亲王。参见重松敏彦编《大宰府古代史年表：（付）官人補任表》，吉川弘文館2007年版。

（1001）的平惟仲、天喜六年（1058）的藤原经辅以及治承三年（1179）的藤原隆季就是其中例子。不过，就任大宰帅的亲王主要居住在都城，并不负责实际事务，大宰府的实际负责人是由臣下就任的次官大宰权帅与大宰大贰。

有关皇亲就任八省卿的情况，根据直木孝次郎统计，奈良时代前半期［以天平圣宝八年（756）为界］，皇亲（包括真人姓）占八省各省长官一半左右，其中治部省、刑部省、大藏省与宫内省所占比重较高，分别为70%、100%、86%与71%；其后分别为中务省45%、民部省33%、式部省29%、兵部省20%。进入奈良时代后半期，皇亲（包括真人姓）只占到各省长官的26%。其中皇亲在治部卿中依然保持较高比重，达到70%，而其他七省卿的比重则迅速下滑，中务省35%、刑部省33%、大藏省21%、兵部省18%、民部省14%、式部省13%、宫内省为0。① 从这份统计中可以看出奈良时代后半期皇亲的地位有所下降。

进入平安时代以后，皇亲主要就任八省卿中中务省长官中务卿与式部省长官式部卿。中务省是行使诏敕颁行等宫中政务的官职，与天皇的日常行政与生活息息相关。淳仁天皇天平宝字四年（760）正月，作为皇亲的船王首次被任命为中务卿。从嘉祥二年（849）正月宗康亲王被任命为中务卿开始，中务卿成为专门授予四品以上亲王的官位。如果没有合适的亲王继任，中务卿甚至宁可暂时空缺。

式部省是负责掌管文官的名簿、考课、选叙以及校定勋绩、论功封赏等事务的部门，掌握着人事任免权。从延历二十三年（804）伊予亲王被任命为式部卿开始，式部卿也成为专门授予四品以上亲王的官位。并且，鉴于该职位的重要性，多由具有政治远见的亲王（如葛原亲王与时康亲王）担任。此外，亲王就任兵部卿的事例也不

---

① 直木孝次郎：《律令官制における皇親勢力の一考察》，大阪歴史学会编集：《律令国家の基礎構造》，吉川弘文館1960年版，第168頁。

少。治部、刑部、大藏、宫内诸卿中也有若干事例。但唯独不见民部卿的事例。

除了官位令中规定的亲王所就任的官职外，弹正尹一职也是亲王时常就任的官职。弹正尹是弹正台的长官，独立于二官八省之外，主要是监察除太政大臣以外的所有官员的违法等事宜。根据《令集解》记载："天平宝字三年七月十三日格云，敕，准令。弹正尹者从四位上官，官位已轻，人不敢畏。自今以后，改为从三位官，主者施行。"[①] 即弹正尹按官位令最初是从四位上的官阶，天平宝字三年（759）七月改为从三位的官阶。由于弹正尹多由亲王兼任，或者由纳言官兼任，因此弹正尹又被称为"弹正宫""尹大纳言"或"尹中纳言"等。至9世纪初期，嵯峨天皇设置令外官检非违使后，弹正尹成为皇亲的名誉职务，丧失了实权。

仓本一宏对奈良时代诸王所任其他官职的比率作了详细的分析，并总结为四类：第一类是贯穿整个奈良时代，诸王保持较高比率的官职。如大监物、左右大舍人头、缝殿头、内礼正、内膳正、锻冶正等。第二类是奈良时代前期，诸王的任官比率较高，但奈良时代后期比率下降的官职。如中务卿、式部卿、治部卿、刑部卿、大判事、大藏卿、宫内卿、左右京大夫等。第三类为贯穿整个奈良时代，诸王的任官比率较低的官职。如左右大臣、大纳言、左右大弁、民部卿、兵部卿等。第四类是奈良时代前期，诸王的任官比率较低，但奈良时代后期比率上升的官职。如诸陵正、大炊头、主殿头、典药头、左右兵库头、内兵库正、大宰帅、上国守等。[②]

根据《类聚三代格》天长三年（826）九月六日条记载，清原夏野上奏指出亲王担任八省卿的弊端，提出建立亲王任国制。结果淳和天皇采纳了清原夏野的谏言，将长陆国、上总国与上野国三个

---

① 黑板胜美国史大系编修会编辑：《新订增补国史大系·令集解》（一）卷1，吉川弘文馆1982年版，第13页。

② 仓本一宏：《皇親冠位の変遷について》，第13页。

大国充任为"亲王国",由阿保亲王任上总国太守,葛原亲王任常陆国太守,葛井亲王任上野国太守,形成亲王任国制。"上古时期将亲王、皇子派往远国赴任是为了弘扬国威。但在这个时期,将亲王派往各国,一是出于经济考虑,二是出于将藤原家女子所生皇族排挤出中央管理层的考虑。"①

成为"亲王国"国守的亲王称为"太守"。亲王太守的位阶要比其他国的国守高。一般国守的位阶通常是从六位下至从五位上,亲王任国的太守为正四位下,但亲王太守只限一代,不能世袭。不过,由于亲王太守实际上大多仅仅带着官衔,没有前往实地赴任,只是遥任而已,因此亲王任国的实际负责人是次官"国介",而非长官"太守"。亲王任国制助长了国司遥任,导致此后国司被任命后往往不赴任而是继续留在京城。到平安时代中期,与遥任国司相对,出现了受领国司。在亲王国中,受领一般由国介担任,其地位与他国的国守相同。

代表日本皇室侍奉天照大神的伊势斋宫与侍奉贺茂大神的贺茂斋院也属于皇亲任官的一种。从天武天皇任命大来皇女为斋王至醍醐天皇任命祥子内亲王为斋王,其间几乎没有间断,持续660余年,有60位以上的女性皇亲曾担任斋王。关于斋王制度,在第六章中再作详细讨论。

第三节　皇亲的封禄

封禄制度是日本古代国家政治制度和财政制度的重要组成部分,受到历代统治者的重视。在日本古代国家的封禄支出中,皇亲封禄占有相当的比例。古代日本皇亲的封禄大致可分为固定与临时两种。

---

①　池田晃渊:《早稻田大学日本史第4卷·平安时代》,罗安译,华文出版社2020年版,第137页。

固定的封禄主要包括品田（位田）、食封、职田、职封、季禄以及月料、马料等，临时的封禄主要包括功田、功封、时服、节禄等。皇亲时服是每年春、秋或夏、冬朝廷以衣服料的形式临时赐给皇亲的封禄。由于皇亲与天皇血缘的远近关系以及皇亲的性别差异，皇亲时服具有多种内涵。本章主要在全面介绍古代日本皇亲封禄制度的基础上，通过对亲王时服和诸王时服的系统考察，探讨古代日本"皇亲时服"的独特内涵与意义。

一 律令制下皇亲的封禄

日本在大化改新以前，作为皇亲经济上的待遇，从文献中可以看到有作为充当生活资本的子代之民以及屯仓。其他还有类似子代之民的民代之民。关于子代、民代的问题有多种说法，不明之处依然很多，但将其视为皇室私有财产这一点已成为学界的共识。

大化二年（646）的"改新之诏"对古代日本统治集团在报酬的给予方式上做了重大的变革，即"罢昔在天皇等所立子代之民，处处屯仓及别臣、连、伴造、国造、村首所有部曲之民，处处田庄。仍赐食封大夫以上，各有差。降以布帛赐官人、百姓有差"①。从此废除了子代、民代及屯仓制度，代之赐予食封。但是，该诏书并没有明确规定食封的具体内容。

从《日本书纪》中可以看出从大化改新诏书的制定到《大宝令》的颁布过程中，食封制度得到了不断完善与发展。如《日本书纪》白雉五年（654）正月，"以紫冠授中臣镰足连，曾封户若干"②。同年七月，"褒美西海使者等奉对唐国天子，多得文书、实物。授小山上大使吉士长丹以小华下，赐封二百户，赐姓为吴氏。授小乙上副使吉士驹以小山上"③。进入天武朝以后，食封的赐予不

---

① 黒板勝美国史大系編修会編輯：《新訂増補国史大系・日本書紀》卷25，第224頁。
② 黒板勝美国史大系編修会編輯：《新訂増補国史大系・日本書紀》卷25，第255頁。
③ 黒板勝美国史大系編修会編輯：《新訂増補国史大系・日本書紀》卷25，第256頁。

断增多。如天武天皇于天武天皇五年（676）四月颁布敕书："诸王、诸臣被给封户之税者，除以西国，相易给以东国。又外国人欲进仕者，臣连、伴造之子，及国造子听之。唯虽以下庶人，其才能长亦听之。"① 同年八月又规定："亲王以下，小锦以上大夫，及皇女姬王，内命妇等，给食封各有差。"② 出现了关于皇亲封禄的记载。进入持统朝后，不仅在赐予食封的次数上，而且在数量上不断增多。如持统天皇五年（691）正月，"增封皇子高市二千户，通前三千户"③。翌年正月，再次"增封皇子高市二千户，通前五千户"④。《大宝令》颁布后，对封禄制度的具体内容做了更加完整和明确的规定，正式确立了亲王、内亲王与诸王的封禄制度。

律令制下亲王、内亲王与诸王的固定封禄中最为重要的是品田（位田）与食封。根据《田令》的规定，亲王的品田为"一品八十町、二品六十町、三品五十町、四品四十町，女减三分之一"，诸王与诸臣的位田相同，分别是"正一位八十町、从一位七十四町、正二位六十町、从二位五十四町、正三位四十町、从三位三十四町、正四位廿四町、从四位廿町、正五位十二町、从五位八町"⑤。《养老令·田令》规定"十段为町"，而普通庶民"给口分田者，男二段（女减三分之一）"⑥。通过简单的换算可以看出，一品亲王和正一位诸王获得的口分田相当于庶民口分田的 400 倍。仅从这一点便可以看出当时皇亲与庶民之间等级差别之严重。《延喜式》规定："凡授品田者，亲王、内亲王其数一同。"⑦ 这反映了从《大宝令》

---

① 黑板勝美国史大系編修会編輯：《新訂増補国史大系·日本書紀》卷29，第340頁。
② 黑板勝美国史大系編修会編輯：《新訂増補国史大系·日本書紀》卷29，第341—342頁。
③ 黑板勝美国史大系編修会編輯：《新訂増補国史大系·日本書紀》卷30，第409頁。
④ 黑板勝美国史大系編修会編輯：《新訂増補国史大系·日本書紀》卷30，第412頁。
⑤ 井上光貞等校注：《日本思想大系新装版·律令》田令4，第240—241頁。
⑥ 井上光貞等校注：《日本思想大系新装版·律令》田令4，第240頁。
⑦ 黑板勝美国史大系編修会編輯：《新訂増補国史大系·延喜式》卷22，吉川弘文館1983年版，第575頁。

颁布至延喜年间，内亲王的品田从"女子减三分之一"到"其数一同"的变化。

作为食封，亲王为"一品八百户、二品六百户、三品四百户、四品三百户（内亲王减半）"，诸王和诸臣的食封相同，"正一位三百户、从一位二百六十户、正二位二百户、从二位一百七十户、正三位一百三十户、从三位一百户"。由于正四位至从五位诸王不在食封之例，因此给其他物品，"正四位，絁十匹、绵十屯、布五十端、庸布三百六十常；从四位，絁八匹、绵八屯、布四十三端、庸布三百常；正五位，絁六匹、绵六屯、布三十六端、庸布二百三十常；从五位，絁四匹、绵四屯、布二十九端、庸布一百八十常（女减半）"。① 但食封收入并非全部给主人。根据《赋役令》规定："凡封户者，皆以课户充。调庸全给。其田租为二分，一分入官，一分给主。"② 至天平十一年（739）五月，圣武天皇下诏："天下诸国，今年出举正税之利皆免之。诸家封户之租，依令二分。一分入官，一分给主者。自今以后全赐其主，运送佣食割取其租。"③ 食封收入全部由主人支配。

律令制下亲王、内亲王与诸王的固定封禄除品田（位田）与食封外，还有职田、职封、季禄等。《田令》规定："凡职分田，太政大臣四十町，左右大臣三十町，大纳言二十町。"④ 《禄令》规定，职封为："太政大臣三千户，左右大臣二千户，大纳言八百户。若以理解官（主要指本人生病、亲戚办丧事以及侍奉父母等情况），及致仕者，减半。"⑤ 关于皇亲季禄，《禄令》"给季禄条"规定：

> 凡在京文武职事，及大宰、壹伎、对马，皆依官位给禄。

---

① 井上光贞等校注：《日本思想大系新装版·律令》禄令10，第307—308页。
② 井上光贞等校注：《日本思想大系新装版·律令》赋役令8，第253页。
③ 黒板勝美国史大系編修会編輯：《新訂增補国史大系·続日本紀》卷13，第155页。
④ 井上光贞等校注：《日本思想大系新装版·律令》田令5，第241页。
⑤ 井上光贞等校注：《日本思想大系新装版·律令》禄令10，第307页。

自八月至正月，上日一百二十日以上者，给春夏禄。正从一位，絁三十匹、绵三十屯、布一百端、锹一百三十口。正从二位，絁二十匹、绵二十屯、布六十端、锹一百口。正三位，絁十四匹、绵十四屯、布四十二端、锹八十口。从三位，絁十二匹、绵十二屯、布三十六端、锹六十口。正四位，絁八匹、绵八屯、布二十二端、锹四十口。从四位，絁七匹、绵七屯、布十八端、锹三十口。正五位，絁五匹、绵五屯、布十二端、锹二十口。从五位，絁四匹、绵四屯、布十端、锹二十口。①

就任知太政官事一职的皇亲的季禄值得注意。由于知太政官事属于令外官，没有固定的位阶，所以《禄令》"给季禄条"没有规定就任知太政官事一职的皇亲的季禄。但根据《续日本纪》庆云三年（706）二月辛巳条记载："知太政官事二品穗积亲王季禄，准右大臣给之。"② 此外，在《延喜式》中也有同样的规定："凡亲王知太政官事者，其季禄准右大臣。"③ 即皇亲的季禄等同于右大臣。

除上述固定封禄之外，皇亲如果获得功绩，还可获得功田、功封等临时封禄。《田令》"功田条"规定："凡功田，大功世世不绝。上功传三世。中功传二世。下功川子（大功非谋叛以上，以外非八虐之除名，并不收）。"④《禄令》"功封条"规定："凡五位以上，以功食封者，其身亡者，大功减半传三世。上功减三分之二传二世。中功减四分之三传子。下功不传。"⑤ 较之前无论本人的能力如何，一出生便拥有的"无功也受禄"相比，功田、功封毕竟是"无功不受禄"，它只是对勤劳和功勋的奖赏，并非所有皇亲都能获得。

由于按照"公地公民制"的规定，田地在主人死后应归公，事

---

① 井上光贞等校注：《日本思想大系新装版·律令》禄令1，第304页。
② 黑板勝美国史大系编修会编辑：《新訂增補国史大系·续日本纪》卷3，第24页。
③ 黑板勝美国史大系编修会编辑：《新訂增補国史大系·延喜式》卷18，第492页。
④ 井上光贞等校注：《日本思想大系新装版·律令》田令6，第241页。
⑤ 井上光贞等校注：《日本思想大系新装版·律令》禄令13，第309页。

实上功田的存在打破了所谓的"公地公民",是最早的私田。特别是大功者的功田永久私有,这严重地影响了土地公有制度,为以后土地私有制的发展开了先河。

大同四年(809)六月二十三日太政官谨奏中关于无品封的设定值得注意。根据《类聚三代格》"应赐无品亲王内亲王食封事"条记载:

> 右奉敕,件封户大同三年十月十九日论奏云:"一品已下食封并四位位禄等,并据令讫,但先经恩赐更不收返,其加阶进级之日,即便回给各得其所。"又大同三年六月二十九日式云:"无品亲王食封二百户,男女并同,但叙品之后一从停止者。"今检奏意,无品内亲王叙四品之日,封邑一百五十户,然则无品之日其封户二百户,叙品之时还失五十户,事之所在,良不稳便,宜议定奏闻着。谨依敕旨商量,件封户大同三年论奏,依令已讫,然则女者良宜半减,内亲王准令半之,其先经恩赐,复据论奏更不收返,谨录事状,伏听天裁,谨以申闻,谨奏,奉敕,依奏。①

前已述及,亲王的食封为一品八百户、二品六百户、三品四百户、四品三百户(内亲王减半)。根据大同三年(808)六月二十九日式可知,无品亲王(包括内亲王)的食封为二百户,且没有男女的区别,但叙品后停止无品封的授予。然而,无品内亲王叙四品时,可获得的品封并非律令制所规定的四品三百户,而是一百五十户。由于无品内亲王可获得无品封为二百户,因此实际上无品内亲王叙品后反而比原来少了五十户。因此,为了解决上述矛盾,经过商议后最终决定无品亲王叙位的封户按照律令制的规定授予,即改变男

---

① 黒板勝美国史大系編修会編輯:《新訂増補国史大系・類聚三代格》卷8,吉川弘文館1983年版,第347—348頁。

女食封没有区别的授予方式，将内亲王的食封减半。这样，无品内亲王的食封实际上就被削减为一百户了。不过事先已经获得封户二百户者不必奉还。

当然，以上只是史料所反映的情况和原因，笔者认为，其真正的原因是皇亲费用的巨额支出，以及伴随着皇亲的人数增加，给国家财政造成重大的负担，因此政府削减了无品内亲王的封禄。

二 "皇亲时服"与诸王时服

时服指的是每年春、秋或夏、冬，朝廷以衣服料的形式赐给皇亲及诸臣的一种封禄。其中赐给皇亲的衣服称为皇亲时服。《禄令》规定："凡皇亲，年十三以上，皆给时服料。春，絁二匹，丝二絇，布四端，锹十口；秋，絁二匹，绵二屯，布六端，铁四廷。"其中"给乳母王者，絁四匹，丝八絇，布十二端"。[①] 该条集解进一步解释赐给时服皇亲的范围是"三世四世欤"，"其给乳母王，谓孙王也"。[②] 所谓孙王，即二世王。由此可知，律令制中所谓的"皇亲时服"主要是赐给二世至四世在内的诸王，不包括一世亲王与内亲王。即律令制中的时服只是赐给诸王及其诸臣，所谓的"皇亲时服"实质上只是诸王时服。

《延喜式·正亲司》第一条，专门对赐给诸王时服的程序作了明确的规定：

> 凡诸王年满十二，每年十二月，京职移宫内省，省以京职移，即付司令勘会名簿，讫更送省。明年正月，待官符到，始预赐时服之例。[③]

---

① 井上光贞等校注：《日本思想大系新装版·律令》禄令 11，第 308 页。
② 黒板勝美国史大系編修会编辑：《新訂增補国史大系·令集解》（三）卷 23，吉川弘文館 1981 年版，第 668 页。
③ 黒板勝美国史大系編修会编辑：《新訂增補国史大系·延喜式》卷 39，第 863 页。

也就是说，从向太政官申请至太政官符的下达，大致需要一个月的时间。相曾贵志根据当时的"禄物价格法"，将季禄与诸王时服换算成稻谷，其中正四位的季禄为1412束，从四位的季禄为1173束，正五位的季禄为805束，从五位的季禄为676束，正六位的季禄为432束，从六位的季禄为402束，正七位的季禄为333束，从七位的季禄为303束；二世王的时服为696束，三世王与四世王的时服为338束。① 也就是说，二世王的时服换算成稻谷的量大致与从五位季禄换算成稻谷的量相当；三世王与四世王的时服换算成稻谷的量大致与正七位季禄换算成稻谷的量相当。前已述及，皇亲在21岁时，亲王之子（二世王）可获得从四位下的位阶（相当于季禄1173束）；诸王之子（三世王与四世王）可获得从五位下的位阶（相当于季禄676束）。通过对比可以发现，诸王获得的时服与通过叙位获得的季禄之间存在较大的差距。

但是，8世纪诸王叙位的实际情况与律令制的规定不是完全一致的。前已述及，《续日本纪》神户景云元年（767）四月辛巳条对诸王的荫位作了修改，将四世王所叙之位降到了正六位上，五世王所叙之位将到了从六位下。笔者认为，这种诸王的叙位下降，恐怕与给予皇亲的时服与季禄之间的差距较大有关。《禄令》"皇亲条"的义解记载："若皇亲任官，及叙五位以上者，不可重给。但季禄与王禄（即诸王时服），从多合给也。"② 又《禄令》"皇亲条"集解引延历六年（787）格记载："六位诸王任六位官者，依官禄；任七位官者，依王禄。自今以后，永为恒例。"③ 说明到了延历六年时，一方面改变了原先季禄与王禄相比"就高不就低"的原则；另一方面，改变了《选叙令》"亲王子从四位下，诸王子从五位下"的规

---

① 相曾貴志：《九世紀における諸王の待遇——皇親時服を中心として》，虎尾俊哉：《日本古代の法と社会》，吉川弘文館1995年版，第231頁。

② 黒板勝美国史大系編修会編輯：《新訂増補国史大系・令義解》卷4，吉川弘文館1983年版，第173頁。

③ 黒板勝美国史大系編修会編輯：《新訂増補国史大系・令集解》（三）卷23，第668頁。

定，改叙六位、七位。诸王获得的时服与通过叙位、任官获得的季禄之间的较大差距几乎没有了。

关于给诸王时服的条件，《禄令》中有"年十三以上"的记载。《续日本纪》天平十七年（745）五月壬午条中有出勤天数的记载：

> 无位皇亲给春秋服者，自今已后，上日（出勤天数——引者注）不满一百四十不在给例（计上日七十给春夏服，秋冬亦如之）。但给乳母王，不在此限。又据格，承嫡王者直得王名，不在给服之限。①

即无位的三世王与四世王获得诸王时服的条件为半年出勤天数70天，二世王则不受限制。

不过，天平宝字三年（759）六月从三位冰上真人盐烧上奏，废除了天平十七年规定的上日条件：

> 参议从三位冰上真人盐烧奏："臣伏见三世王已下给春秋禄者，是矜王亲。而今计上日，不异臣姓。伏乞，依令优给勿求上日。"②

在延历二十年（801）十二月十三日太政官符中，还有关于处理皇亲时服与季禄关系的记载：

> 右被右大臣宣称，准例诸王给禄，不勘上日，而今任官之后，记日入禄。上日不足，一无预禄，是缘得官，还失其禄。事乖弘恕，理须改易。自今以后，职事诸王上日不满，宜给王

---

① 黒板勝美国史大系編修会編輯：《新訂増補国史大系・続日本紀》卷16，第183頁。
② 黒板勝美国史大系編修会編輯：《新訂増補国史大系・続日本紀》卷22，第264頁。

禄，但不直本司，经二季以上，量情可责，宜解见任。①

上述太政官符主要讲述的是任官后的诸王追讨由于出勤天数不足，而失去季禄的问题。诸王在任官之前不存在出勤天数问题，自然可以获得诸王时服，但任官后诸王时服便被季禄取代。但是，由于诸王任官后出勤天数不足，季禄的给予也被停止。作为补偿，用诸王时服取代季禄，重新赐给诸王。也就是说，此时诸王无论是否叙位、任官，只要没有给予季禄，便改为给时服。这样，诸王时服实质上替代了诸王的季禄，赐给诸王时服成为从经济上确保诸王，特别是没有官职以及没有授予品位的诸王的生活保障。

前已述及，长屋王、智努王等18位二世王的直叙年龄从20岁至50岁不等。即皇亲至少有十年至四十年不等的时间一直获得的是时服，而不是季禄。

给诸王时服的人数原本没有确定，根据《三代实录》贞观七年（865）二月二日甲寅条记载，丰前王曾上疏："诸王给服，人数不定，徒费帑藏，何无纪极，望请以当时所在为定数。随阙补之，不听辄过，从之。"② 在《延喜式》中最终确定："凡赐时服王定四百二十九人，待其死阙依次补之。但改姓为臣之阙，不补其代，随即减定额数。"③

至9世纪，二世王时服的数量也发生了很大的变化。一是按照"禄物价格法"，二世王获得的时服为1158束，远高于原先的696束。二是时服的种类也发生了变化，絁改为绢，布改为调布，并且孙王的时服没有超过从四位的季禄（1173束）。出现上述情况的原因很可能是由于当时存在许多在很长一段时间内没有叙位的二世王，

---

① 黑板胜美国史大系编修会编辑：《新訂增補国史大系·類聚三代格》卷6，第259页。
② 黑板胜美国史大系编修会编辑：《新訂增補国史大系·三代实录》卷10，第148页。
③ 黑板胜美国史大系编修会编辑：《新訂增補国史大系·延喜式》卷39，第863页。

因而作为经济上的优待措施，增加了二世王时服的数量。①

值得注意的是，《延喜式》中有如下记载："凡皇亲时服者，与季禄共给之。"② 如果照字面解释的话，时服与季禄是一起给予皇亲的，这与上述记载的时服与季禄是分别给予的有矛盾之处。笔者认为，《延喜式》皇亲时服与季禄"共给之"恐怕不是指皇亲时服与季禄重复给，而是指同一时间给。

三 女王时服与"女王禄"

前面谈到，《禄令》只规定了亲王以下二世至四世诸王的时服，没有亲王时服的相关记载。《禄令》"皇亲"条义解解释："其皇亲者，不见令条，可有别式。"③ 另据《禄令》"皇亲"条集解"古记"记载："给乳母王，入亲王不？答，不入，别治给也。"④ 由此可见，在《养老令》与《大宝令》中均没有给亲王时服的规定。此外，其他明法家（律令学家）也有相关解释，如"迹记"记载："亲王文不见，别敕治给耳。"⑤

虽然律令制没有对亲王时服作出规定，但在《续日本纪》天平宝字五年（761）二月丙辰朔条中有关于亲王时服的记载：

> 朕以余闲历览前史，皆降亲王之礼，并在三公之下。是以别预议政者，月料马料、春秋季禄、夏冬衣服等，其一品、二品准御史大夫，三品、四品准中纳言给之。⑥

由此可知，大致从天平宝字五年（761）前后，开始赐给亲王

---

① 相曽貴志：《九世紀における諸王の待遇——皇親時服を中心として》，第241頁。
② 黑板勝美国史大系編修会編輯：《新訂增補国史大系·延喜式》卷18，第493頁。
③ 黑板勝美国史大系編修会編輯：《新訂增補国史大系·令義解》卷4，第173頁。
④ 黑板勝美国史大系編修会編輯：《新訂增補国史大系·令集解》（三）卷23，第668頁。
⑤ 黑板勝美国史大系編修会編輯：《新訂增補国史大系·令集解》（三）卷23，第668頁。
⑥ 黑板勝美国史大系編修会編輯：《新訂增補国史大系·続日本紀》卷23，第277頁。

（包括内亲王）时服。但只限于担任议政的有品亲王（其他情况暂时不得而知）。担任议政的有品亲王除获得时服之外，还可同时获得月料、马料以及季禄等（这与二世至四世王有明显的区别），其中一品、二品同御史大夫相同，三品、四品同中纳言相同。但是，在《延喜式》中又废止了给亲王时服的规定。"其亲王及参议已上者，不在给限。"① 另外，"时服条"中又特别规定了无品亲王的时服。"无品亲王时服（内亲王亦同），绢五十匹，细布四十七端二丈一尺（冬加绵二百屯）。"② 总之，亲王时服独立于律令制所规定的时服之外，并且亲王时服的范围主要限定在担任议政的有品亲王和没有品阶的无品亲王。

前已述及，"皇亲时服"实质上只是诸王时服。但是，有一个十分重要的问题还没有得到回答，即所谓的"诸王"是专指"男王"，还是同时包括"男王"与"女王"？换句话说，所谓的"皇亲时服"是否包括女王时服？此外，在史料中大量出现"女王禄"的记载，"女王禄"与女王时服二者又是什么关系？

高桥崇认为，皇亲时服需要计算出勤天数，而女王时服不必计算出勤天数，因此，皇亲时服只赐给男王，女王时服是以其他形式赐予。以其他形式赐予的女王时服是以女王禄的名称固定下来，并逐渐仪式化。③ 也就是说，高桥崇一方面认为律令制中的"皇亲时服"并不包括女王时服；另一方面，又把"女王禄"与女王时服等同起来。

安田政彦认为，如果女王时服是以其他形式赐予，那么应该和《令集解》中"亲王文不见，别敕治给耳"的说明一样，有类似关于女王的特殊说明，因此，律令制中的"皇亲时服"包括女王时服。"女王禄"拥有不同于"皇亲时服"的性质，类似于节禄，女王可

---

① 黒板勝美国史大系編修会編輯：《新訂增補国史大系·延喜式》卷12，第355頁。
② 黒板勝美国史大系編修会編輯：《新訂增補国史大系·延喜式》卷12，第356頁。
③ 高橋崇：《律令官人給与制の研究》，吉川弘文館1970年版，第443頁。

同时获得"女王禄"与"皇亲时服"。①

冈村幸子则认为，不存与赐予男王时服相似的女王时服。②

笔者认为，女王也可获得时服，但女王时服的范围受到了一定的限定，其实质属于"女官时服"。"女王禄"指的不是女王时服，而是女王的节禄。③ 只有担任女官的女王才能同时获得"女王禄"与"女官时服"。

根据《延喜式》记载：

> 凡女官人，自八月至正月计上日，一百二十以上者，给春夏禄（初任上日不满三分之二者，不在给例。其女王时服不计上日）。④

从表面上看，这段文字说明当时存在"女王时服"，并且与"女官季禄"必须计出勤天数不同，"女王时服"不必计出勤天数。笔者认为，上文的"女王时服"并不是以"女王"为对象的时服，而是以作为"女王"的"女官"⑤为对象的"女官时服"。即赐给包括女王在内的全体女官季禄时必须计出勤天数，但在赐给女王出身的女官"女官时服"时，则不必计出勤天数。

日本学界关于女王禄的起源并不确定，一般认为女王禄大致在嵯峨天皇弘仁年间（810—823）逐渐被仪式化。⑥ 关于给女王禄的仪式过程，《延喜式》中有十分详细的记载：

---

① 安田政彦：《女王に関する若干の考察——女王禄を中心として》，《平安時代皇親の研究》，吉川弘文館1998年版，第83页。

② 岡村幸子：《女王禄について》，《ヒストリア》第144号，1994年，第141页。

③ 节禄同时服一样，也是古代日本临时性的封禄之一，它指的是在每年元旦、正月七日、正月十六日、九月九日以及举行新尝会等年中行事时，赐予参加者的绢与绵。

④ 黒板勝美国史大系編修会編輯：《新訂増補国史大系·延喜式》卷12，第347页。

⑤ "女官"是在古代日本的都城中，与担任太政官以下官司职务的男性官人相对，担任负责天皇御所事务的后宫十二司的女性官人。

⑥ 安田政彦：《平安時代皇親の研究》，第97页。

> 凡正月八日给禄女王，所司设座于殿庭，立幄二宇于安福殿前，积禄于版位南，亦供奉殿上装束。天皇御紫宸殿，内侍率女官就座。本司官人引女王自月华门参入，女王先就幄下座（以世为次，不据长幼），次官人共趋就前庭座。佑一人执簿唱曰："某亲王之后，即一祖之胤皆下座。"共称唯，就庭中座，座定执簿一一唤名。女王即称唯，进受禄退出。余亦如之。其禄法，人别绢二匹，绵六屯（十一月新尝会准此）。①

上文除了详细介绍给女王禄的仪式过程外，特别提到了女王禄的数量是一个人"绢二匹，绵六屯"。如果按照"禄物价格法"折算，不到三世王与四世王的一半。因此，很难说女王的待遇一定高于男王的待遇。《延喜式》还限定了给女王禄的人数。"凡赐禄女王定二百六十二人，其随阙补代。代及改姓不为阙。事并同上条。"②

根据《延喜式》记载，皇亲时服每年十二月提出申请必须等到第二年正月太政官符到才可赐时服，女王禄则当日早上奏便可；给皇亲时服是在皇宫之外的大藏省，给女王禄是在皇宫之内的紫宸殿。也就是说，给女王禄不像给皇亲时服那样受时间和地点的限制。此外，律令制以及《延喜式》中没有女王任官、叙位后是否停止给女王禄的规定。因此，所谓的女王禄实质上恐怕不是女王时服，而是女王节禄。

在《公式令》中，有关于亲王、诸王等朝参时站立顺序的规定："亲王立前，诸王诸臣，各依位次不杂分列。"③ 在律令制下，一方面，亲王与诸王有着严格的区别，如在位阶制上，给亲王专门设置了有别于诸王位阶的品阶；另一方面，诸王与诸臣的地位与作用十分相近，如他们获得的封禄几乎是一样的。虽然诸王与亲王一样，

---

① 黑板勝美国史大系编修会编辑：《新訂增補国史大系·延喜式》卷39，第863页。
② 黑板勝美国史大系编修会编辑：《新訂增補国史大系·延喜式》卷39，第864页。
③ 井上光贞等校注：《日本思想大系新装版·律令》公式令55，第396页。

都是以皇族血缘关系为纽带联结起来的享有着特殊的政治、经济与文化特权的阶层，但诸王由于被编入进了官人制社会中，所以实际上已经开始逐渐疏远皇室。因此，从表象上看，朝廷赐予的诸王时服、"女王禄"等是为了提高诸王与女王的待遇，但诸王时服、"女王禄"实质上是作为维持皇室秩序的一种政策，是加强诸王与女王对皇族的同族意识的纽带。

第四节　皇亲的家司与礼遇

与公家机构对立的，具有私人主从隶属性质的家司制度对日本古代天皇制有着重要的影响。由于皇亲与天皇的特殊血缘关系，所以在律令制中规定了许多关于皇亲在仪礼上的特殊待遇。本节主要考察皇亲的家司与礼遇制度。

一　皇亲的家司

大化改新后，日本在经济方面将皇室的子代之民、屯仓，以及贵族的田庄、部民收归国有，实行公地公民制；在政治方面，废除了贵族的世袭特权，建立以皇权为中心的中央集权律令制国家。如果从律令制度的理念来看，具有私人性质的家政机构自然要被否定，但家政机构不仅没有遭到废止，反而获得了律令的保障。

日本引进了唐代的律令制度后，将过去皇亲、豪族拥有的家产制纳入了国家法律体制中。根据《养老令·家令职员令》规定，在四品以上的亲王、内亲王家以及官位三位以上的公卿家设置家令、扶、从、书吏等机构，其中亲王家特别设置了担当学业教授职能的机构——文学。以上职务在律令中有时统称为家令，[①] 在习惯上有时

[①] 如在《令义解》中有"书吏以上，通称家令"的记载。参见黑板胜美国史大系编修会编辑《新订增补国史大系·令义解》卷4，第170页。

则统称为家司。① 另外，根据《养老令·职员令》规定，家司按照隶属的不同，各自可获得不同的位阶。虽然《大宝令》现已散佚，但从《令集解》中《大宝令》的注释"古记"与《续日本纪》来看，大致也是如此。笔者现将《养老令·家令职员令》与《养老令·官位令》中关于律令家司的位阶与人数的规定整理见表3—2：

表3—2　　　　　　　律令制中皇亲家司的种类与人数

			文学（掌执经讲授）	家令（掌总知家事）	扶（掌同家令）	从（掌检校家事）		书吏（掌勘署文案）	
						大从	少从	大书吏	少书吏
亲王（内亲王准此，但文学不在此例）	一品	位阶	从七位上	从五位上	从六位上	从七位上	从七位下	从八位下	大初位上
		人数	一人	一人	一人	一人	一人	一人	一人
	二品	位阶	从七位下	正六位上	正七位上	从七位下		大初位上	大初位下
		人数	一人	一人	一人	一人		一人	一人
	三品	位阶	正八位下	从六位上	从七位上	正八位下		少初位上	
		人数	一人	一人	一人	一人		一人	
	四品	位阶	正八位下	正七位上	从七位下	从八位上		少初位上	
		人数	一人	一人	一人	一人		一人	
官职（女亦准此）	一位	位阶		从五位下	从六位上	从七位上	从七位下	从八位下	大初位上
		人数		一人	一人	一人	一人	一人	一人
	二位	位阶		从六位上		正八位下		少初位上	少初位上
		人数		一人		一人		一人	一人
	正三位	位阶		从七位上				少初位下	
		人数		一人				二人	
	从三位	位阶		从七位下				少初位下	
		人数		一人				一人	

资料来源：井上光贞等校注：《日本思想大系新装版·律令》家令职员令第1—8条以及官位令第11—19条，第207—209、129—154页。

---

① "家司"一词最早见于《续日本纪》天平胜宝元年（749）正月己巳条。参见黑板胜美国史大系编修会编辑《新訂增補国史大系·続日本纪》卷17，第196页。

实际上，上表的"文学""家令""扶""从""书吏"等只是狭义上律令所规定的家司，从更广的意义上看，家司还应包括"帐内""资人（分为位分资人和职分资人）"以及"事力"等。律令法按照各自相对应的职阶，授予四品以上的亲王帐内，授予从五位以上"位分资人"，授予太政大臣、左右大臣、大纳言"职分资人"，授予大宰府、国司"事力"。①

除了律令规定内的家司职员外，在律令之外也规定了一些与家司职能类似的家政职员。根据《续日本纪》养老三年（719）十二月庚寅条记载："始以外六位内外初位及勋七等子年二十以上，为位分资人，八年一替。又五位以上家，补事业、防阁、仗身，自是始矣。"②朝廷给五位以上之家补充了"事业""防阁"和"仗身"。其中，"事业"的职能大致相当于家令，而"防合""仗身"等从其名称来看，主要是用于护卫等。

此外，"傔仗""授刀资人""带刀资人"等也是朝廷授予一些贵族之家用于护卫的职员。如《续日本纪》和铜元年（708）三月乙卯条记载："大宰府帅大贰，并三关及尾张守等，始给傔仗。"③《续日本纪》养老五年（721）三月辛未条记载："敕给右大臣从二位长屋王带刀资人十人。"④

根据《类聚三代格》延历二十三年（804）九月二十三日的太政官符记载："无品亲王内亲王者，并别当官人署名申牒。牒式准上定，别当人依敕处分。其散事三位，元无家司。至于牒送诸司，宜令自署。自今以后，立为恒例。"⑤"别当"最初是只在奈良时代的寺院中出现的名称。进入平安时代的初期，朝廷给无品亲王家专门

---

① 参见井上光贞等校注《日本思想大系新装版·律令》军防令49与军防令第51，第333页、334页。
② 黒板勝美国史大系編修会編輯：《新訂増補国史大系·続日本紀》卷8，第79頁。
③ 黒板勝美国史大系編修会編輯：《新訂増補国史大系·続日本紀》卷4，第35頁。
④ 黒板勝美国史大系編修会編輯：《新訂増補国史大系·続日本紀》卷8，第79頁。
⑤ 黒板勝美国史大系編修会編輯：《新訂増補国史大系·文徳天皇実録》卷17，第532頁。

补充了"别当"这一新的家司的职员。

由于家令以及帐内资人（可以免除课役）能够从国家获得特别优厚的待遇，并且受到皇亲与权势家族的庇护，因而申请家司与帐内资人者不在少数。根据《续日本纪》养老元年（717）五月丙辰昭中记载："率土百姓，浮浪四方，规避课役，遂仕王臣，或望资人，或求得度。王臣不经本属，私自驱使，嘱请国郡，遂成其志。"[1]可见，地方上的许多百姓往往通过侍奉王臣等权势家族，成为资人以及出家等来逃避课役。

此外，根据《类聚三代格》贞观六年（864）九月四日太政官符记载：

> 右得左京职解称，凡在市籍者，市司所统摄，而市人等属仕王臣家不遵本司，事加召勘则称高家从者，要结众类凌轹官人，违乱之甚无由禁止，望请。施严制惩将来者，右大臣宣，奉敕。朝家之制，别置市籍者专事商卖不预他业也。而今如闻，去就任意好仕势家，势家不加简阅窃自容遇，假以威权擅其奸滥，既忘司存似无宪法。是而不肃岂云善政，宜一切禁断勿令更然，诸司诸院及诸家知而不纠，责其知事者必科违敕罪，四位以下无位以上如有隐仕者，同科违敕罪，仍须录其犯过具状申官，但市人于职家决杖八十。右京职亦准此。[2]

由此可知，不仅仅是地方，许多京城的百姓也依附于王臣等权势家族，成为他们的家司，甚至出现了不服从官命者。为此政府不得不针对京城百姓出仕王臣之家以及不服从官司统摄的行为制定禁制，对于违反的京城百姓处以杖刑。

在家司制度上获益最大的并不是皇亲，而是藤原氏等其他贵族。

---

[1] 黑板勝美国史大系编修会编辑：《新订增补国史大系·续日本纪》卷7，第69页。
[2] 黑板勝美国史大系编修会编辑：《新订增补国史大系·类聚三代格》卷19，第615页。

至平安中期，有更多的诸国百姓赴京都成为权势家族的家司。这样家司与主家两者形成了主从结合的关系，大量"公民"沦为"私民"，动摇了律令制国家的统治基础。特别是进入摄关时代以后，天皇的权力不断衰落，藤原家势力迅速壮大，家政权的独立性和离心倾向显现出来，并最终依靠家族实力掌握了国家政权。藤原政治的发展体现在其内部结构上就是家司制的发展。在摄关政治下，权势家族的家令职员不仅仅是由官方授予，私自也可以设立家令，如"别当""知家事""知宅事""案主"等。从此由律令制规定的家司和私自设立的家司往往产生混淆。

总之，家司制的发达导致了公与私，族臣与朝臣之间的混淆，公与私，族臣与朝臣之间的混淆最终导致了律令制国家的解体。

二 皇亲的礼遇

（一）服饰

古代社会的服饰不仅是一种装饰，同时也是权力关系的体现。即统治者借由一些文化符号以装饰传达自身的权力和社会不同阶层等级的高低。在律令制中，服饰制度与位阶制度相联系，等级界限十分明确。在《衣服令》中对皇太子、亲王、内亲王以及诸王参加大祀、大尝与元日时所穿礼服的规格、纹绘、色彩等方面都作了详细的规定。

> 皇太子条：礼服冠。黄丹衣。牙笏。白袴。白带。深紫纱褶。锦袜。乌皮靴。[1]
>
> 亲王条：一品礼服冠（四品以上，每品各有别制）。深紫衣。牙笏。白袴。绦带。深绿纱褶。锦袜。乌皮靴（佩绶玉珮）。[2]

---

[1] 井上光贞等校注：《日本思想大系新装版·律令》衣服令1，第351页。
[2] 井上光贞等校注：《日本思想大系新装版·律令》衣服令2，第351页。

诸王条：一位礼服冠（五位以上，每位及阶，各有别制，诸臣准此）。深紫衣。牙笏。白袴。绦带。深绿纱褶。锦袜。乌皮霍深锦。二位以下五位以上。并浅紫衣。以外皆同一位服（五位以上佩绶。三位以上加玉珮。诸臣准此）。①

内亲王礼服条：一品礼服宝髻（四品以上，每品各有别制）。深紫衣。苏方深紫纰带。浅绿褶。苏方深浅紫绿缬裙。锦袜。绿霍（饰以金银）。②

女王条：一品礼服宝髻（五位以上，每位及阶，各有别制。内命妇准此）深紫衣。五位以上。皆浅紫衣。自余准内命妇服制。唯褶同内亲王。③

关于皇亲的服制，在《延喜式·弹正台》中有如下记载："凡无品亲王、诸王、内亲王、女王等衣服色，亲王著紫，以下孙王准五位，诸王准六位（其服色者用纁）。"④ 在《续日本纪》养老四年（720）五月辛酉条亦有"皇亲服制者，以王孙准五位，疎亲准六位"⑤ 的记载。五世王变为皇亲后在给王禄的同时，在服制方面也享受皇亲待遇。在庆云三年（706）格颁布的第九天就规定"五世王朝服，依格，始着浅紫"⑥。皇亲服饰随着其他制度的变化而变化，以及皇亲服饰等级划分的复杂性从一个侧面反映了古代日本等级制度的森严。

(二) 厅座

皇亲除了在服饰方面外，在厅座方面也享有许多特殊待遇。《仪制令》"厅座上条"规定了朝堂中见面时的礼仪："凡在厅座上，见

---

① 井上光贞等校注：《日本思想大系新装版·律令》衣服令3，第351页。
② 井上光贞等校注：《日本思想大系新装版·律令》衣服令8，第354页。
③ 井上光贞等校注：《日本思想大系新装版·律令》衣服令9，第354页。
④ 黒板勝美国史大系编修会编辑：《新訂増補国史大系·延喜式》卷41，第909页。
⑤ 黒板勝美国史大系编修会编辑：《新訂増補国史大系·続日本紀》卷8，第8页。
⑥ 黒板勝美国史大系编修会编辑：《新訂増補国史大系·続日本紀》卷3，第26页。

亲王及太政大臣，下坐。左右大臣、当司长官，即动坐。以外不动。"① 即对亲王和太政大臣要"下座"，对左右大臣和自己的长官则"动座"。另外，"厅座上条"所引注释记载："左右大臣，见亲王及太政大臣，即动坐。其太政大臣见亲王，及亲王见太政大臣，并不动也。"② 也就是说，左右大臣对亲王和大臣只要"动座"即可，亲王和太政大臣之间以及左右大臣之间都不用互相"动座"。"厅座上条"所引注释对"下座"的解释是："下座，谓五以上，自牀下立。六位以下自座下跪之。厅外之人立地。"③ 即五位以上从座位上下来，并站立，六位以下从座位上下来，并跪下，厅外之人（仆人）也是站立（因为他们连行礼的资格都没有）。但《令集解》中没有对"动座"的解释。根据井上亘考证，所谓"动座"是比"下座"更简单的礼法，即不离开座之礼，"下座"和"动座"的区别就是离开座位和不离开座位。他指出，官吏们在大臣入门时是朝向南方而面对大臣，而大臣"北折"后，在东侧朝堂的官吏们会朝向西，在南面和西面的官吏们会朝向东面。这正是"动座"。④ 总之，从朝堂院的礼仪中可以看出，亲王的地位与太政大臣相当，在左右大臣之上。

另据《日本书纪》持统天皇四年（690）七月甲申条记载："诏曰：凡朝堂座上见亲王者如常。大臣与王，起立堂前。二王以上下座而跪。"⑤ 不过，至天平元年（729）四月，作为处罚，身为知太政官事的舍人亲王进入朝堂时诸司可以不必下座。如《续日本纪》记载："舍人亲王参入朝厅之时，诸司莫为之下座。"⑥ 弘仁九年（818）三月，嵯峨天皇对厅座礼作了新的改定，根据《日本纪略》

---

① 井上光贞等校注：《日本思想大系新装版·律令》仪制令12，第347页。
② 黑板勝美国史大系编修会编辑：《新訂增補国史大系·令集解》（三）卷28，第718页。
③ 黑板勝美国史大系编修会编辑：《新訂增補国史大系·令集解》（三）卷28，第718页。
④ 井上亘：《虚伪的"日本"——日本古代史论丛》，第24—28页。
⑤ 黑板勝美国史大系编修会编辑：《新訂增補国史大系·日本書紀》卷30，第406页。
⑥ 参见黑板勝美国史大系编修会编辑《新訂增補国史大系·続日本紀》卷10。

记载:"制,朝堂公朝,见亲王及太政大臣者,左大臣动座,自余共立床子前。但六位以下,磬折而立。又诸卫府生以上,除卫仗之外,皆著靴。唯著布带时,须麻鞋。又除著靴之外,通诸麻鞋。"①

(三) 出行

皇亲平时过着深居简出的生活,很少出行,而他们一旦出行,往往受到特殊的礼遇。《仪制令》"在路相遇条"规定:"凡在路相遇者,三位以下遇亲王,皆下马(以外准拜礼。其不下者,皆敛马侧立)。虽应下者,倍从不下。"②《令集解》对亲王的范围与不下马者的情况作了补充说明,即"称亲王者,有品无品并同。若无品亲王遇有品亲王者,不可下马"③。"其不下者,谓一位二位遇亲王,四位遇二位三位,三位遇一位二位之类也。"④《政事要略》"弹杂事"规定了三位、四位以及大臣在路上与亲王相遇的礼制:"凡相遇亲王者,三位下马而立,四位已下跪坐,但大臣敛马侧立。"⑤此外,《延喜式·弹正台》还规定了无位孙王在路上与有位者相遇的礼制,即"凡无位孙王逢三位已上下马,六位已上逢无位孙王不下"。⑥

除了道路上相遇的礼节之外,皇亲居住场所的交通也比普通公卿贵族更加畅通、发达,如《三代实录》贞观四年(862)三月十五日癸未条载:"皇亲之居,街衢相接。卿相之家,坊里猥杂。"⑦

---

① 黑板勝美国史大系編修会編輯:《新訂增補国史大系·日本紀略》(前篇下)卷14,第306頁。
② 井上光貞等校注:《日本思想大系新装版·律令》仪制令10,第346頁。
③ 黑板勝美国史大系編修会編輯:《新訂增補国史大系·令集解》(三)卷28,第714頁。
④ 黑板勝美国史大系編修会編輯:《新訂增補国史大系·令集解》(三)卷28,第715頁。
⑤ 黑板勝美国史大系編修会編輯:《新訂增補国史大系·政事要略》卷69,吉川弘文館1981年版,第572頁。
⑥ 黑板勝美国史大系編修会編輯:《新訂增補国史大系·延喜式》卷41,第907頁。
⑦ 黑板勝美国史大系編修会編輯:《新訂增補国史大系·三代実録》卷6,第88頁。

第四节　小结

古代日本通过不断地细化位阶划分，将授予冠位的范围从大贵族，扩展到中小豪族，反映出位阶制的日趋完备、官僚制的日益复杂和等级制的日趋严格。《大宝令》颁布以后，实行了新的叙位制，确立了以皇室血缘关系为纽带联结起来的皇亲阶层在官人阶层中的特权地位。随着皇亲地位的不断提高，也使其可能会危及皇权自身，因此，随着官僚制度的不断完善，皇亲的政治地位有所下降。特别是诸王，虽然从直叙从四位下这一点来看，他们享受着十分优厚的待遇，但从再次升迁这一点来看，他们的仕途并不顺利。

与天皇有着血缘关系的皇亲通过担任官职，被纳入官僚体制中，且往往介入中央权力运转的核心，特别是皇亲独占了律令制施行后新创建的知太政官事一职，从而对当时政治权力的分配与古代天皇制产生重要的影响。天皇通过任命皇亲就任知太政官事来辅佐天皇，以期调整贵族势力与皇亲势力之间的关系，并以此牵制太政官的权力，达到维持天皇权威的目的。除了知太政官事之外，皇亲几乎独占了大宰帅、中务卿、式部卿与弹正尹等职。但唯独不见皇亲担任民部卿一职。

皇亲的封禄可分为固定与临时两种。固定的封禄主要包括品田（位田）、食封、职田、职封、季禄，以及月料、马料等，临时的封禄主要包括功田、功封、时服、节禄等。由于皇亲与天皇血缘的远近关系以及皇亲的性别差异，皇亲时服具有多种内涵。律令制中的时服只是赐给二世至四世诸王及诸臣，所谓的"皇亲时服"实质上只是男王时服。亲王时服与女王时服独立于律令制所规定的时服之外，并且亲王与女王的范围受到一定的限定。女王禄不像皇亲时服那样受时间和地点的限制。律令制以及《延喜式》中没有女王任官、叙位后是否停止给女王禄的规定。因此，所谓的女王禄实质上恐怕不是女王时服，而是女王节禄。从表象上看，朝廷赐予的诸王时服、"女王禄"是为了提高诸王与女王的待遇，但从深层上看，诸王时服、"女王禄"实质上是作为维持皇室秩序的一种政策，是加强诸王与女王对皇族的同族意识的纽带。

　　与公家机构对立，具有私人主从隶属性质的家司制度对古代天皇制有着重要的影响。在家司制度上获益最大的并不是皇亲，而是藤原氏等其他贵族。随着天皇权力的不断衰落，藤原家势力开始迅速壮大，家政权的独立性和离心倾向显现出来，并最终依靠家族实力开始了摄关政治，掌握国家政权。摄关政治的发展体现在其内部结构上就是家司制的发展。家司制的发达导致了公与私，族臣与朝臣之间的混淆，公与私，族臣与朝臣之间的混淆最终导致了律令制国家的解体。

第 四 章
婚姻制度

皇亲的婚姻对古代日本有着重要的影响，它不仅是人们了解古代天皇制的一个重要窗口，而且反映了当时的经济、法律和社会习俗等。随着二战后日本社会史研究的兴起，家庭、婚姻、女性等课题的研究也逐渐受到人们的重视，但由于受到史料的限制，对皇亲婚姻的专题研究较少，大多附属于贵族婚姻的研究当中。本章主要以古代日本的女性皇亲为中心，在全面分析皇亲近亲婚的形成与发展的基础上，对内亲王、女王与臣下的违法婚以及女性皇亲婚姻的蜕变进行梳理，并对皇亲婚姻的变化与政治关系的变迁之间的关系进行考察。

第一节　皇亲近亲婚制的形成与发展

同姓不婚，即同一姓氏的男女之间不许通婚，这是我国古代最重要的婚姻禁忌之一。同姓不婚这一婚姻制度的确立，一般来说是出于伦理和生理两个方面的考虑。如《国语·晋语四》载："同姓不婚，惧不殖也"①；《左传·僖公二十三年》载："男女同姓，其生不蕃"②，认为同姓通婚将影响后代的繁衍和素质。此外，根据《礼记·曲礼》记载："取妻不取同姓，故买妾不知其姓则卜之。"③ 也就是说，当时人们为了避免因同姓婚而产生不良后代，在婚嫁前必须首先知道对方的姓氏，就连贵族买来的侍妾，对于不知氏姓者，也要在占卜之后，由神示得知是不是同姓者，才能买下来。

在我国唐代李延寿所撰《北史》记载当时的日本人"婚嫁不取同姓，男女相悦者即为婚"④。但是，这一记载并不符合当时日本社会的实际情况。事实上，古代日本由于社会发展的相对滞后，不仅没有关于同姓不婚的禁忌，而且近亲婚成为十分流行的习惯。尤其是在皇族和贵族社会中，近亲婚的现象更为普遍。

一 律令制以前的近亲婚

在古代社会，近亲婚在一般国家里都被忌讳，日本实行近亲婚的现象可以说在世界历史上都十分罕见。江户时代的儒学家和国学家曾就此现象展开过争论。儒学家对此深恶痛绝，斥骂日本为"无礼之邦"，认为"日本古代骨肉相奸，与禽兽无异"。国学家们则辩解说：日本"古时无尊卑之别，夫妻结合为男方赴女方家，而非今之妻赴夫家。如此，其子女都在母家生长，故同父异母之子女虽称为兄弟姊妹，实则关系甚疏，与他姓之人无异"⑤。

国学家们的解释也有一定的道理。因为近亲婚虽然在古代日本被社会所承认，但同母子女之间的婚姻却被禁止。如《日本书纪》允恭二十四年（435）六月条记载：

---

① 左丘明：《国语》卷10，上海古籍出版社1978年版，第349页。
② 左丘明：《左传》卷6，上海古籍出版社1998年版，第270页。
③ 杨天宇：《礼记译注》，上海古籍出版社2004年版，第14页。
④ 李延寿：《北史》卷94，中华书局1974年版，第3137页。
⑤ 转引自张萍《日本的婚姻与家庭》，中国妇女出版社1984年版，第20—21页。

御膳羹汁凝以作冰。天皇异之卜其所由。卜者曰，有内乱。盖亲亲相奸乎。时有人曰，木梨轻太子奸同母妹轻大娘皇女。因以推问焉。辞既实也。太子是为储君。不得罪。则流轻大娘皇女于伊予。①

这段讲述允恭天皇长子末梨轻皇子因其与同母妹轻大娘皇女私通，被剥夺皇位继承权并受到严厉处罚的故事，就是同母兄弟姐妹之间禁止通婚的反映。

在上述近亲婚中，皇室之间的婚姻最典型。在律令制度确立之前，就像大和国的君主不叫天皇，而是称为大王一样，在大王的妻室中，地位最高者叫"大后"。而大后则必须出自大王的女儿。随着天皇称号的出现，大后的称呼逐渐被皇后所取代。② 从有较可信的资料记载的第17代履中天皇开始，至第40代天武天皇为止，除一人无偶（清宁天皇）、三人有偶而未立后（反正天皇、崇峻天皇、弘文天皇）、二人配偶出身不详（显宗天皇、武烈天皇）外，有十六代天皇的皇后都是在皇族中产生。详细情况参见表4—1。

表4—1　　　　　第17代至第40代天皇与皇后的关系

代数	天皇名	皇后名	皇后之父名	与天皇的关系	备注
17	履中天皇	草香幡梭皇女	应神天皇	姑姑	
18	反正天皇	未立后			夫人津野媛
19	允恭天皇	忍坂大中姬命	稚渟毛二派皇子	堂妹	
20	安康天皇	中蒂姬命	履中天皇	堂妹	
21	雄略天皇	草香幡梭姬皇女	仁德天皇	姑姑	
22	清宁天皇	未立后			

---

① 黑板勝美国史大系編修会编辑：《新訂増補国史大系·日本書紀》卷13，吉川弘文館1983年版，第348页。

② 天皇妻子的称谓除了"皇后""大后"之外，还有"妃""夫人""嫔""宫人""采女"等。

续表

代数	天皇名	皇后名	皇后之父名	与天皇的关系	备注
23	显宗天皇	难波小野王	丘稚子王	不详	
24	仁贤天皇	春日大娘皇女	雄略天皇	远房妹	四代血缘
25	武烈天皇	春日娘子	不详	不详	
26	继体天皇	手白香皇女	仁贤天皇	远房妹	六代血缘
27	安闲天皇	春日山田皇女	仁贤天皇	远房姑姑	
28	宣化天皇	橘仲姬皇女	仁贤天皇	远房姑姑	
29	钦明天皇	石姬皇女	宣化天皇	侄女	
30	敏达天皇	额田部皇女	钦明天皇	同父异母	推古女帝
31	用明天皇	穴穗部间人皇女	钦明天皇	同父异母	
32	崇俊天皇	未立后			妃大伴小手子
34	舒明天皇	宝皇女	茅渟王	侄女	皇极、齐明女帝
36	孝德天皇	间人皇女	舒明天皇	堂妹、侄女	
38	天智天皇	倭姬王	古人大兄皇子	侄女	
39	弘文天皇	未立后	天智天皇		妃十市
40	天武天皇	鸬野赞良皇女	天智天皇	侄女	持统天皇

注：第33代（推古）、35代（皇极）、37代（齐明）、41代（持统）为女性天皇。资料来源：李卓：《中日家族制度比较研究》，人民出版社2004年版，第40—41页。

从表4—1可以看出，除了安闲、宣化两位天皇的大后是血缘关系较远的远房姑姑之外，其他人都是血缘关系十分亲近者。特别是从钦明天皇开始，血缘关系十分亲近的近亲婚逐渐增多。具体来说大致可以分为以下两类：一类是兄弟姐妹间的婚姻。如敏达天皇与皇后额田部皇女，用明天皇与皇后穴穗部间人皇女，孝德天皇与皇后间人皇女的婚姻。另一类是伯（叔）侄女间的婚姻。如钦明天皇与皇后石姬，舒明天皇与皇后宝皇女，孝德天皇与皇后间人皇女，天智天皇与皇后倭姬女王，天武天皇与皇后鸬野赞良皇女的婚姻。

上述近亲婚有三个特点。第一个特点是婚姻没有辈分限制。

其中天智天皇与同胞兄弟天武天皇及其子女的婚姻最具代表性。天智天皇有四位皇子和十位皇女，天武天皇有十位皇子和七位皇女。天智天皇的子女以及天武天皇的子女的婚姻对象如表4—2、表4—3 所示。

表4—2　　　　　　　　天智天皇的子女及其婚姻对象

天智的子女	建皇子	川岛皇子	志贵皇子	大友皇子	大田皇女	鸬野皇女	御名部皇女	阿闭皇女	飞鸟皇女	新田部皇女	山边皇女	大江皇女	泉皇女	水主王
婚姻对象	不详	泊濑部皇女	多纪皇女	十市皇女	天武天皇	天武天皇	高市皇子	草壁皇子	忍壁皇子	天武天皇	大津皇子	天武天皇	不详	不详

表4—3　　　　　　　　天武天皇的子女及其婚姻对象

天武的子女	草壁皇子	多纪皇女	大津皇子	长皇子	弓削皇子	舍人皇子	新田部皇子	穗积皇子	高市皇子	忍壁皇子	矶城皇子	大来皇女	但马皇女	纪皇女	田形皇女	十市皇女	泊濑部皇女
婚姻对象	阿闭皇女	志贵皇子	山边皇女	不详	纪皇女	当麻山背	不详	但马皇女	御名部皇女	飞鸟皇女	不详	不详	穗积皇子	弓削皇子	六人部王	大友皇子	川岛皇子

由表4—2、表4—3可知，在天智天皇的子女中，除了夭折的建皇子和婚姻情况不详的泉皇女与水主皇女之外，剩下的十一位子女都与天武天皇及其子女通婚。其中，大田皇女、鸬野皇女、新田部皇女、大江皇女成为天武天皇的妻室；御名部皇女、阿闭皇女、飞鸟皇女、山边皇女分别与天武天皇的皇子高市皇子、草壁皇子、忍壁皇子、大津皇子结婚。川岛皇子、志贵皇子、大友皇子分别与天武天皇的皇女泊濑部皇女、多纪皇女、十市皇女结婚。以上这种同一个男性的几个妻子互为姐妹或者妹妹因年龄之

故，不能与姐夫而与其子结合的婚姻，学界习惯称为"姐妹型一夫多妻婚"。①

第二个特点是没有同母异父婚（也没有同母同父婚）现象发生。除了前文提及末梨轻皇子因与其同母妹轻大娘皇女私通，被剥夺皇位继承权并受到严厉处罚的故事之外，根据吉永登的研究可知，中大兄皇子之所以在发动"乙巳政变"后迟迟没有即位，很可能是由于他与同母妹间人皇女之间存在相恋的关系。②古代日本之所以存在不同辈近亲通婚与同父异母婚，但却不存在同母异父婚，这与江户时代国学家们解释的婚姻情况，即访妻婚这种婚姻形态有直接关系。③在访妻婚这种婚姻形态下，子女随母方家庭生活，子女与母方的族亲关系要比与父方的族亲关系密切，当时以母系为中心区分血缘亲疏关系，因此同母异父婚成为唯一的禁忌。

第三个特点是天皇的皇后大多是天皇的女儿。白仁贤天皇以后，除了天智天皇的皇后倭姬皇女的父亲不是天皇之外，其余天皇的皇后均是天皇的女儿。换句话说，在圣武天皇之前，二世及二世以下"女王"往往是嫁给天皇以下的皇亲，很难成为皇后。

此外，古代日本为了防止天皇家血统向外部扩散，除了禁止天皇家子女嫁给臣下之外，也"遮断了与海外诸王权的婚姻关系"④，因而"欠缺国际化"⑤。

---

① 参见饭田優子《姉妹型一夫多妻婚——記紀を素材として》，《現代のエスプリ》第104号，1976年；官文娜《日中親族構造の比較研究》，思文閣2005年版（另可参见管文娜《日本古代社会的近亲婚及其实质——兼与中国古代"同姓不婚"的比较》，《世界历史》1998年第4期）。

② 参见吉永登《間人皇女——天智天皇の即位をはばむもの》，《万葉——歴史と文学のあいだ》，創元社1967年版。

③ 李卓：《日本古代的访妻婚及其存在的原因》，《日本学刊》1994年第2期。

④ 荒木敏夫：《日本古代王权的婚姻特质》，北京大学日本研究中心编：《日本学》第五辑，北京大学出版社1995年版，第224页。

⑤ 荒木敏夫：《倭と東アジアの国際婚姻》，《古代天皇家の婚姻戦略》，吉川弘文館2013年版，第163頁。

二 律令制下皇亲的近亲婚

律令制确立以后，在《继嗣令》"王娶婚条"中对皇亲的婚姻作了明确规定："凡王娶亲王、臣娶五世王者听。唯五世王，不得娶亲王。"① 另据《后宫职员令》"朝参行立次第条"规定："凡内亲王女王及内命妇，朝参行立次第者，各从本位。其外命妇，准夫位次。若诸王以上，娶臣家为妻者，不在此例。"② 竹岛宽据此指出："男皇亲（亲王以下至四世王）可以娶臣下女子，女皇亲（内亲王以下至四世女王）不得嫁给臣下，并且五世王可以娶二世以下女王，但不得同内亲王通婚，男臣下只能娶五世女王。"③

确实，如果从"王娶婚条"的内容来看，"内亲王"与二世至四世"女王"都只能同皇亲结婚，而"五世女王"则可以同诸臣结婚。但这有一前提，即"内亲王"与二世至四世"女王"被视为皇亲，而"五世女王"则不被视为皇亲。前已述及，从706年至798年，"女王"的范围一直限定在天皇以下二世至五世在内的女性皇室成员。因此，笔者以为，在798年以前的实际执行中，"五世女王"同样无法同臣下通婚。即律令制对作为皇亲的"内亲王"以及二世至四世或五世"女王"采取的是以"内婚制"为原则的近亲婚。二世至五世"女王"无法同皇亲以外的人结婚，只能同天皇、亲王以及二世至四世王结婚，即"女王"的一生只能在"近亲婚"与"不婚"之间作出抉择。

《继嗣令》"王娶婚条"的"内婚制"原则与中国宗法制度的"同姓不娶"原则正好相反，是日本所特有的法律。大化改新后日本诸多律令均以唐代律令为蓝本，但耐人寻味的是，唯独对唐律令中

---

① 井上光贞等校注：《日本思想大系新装版·律令》継嗣令4，岩波书店1994年版，第282页。
② 井上光贞等校注：《日本思想大系新装版·律令》後宮職員令16，第202页。
③ 竹岛宽：《王朝时代皇室史の研究》，名著普及会1982年版，第159页。

"诸同姓为婚者，各徒二年。缌麻以上，以奸论"① 这条禁止近亲、同宗、同姓结婚的规定讳莫如深。律令制下除了皇亲实行内婚制，当时的贵族，如藤原氏、大伴氏等也实行族内婚。②

关于皇后必须出自"皇女"以及女性皇亲必须遵循"内婚制"的意义，西野悠纪子认为，它"防止了皇家的血统流入其他氏族，从而形成封闭的血缘集团"，同时，"这一集团的形成与7世纪后半期以天皇为中心的中央集权国家体制的确立，特别是形成将天皇作为现人神凌驾于社会之上的权力的天武朝的政治有很深的关系"③。笔者基本赞同这一观点，即皇亲的"内婚制"有利于天皇维护自己家族内部的血统高贵，确保天皇家族成为与其他豪族在血缘上相互隔绝的集团，进而确立天皇家族超越豪族阶层的地位以及统治的正当性。从此后天武天皇的皇亲政策中能说明这一点。

天武天皇八年（689）正月颁布了"禁止礼拜卑母诏"，即

> 凡当正月之节，诸王、诸臣及百寮者，除兄姊以上亲及己氏长以外，莫拜焉。其诸王者，虽母非王姓者莫拜。凡诸臣亦莫拜卑母，虽正月节复准此。若有犯者，随事罪之。④

同年三月，天武天皇参拜齐明天皇陵。前已述及，公元672年，大友皇子和大海人皇子之间为争夺皇位继承权而引发了一场内乱，即"壬申之乱"。虽然最终大海人皇子在这场内乱中获得胜利，但仍然存在皇位继承的正当性问题。事实上大海人皇子的母亲不仅是皇女，而且后来成为女帝（齐明天皇），而大友皇子的母亲则是所谓的"卑母"——"采女"。大海人皇子正是通过与大友皇子"母亲的出

---

① 长孙无忌等：《唐律疏议》卷14，中华书局1983年版，第262页。
② 西野悠纪子：《律令体制下の氏族と近親婚》，女性史総合研究所編：《日本女性史第1卷——原始・古代》，東京大学出版会1982年版，第120—129页。
③ 西野悠纪子：《律令体制下の氏族と近親婚》，第116页。
④ 黑板胜美国史大系编修会编辑：《新訂増補国史大系・日本書紀》卷29，第348页。

身"的对比来显示自己继承皇位的正当性。从此，皇亲的社会地位在受父亲制约的同时，母亲的出身也开始发挥十分关键的作用。

此外，天武天皇制定"母非王姓者莫拜"也是为了给诸皇子的地位设立等级差别①，即天武天皇的皇亲政策实际包含了皇子的母亲为皇女者是皇位继承的有力争夺者这一政治意义。此后，根据天武天皇的这一婚姻政策，"皇子"均与"皇女"通婚，如高市皇子与御名部皇女、草壁皇子与阿閇皇女、大津皇子与山边皇女、忍壁皇子与明日香皇女。这事实上进一步承认了"女王"只能同皇子以下的诸王通婚的旧俗。虽然此后由于女帝频繁出现以及藤原氏的崛起，天皇往往没有立皇后或者所立皇后的人选并非皇女，但女性皇亲内婚制原则在延历十二年（793）以前始终没有改变。为了遵守律令的规定，许多皇女甚至只能姐妹一同嫁给同一位天皇或四世以上王。②

第二节　女王的违法婚与未婚内亲王

关于"女王"的婚姻，律令规定其不能同皇亲以外的人结婚，只能同二世至四世王结婚。那么在现实的生活中是否存在女王违反律令规定，同皇亲之外的身份结婚的违法婚呢？前已述及，飞鸟时代女帝即位的重要特点之一为皇后出身。进入奈良时代以后，女帝的出身条件发生一些变化。除了皇后之外，天皇的生母或不婚内亲王出身成为女帝即位的重要条件。具体情况如下：天皇生母：元明女帝；未婚内亲王：元正女帝、孝谦女帝（称德女帝）。也就是说，女帝的候选人必须是与天皇有关的内亲王——天皇的母亲、妻子和女儿。本节主要就女王与臣下的违法婚以及未婚的阿倍内亲王被立

---

① 井上亘：《日本古代の天皇と祭儀》，吉川弘文館1998年版，第35頁。
② 坂井潔子：《内親王史序説》，《史艸》第3号，1972年，第22頁。

为太子的原因作一考察。

一 女王与臣下的违法婚

虽然律令规定"女王"不能同皇亲以外的人结婚，只能同二世至四世王结婚，但还是能够在一些史料中看到女王违反律令规定，同皇亲之外的贵族通婚。从实例来看，成为臣家男性妻子的"某女王"的例子有以下几个。

首先看第一个女王与臣下通婚的事例。根据《尊卑分脉》记载：

惠美仲麿—训儒—三冈 母侍从从四下三岛生
女从五下山慢女王 ①

惠美仲麿即藤原仲麻吕，训儒即藤原仲麻吕与妻子藤原袁比良所生第三子藤原久须麻吕，三冈即藤原久须麻吕与妻子"山慢女王"所生子藤原三冈。根据上文可知"山慢女王"的父亲是三岛王（三岛王的父亲是舍人亲王，祖父是天武天皇），但根据《续日本纪》宝龟二年（771）七月乙未条记载："从四位下三嶋王之女河边王、葛王配伊豆国，至是皆复属籍。"② 这里三嶋王的女儿为河边女王与葛女王，并没有名为山慢的女儿。此外，根据《续日本纪》天平宝字三年（759）六月庚戌条记载：

> 故是以自今以后追皇舍人亲王宜称崇道尽敬皇帝，当麻夫人称大夫人，兄弟姊妹悉称亲王止宣天皇御命众闻食宣。中略……无位川边女王、加豆良女王、从五位下藤原惠美朝臣儿

---

① 黑板勝美国史大系编修会编辑：《新訂增補国史大系·尊卑分脉》第2篇，吉川弘文馆1983年版，第417页。
② 黑板勝美国史大系编修会编辑：《新訂增補国史大系·続日本纪》卷31，吉川弘文馆1984年版，第393页。

从并从四位下。①

也就是说，淳仁天皇在天平宝字三年（759）追尊其父舍人亲王为崇道尽敬皇帝和追赠其兄弟姊妹为亲王时，根据"亲王子从四位下"的规定，三嶋王的子女也得以叙从四位下。但文中记载的"加豆良女王"又是何人呢？根据岸俊男考证，"葛"字在《续日本纪》中有时也写作万叶假名"加豆良"（かつら），古代日语中"かつら"又被写作汉字"蘰"，将"山慢"与"蘰"进行比较可知，"山慢"是"蘰"的误写。② 也就是说，实际上"山慢女王"与"葛女王"其实是同一个人（下文统一使用"山慢女王"一词）。很明显，作为三世女王的"山慢女王"与作为臣下的藤原训儒婚姻属于违法婚。

天平宝字元年（757）七月，橘诸兄之子橘奈良麻吕秘密会合大伴古麻吕、小野东人以及安宿王、黄文王等人，筹划以政变形式推翻当时以藤原仲麻吕为核心的政治体制。正当他们准备谋反的时候，山背王因悄悄通报了此事，受到孝谦天皇的嘉赏，被赐予藤原朝臣这一氏姓。此外，根据《续日本纪》天平宝字元年（757）正月戊午条记载："从五位下石津王，赐姓藤原朝臣，为大纳言从二位仲麻吕之子。"③ 也就是说，作为皇亲的石津王，被赐藤原姓，成了藤原仲麻吕的养子。古代日本男性皇亲赐姓的事例不计其数，但赐姓后被臣下收为养子，这是唯一一例。

从"山慢女王"和藤原训儒的婚姻以及山背王被赐予藤原朝臣姓，石津王被赐姓藤原朝臣，并成为藤原仲麻吕的养子等事件可以看出，当时掌握着国家政权的藤原不比等希望通过与皇亲联姻，从而提高藤原氏的政治地位。这正如恩格斯所说："结婚是一种政治的

---

① 黑板勝美国史大系编修会编辑：《新訂増補国史大系・続日本紀》卷22，第262—263页。
② 岸俊男：《藤原仲麻吕》，吉川弘文馆1969年版，第120页。
③ 黑板勝美国史大系编修会编辑：《新訂増補国史大系・続日本紀》卷20，第229页。

行为，是一种借新的联姻来扩大自己势力的机会；起决定作用的是家世的利益，而决不是个人的意愿。"① 不过，这种违法婚也仅限于三世女王。

在《尊卑分脉》中还有另一处关于女王与臣下通婚的记载，即，

$$\text{宇合—藏下麿—绳继}\begin{matrix}\text{母从四上扫部守}\\\text{王女乙训女王}\end{matrix}②$$

在《公卿补任》天长二年（825）的参议中也有相关记载："参议正三位藏下麻吕五男，母从四位上扫守王女（乙训女王）。"③ 上文的宇合即藤原宇合（藤原不比等的第三子），藏下麿即藤原藏下仲麻吕，绳继即藤原藏下仲麻吕与妻子"乙训女王"所生子藤原纲继。但"乙训女王"的父亲扫守王究竟是哪位天皇的后裔，史料中没有记载。

今江广道对扫守王的世系作了推测。他首先根据《续日本纪》天平宝字元年（757）五月丁卯条扫守王从无位升为从五位下的记载推测，扫守王大致位于三世王至五世王之间（《选叙令》"荫皇亲条"规定："凡荫皇亲者，亲王子从四位下，诸王子从五位下，其五世王者从五位下"），因而乙训女王大致位于四世王至六世王。又因为从庆云三年开始，皇亲的范围向下降了一世，即五世王也属于皇亲范围，今江广道进一步推测乙训女王为六世王，进而得出扫守王为五世王的结论。④

---

① 《马克思恩格斯选集》第 4 卷，人民出版社 1995 年版，第 76—77 页。
② 黑板勝美国史大系编修会编辑：《新訂増補国史大系·尊卑分脉》第 2 篇，第 519—539 頁。
③ 黑板勝美国史大系编修会编辑：《新訂増補国史大系·公卿補任》，吉川弘文館 1982 年版，第 95 頁。
④ 今江広道：《八世紀における女王と臣下の婚姻に関する覚書》，国学院大学文学部史学科编：《日本史学論集》上卷，吉川弘文館 1983 年版，第 280—281 頁。

今江广道用的是一种倒推法,其前提是"乙训女王"不属于皇亲身份,即上述事例没有违反《继嗣令》"王娶婚条"的规定。"乙训女王"大致位于四世王至六世王大致是可信的。前已述及,从天平元年开始,一部分六世女王也被纳入了皇亲的范围。虽然目前无法确认"乙训女王"的母亲是否是二世女王,但笔者认为"乙训女王"与藤原藏下仲麻吕的婚姻无疑也属于违法婚的事例之一。

最后一例女王与臣下通婚的记载源自《续日本纪》宝龟二年(771)二月己酉条:

> 左大臣正一位藤原朝臣永手薨,时年五十八,奈良朝赠太政大臣房前之第二子也,母曰正二位牟漏女王。①

另据《续日本纪》天平十一年(739)正月丙午条记载:"从四位下无漏女王并从三位。"② 又《政事要略》十月十日兴福寺维摩会始事条引兴福寺缘起记载:"天平十七年岁次乙酉正月,正三位牟漏女王寝膳违和,愿造件像,并写神经一千卷。"③ 此外,根据《法隆寺伽蓝缘起并流记资财帐》记载:"八年岁次丙子二月廿二日,纳无漏王者,壹面(径九寸七分,里禽兽寸)。"④ 由此推测,牟漏女王与无漏女王应是同一人(以下统称牟漏女王)。

根据天平十八年(746)正月己卯条记载:"正三位牟漏女王薨,赠从二位栗隈王之孙,从四位下美努王之女也。"⑤ 也就是说,牟漏女王是栗隈王(敏达天皇之孙)之孙,美努王(同三野王、弥努王、美弩王等)与县犬养三千代(橘宿弥三千代)之女,葛城王

---

① 黑板胜美国史大系编修会编辑:《新订增补国史大系·统日本纪》卷31,第389页。
② 黑板胜美国史大系编修会编辑:《新订增补国史大系·统日本纪》卷13,第154页。
③ 黑板胜美国史大系编修会编辑:《新订增补国史大系·政事要略》卷25,吉川弘文馆1981年版,第94页。
④ 東京大学史料編纂所,http://wwwap.hi.u-tokyo.ac.jp/ships/shipscontroller。
⑤ 黑板胜美国史大系编修会编辑:《新订增补国史大系·统日本纪》卷16,第185页。

（橘诸兄）与佐为王（橘佐为）之妹。即牟漏女王与葛城王、佐为王一样都是四世王，属于皇亲身份。因此，牟漏女王与藤原良房的婚姻违反了《继嗣令》"王娶婚条"的规定。不仅如此，牟漏女王与藤原良房的婚姻还属于同母异父的近亲婚。牟漏女王的母亲是三千代，其父美努王死后三千代改嫁藤原不比等，而藤原良房的父亲正是藤原不比等。

那么，为何当时会出现上述违法婚呢？特别是牟漏女王与藤原良房婚姻还违反了同母不婚的原则。纵观以上三个事例，有以下两个特点：一是男方均为藤原氏家族成员，二是女方均为二世以下女王。即这种违法婚现象的出现一定与藤原氏同二世以下女王之间的关系密不可分。

藤原不比等由于对文武天皇的即位有功，因此他的女儿藤原宫子得以入宫，并成为文武天皇的正室（文武天皇没有立皇后），于大宝元年（701）生下首皇子（圣武天皇）。此后藤原不比等娶了文武天皇的乳母橘三千代为妻，与其生下第三个女儿藤原光明子，后来藤原光明子成为圣武天皇的皇后，开"人臣皇后"之初例。

以上主要是藤原氏的女子嫁入皇家，其主要是为了加深与天皇的关系。笔者认为，藤原氏的男性娶皇家的女性的原因恐怕正是为了进一步加深这种关系。另外，亲王、内亲王以及二世王往往作为天皇最亲近者得以保证在朝廷中的地位，但实际上二世王以后便开始没落了。随着藤原氏的崛起，特别是"长屋王事件"之后，二世以下王往往主动加深同藤原氏的关系，如天平八年（736）十一月十一日，葛城王与佐为王兄弟虽为皇亲却上表希望天皇赐予原本赐给藤原氏的朝臣姓等。

总之，二世以下女王与藤原氏的婚姻既是藤原氏为了进一步加深与皇亲关系的重要步骤，又是二世以下王加深同藤原氏关系，提高政治地位的重要方法。二世以下王与藤原氏两个家族宁愿违反律令的规定，也要通过婚姻的纽带来结合成社会共同体关系，从而获得政治权力。

二 "皇后藤原光明子"与"皇太子阿倍内亲王"

养老八年（724）二月，皇太子首皇子接受元正女帝的让位，即位为圣武天皇。在圣武天皇即位宣命中也出现了"不改常典"：

> 依此而是平城大宫尔现御神止坐而大八嶋国所知而灵龟元年尔此乃天日嗣高御座之业食国天下之政乎朕尔授赐让赐而教赐诏赐都良久。挂畏淡海大津宫御宇倭根子天皇乃万世尔不改常典止立赐敷赐阐留随法后遂者我子尔佐太加尔牟俱佐加尔无过事授赐止负赐诏赐比志尔依乎今授赐车止所念坐间尔去年九月天地贶大瑞物显来理。①

圣武天皇的即位宣命说明，圣武天皇是根据灵龟元年（715）元明女帝让位给元正女帝所引用的"不改常典"来继承皇位。换句话说，圣武天皇正是用"不改常典"来证明自己继承皇位的正统性。

前已述及，圣武天皇即位后，为其母藤原宫子上了"大夫人"的尊号。然而，长屋王却指出这个称号违反先例，最终，圣武天皇被迫撤回了敕令。后来圣武天皇的夫人藤原光明子生下了皇子基亲王，并在一个多月后，破例将其立为皇太子。这样，藤原氏占据了后任天皇的外戚的位置，与皇室之间形成了更加紧密的关系。②

然而，皇太子基亲王还未满1岁时便因病夭亡，于是藤原不比等之妻县犬养三千代和其子藤原武智麻吕等提出立阿倍内亲王为皇太子，将生过儿子的藤原光明子立为皇后，但这个主张又遭到长屋王等人的坚决反对。结果，藤原氏一族于神龟五年（729）二月策划了"长屋王之变"。

"长屋王之变"平定后，圣武天皇改元天平（729），同年八月

---

① 黒板勝美国史大系編修会編輯：《新訂増補国史大系・続日本紀》卷9，第98页。
② 林陆朗：《光明皇后》，吉川弘文馆1986年版，第55页。

召集大臣于内里，颁布敕书，将藤原光明子立为皇后。敕书称：

> 天皇大命_良麻止_亲王等又汝王臣等语赐_币止_敕_久_。皇朕高御座_尔_坐初_由利_今年_尔_至_麻氐_六年_尔_成_奴_。此乃间_尔_天都位_尔_嗣坐_倍伎_次_止_为_氏_皇太子侍_豆_。由是其婆婆_止_在_须_藤原夫人_乎_皇后_止_定赐。①

自圣武天皇即位以来的六年多时间里，皇后之位一直空缺。藤原光明子立后开了"非皇族出身皇后"的先河，也是藤原氏一族之女子成为皇后的起始。藤原光明子虽然不是皇亲出身，但因其生下皇太子，所以被立为皇后。此后，出身皇族或者所生皇子即位成为《续日本纪》所规定的皇后观念的根本原则。②

藤原光明子被立为皇后时，同圣武天皇一样，都是29岁，完全可以再生卜男性皇太子。但遗憾的是，光明子皇后一直没有怀孕的征兆。天平十年（738）一月，圣武天皇立阿倍内亲王为皇太子。阿倍内亲王是藤原光明子皇后的女儿，她同元正女帝一样，终身未婚。至天平胜宝元年（749）七月，圣武天皇让位于阿倍内亲王，是为孝谦女帝。

笔者认为，圣武天皇立阿倍内亲王为太子及阿倍内亲王的独身与冰高皇女（元正女帝）的即位与独身如出一辙。前已述及，元正女帝独身是为了保护年幼的皇太子，以维系父子的直系继承。而独身这一特殊身份有利于继承皇位时不会遭到过多的反对。圣武天皇将藤原光明子立为皇后实际说明了藤原光明子所生之子将被立为皇太子。但是，一方面随着藤原光明子皇后年龄的不断增长，却一直没有怀孕的征兆；另一方面，藤原光明子皇后即使生出皇太子，等到满足即位的年龄也不是一朝一夕的事情。所以，圣武天皇和藤原

---

① 黑板胜美国史大系编修会编辑：《新订增补国史大系・续日本纪》卷10，第119页。
② 成清弘和：《大后についての史料の再検討》，横田健一编：《日本书纪研究》第11册，塙书房1987年版，第197页。

光明子皇后不让阿倍内亲王成婚，以便她将来继承皇位，保护将来可能出生但却年幼的皇太子，以维系父子的直系继承。

天平宝字元年（757）三月，孝谦女帝突然召集群臣，并向他们咨询是否废黜道祖皇太子。其原因是"皇太子道祖王，身居谅暗，志在淫纵。虽加教敕，曾无改悔"①。结果，群臣同意废皇太子道祖王，并于翌月召开选定新皇太子的会议。根据《续日本纪》天平宝字元年（757）四月辛巳条记载，孝谦女帝询问群臣："当立谁王以为皇嗣？"右大臣藤原丰成、中务卿藤原永手等推荐盐烧王；摄津大夫文室珍努、左大弁大伴古麻吕等推荐池田王。藤原仲麻吕则认为："知臣者莫若君，知子者莫若父，唯奉天意所择者耳。"②最终孝谦女帝列举盐烧王和池田王等人的缺点，认为"池田王者孝行有阙。盐烧王者太上天皇责以无礼。唯大炊王，虽未长壮，不闻过恶"③，正式立大炊王为皇太子。藤原光明子在成为皇太后之后，设置紫薇中台，"居中奉敕，颁行诸司"④，并任命藤原仲麻吕为长官，当时掌握国政实权的是藤原光明子皇太后和藤原仲麻吕，因此，这次政治大变动并非孝谦女帝的意志，而是藤原光明子皇太后和藤原仲麻吕的意志。

就在此时，橘奈良麻吕计划集合所有不满藤原氏的人铲除藤原仲麻吕。藤原仲麻吕也意识到了橘奈良麻吕的动向，加强戒备，颁布五条敕令："（其一）王臣马数，依格有限，过此以外，不得蓄马。（其二）依令，随身之兵，各有储法，过此以外，亦不得蓄。（其三）除武官以外，不得京里持兵，前已禁断，然犹不止，宜告所司固加禁断。（其四）京里二十骑已上不得集行。（其五）宜告所司严加禁断，若有犯者，科违敕罪。"⑤藤原仲麻吕与橘奈良麻吕的矛

---

① 黒板勝美国史大系編修会編輯：《新訂增補国史大系・続日本紀》卷20，第229页。
② 黒板勝美国史大系編修会編輯：《新訂增補国史大系・続日本紀》卷20，第230页。
③ 黒板勝美国史大系編修会編輯：《新訂增補国史大系・続日本紀》卷20，第229—230页。
④ 黒板勝美国史大系編修会編輯：《新訂增補国史大系・続日本紀》卷21，第254页。
⑤ 黒板勝美国史大系編修会編輯：《新訂增補国史大系・続日本紀》卷20，第232—233页。

盾一触即发。

天平宝字元年（757）七月，中卫府舍人上道斐太都向藤原仲麻吕密告说，黄文王、安宿王、橘奈良麻吕、大伴古麻吕等有两个图谋，"一者，率精兵四百，将围田村宫。二者，陆奥将军大伴古麻吕，今向任所，行至美浓关，诈称病，请欲相见一二亲情，蒙官听许，仍即塞关"①。孝谦女帝和藤原光明皇太后知道此密告后，一开始并没有相信，但就在同日，事态又急速转变。藤原仲麻吕将右大臣藤原丰成排除在审讯之外，派藤原永手等人再度在左卫士府拷问小野东人、答本忠节等人。小野东人等人推翻之前的口供，承认谋反，供述橘奈良麻吕、大伴古麻吕、安宿王、黄文王等人结为一党，计划"发兵围内相宅，杀劫即围大殿，退皇太子，次倾皇太后宫而取铃玺，即召右大臣将使号令。然后废帝，简四王中立以为君"②。

根据小野东人的供述，以橘奈良麻吕为首，道祖王、黄文王等被列为乱党者迅速遭到逮捕。随着审讯的进行，全部承认谋反。橘奈良麻吕在藤原永手记录的审讯记录上坦承谋反的原因是藤原仲麻吕"造东大寺，人民苦辛。氏氏人等，亦是为忧。又置划奈罗为已大忧"③。之后，其余同谋很快下狱，在藤原永手、百济王敬福等人的监督下，全身被反复杖责。道祖王、黄文王、大伴古麻吕、小野东人等在同一天死于严刑拷打之下。虽然橘奈良麻吕的名字没有出现在上述六人中，但他应该也死于严刑拷打之下。④ 安宿王被流放至佐渡岛，大伴古麻吕被流放至土佐国，盐烧王因为没有直接参与的证据，被臣籍降下，改名为冰上真人盐烧。其他因橘奈良麻吕之变被连坐而遭到流罪、徒罪、没官等处罚的官员达443人。以上事件

---

① 黒板勝美国史大系編修会編輯：《新訂増補国史大系・続日本紀》卷20，第235頁。
② 黒板勝美国史大系編修会編輯：《新訂増補国史大系・続日本紀》卷20，第236頁。
③ 黒板勝美国史大系編修会編輯：《新訂増補国史大系・続日本紀》卷20，第236頁。
④ 奈良本辰也編：《日本史小百科第12卷——政变》，近藤出版社1981年版，第31頁。

被称为"橘奈良麻吕之变"。当时孝谦天皇和藤原光明子皇太后同时发出"诏",由此可见,藤原光明子皇太后实际上处于太上天皇的地位,而且藤原光明子皇太后持有"天皇御玺"。①

藤原仲麻吕借由"橘奈良麻吕之变",将对自己不满的政敌一扫而光。天平宝字二年(758)八月,大炊王即位为淳仁天皇,藤原仲麻吕被任命为太保(右大臣),受赐"惠美押胜"之名。此后藤原仲麻吕在藤原光明子皇太后的庇护之下权势进一步加强。天平宝字四年(760)一月,藤原仲麻吕升任太师(太政大臣),荣极一时。

总之,阿倍内亲王是藤原氏所生的唯一的皇亲。立阿倍内亲王为皇太子也是帮助藤原光明子立为皇后的藤原氏一族企图扩张势力的结果。

第三节　延历十二年以后皇亲的婚姻

从桓武天皇延历十二年(793)开始,女性皇亲内婚制的原则发生了很大的变化。根据《日本纪略》延历十二年九月丙戌条记载:

> 见任大臣良家子孙,许娶三世已下王。但藤原氏,累代相承,摄政不绝,以此论之,不可同等。殊可听娶二世已下王者。②

---

① 井上亘:《虚伪的"日本"——日本古代史论丛》,社会科学文献出版社2012年版,第192—193页。
② 黑板勝美国史大系编修会编辑:《新訂增補国史大系·日本纪略》(前篇下)卷13,吉川弘文館1982年版,第267页。

也就是说，女王的婚姻开始从封闭到开放，担任大臣以及良家子孙可以娶三世以下的女王，藤原氏则可以娶二世女王。从此，女性皇亲中除了内亲王外的所有女王均可以同有势力的贵族通婚。关于颁布"延历十二年诏"的原因，笔者认为，一方面是为了进一步拉拢有势力的贵族，特别是藤原氏；另一方面则是为了进一步缓解政府的财政压力。下文主要就延历十二年后女王、内亲王的婚姻作一考察。

一　女王的婚姻

虽然桓武天皇颁布了担任大臣以及良家子孙可以娶三世以下的女王，藤原氏可以娶二世女王的规定，但由于当时桓武天皇的子女大多年幼，除了稗田亲王可能有女儿之外，其他亲王可能都没有女儿，因此当时的女王数量很少。

二世女王嫁给臣下的事例始于淳和天皇的皇子恒世亲王之女嫁给藤原内麿的第十子藤原卫。① 恒世亲王之女与藤原卫的成婚时间不明，安田政彦推测其时间段大致在天长年间（824—833）末期至承和年间（834—847）初期，② 这距离桓武天皇颁布"延历十二年诏"已有近半个世纪。藤原卫的母亲是正一位藤原永手的女儿，其"二岁丧母，比及五岁，问母氏即世之早晚，哀慕感人，大臣（内麿）甚奇之，立为嫡嗣"③。藤原卫5岁时，藤原内麿已经48岁，内麿的长子藤原真夏30岁、二子藤原冬嗣29岁。按理藤原内麿在立嫡嗣时应该选藤原真夏或藤原冬嗣，但结果却选了年仅5岁的藤原卫。

此后，藤原卫"七岁游学。十八奉文章生试及科，时人方之汉

---

① 栗原弘：《藤原内麿家族について》，《日本歴史》第511号，1990年，第27頁。
② 安田政彦：《平安時代皇親の研究》，吉川弘文館1998年版，第32頁。
③ 黒板勝美国史大系編修会編輯：《新訂増補国史大系・文德天皇実録》卷9，吉川弘文館1981年版，第104頁。

朝贾谊。顷之拜中判事，后迁为大学助。弘仁十三年冬十一月叙从五位下。十四年春正月为远江守。政贵宽静，百姓欣然。天长四年朝廷善其治化，授从五位上"①。藤原卫叙从五位上时年仅24岁，是藤原内麿十一个儿子中叙从五位上年纪最轻的一位。天长七年（830），藤原卫"为式部少辅，见有不法，必评论之，不避贵戚，帝甚器之"②，是公认的有贤能的官吏。正因如此，淳和天皇将恒世亲王之女嫁给了藤原卫。而在此之前，藤原良房已经娶了嵯峨天皇的皇女源洁姬（源洁姬虽被赐姓源氏降为臣籍，但这也开了臣下娶皇女先例）。由此可见，从桓武朝至淳和朝，藤原氏如果没有得到天皇的赏识，恐怕很难获得同女王结婚的资格。

除上述事例之外，以9世纪为中心的臣下藤原氏娶亲王女（二世女王）的事例主要有以下一些事例：一是藤原基经与人康亲王女的婚姻；③ 二是藤原基经与忠良亲王女的婚姻；④ 三是藤原时平与本康亲王女的婚姻；⑤ 四是藤原定方与是贞亲王女的婚姻。⑥

按"延历十二年诏"的规定，与二世女王通婚的除皇亲之外只能是藤原氏，但实际上除了藤原氏外还有两个臣下娶二世女王的事例。即源弘与阿保亲王女的婚姻；⑦ 平惟范与人康亲王女的婚姻。⑧"延历十二年诏"并没有将臣籍降下的皇亲（主要是源氏和平氏）与二世女王的婚姻考虑在内。藤原氏在当时自然是权力极盛一时的贵族势力，而源氏与平氏虽然在被赐姓后降为臣籍，但作为皇族的后代，依然拥有很高的政治地位。但按"延历十二年诏"的

---

① 黒板勝美国史大系編修会編輯：《新訂増補国史大系·文徳天皇実録》卷9，第104頁。
② 黒板勝美国史大系編修会編輯：《新訂増補国史大系·文徳天皇実録》卷9，第104頁。
③ 黒板勝美国史大系編修会編輯：《新訂増補国史大系·尊卑分脉》第1篇，第45頁。
④ 黒板勝美国史大系編修会編輯：《新訂増補国史大系·尊卑分脉》第1篇，第46頁。
⑤ 黒板勝美国史大系編修会編輯：《新訂増補国史大系·尊卑分脉》第1篇，第46頁。
⑥ 黒板勝美国史大系編修会編輯：《新訂増補国史大系·尊卑分脉》第2篇，第57頁。
⑦ 黒板勝美国史大系編修会編輯：《新訂増補国史大系·尊卑分脉》第3篇，第4頁。
⑧ 黒板勝美国史大系編修会編輯：《新訂増補国史大系·尊卑分脉》第4篇，第4頁。

规定，臣下除了藤原氏之外只能同二世以下女王通婚。因此与其说是由于源氏和平氏地位较高，倒不如说是源氏和平氏享受着与皇亲同等的待遇，因而获得了同二世女王通婚的权力。所以事实上可以同二世女王结婚的臣下除了当时强有力的贵族（藤原良房→藤原基经→藤原时平）外，还有与皇家具有血缘关系的赐姓皇亲。

三世以下女王嫁给臣下较早的例子是藤原小黑麿之子藤原葛野麿同山轮王女（几世女王不明）的婚姻以及藤原内麿的第二子藤原冬嗣同大庭王女朝平女王（四世女王）的婚姻。① 此外，以9世纪为中心的臣娶三世以下女王的事例主要还有：藤原葛野麿与山轮王女（几世女王不明）的婚姻；孙藤原忠行与雄风王女（三世女王）的婚姻；藤原利仁与辅世王女的婚姻（几世女王不明）；橘公赖的父亲（不明）与母亲（惟风王女）的婚姻；南家右大臣是公五世孙清夏与正行王女（三世女王）的婚姻。② 女王与臣下的婚姻在当时之所以如此罕见，无疑与受到史料的限制有关，但可以确定的是，当时女王与臣下的婚姻并不是十分普遍。

二 内亲王的婚姻

虽然桓武天皇颁布"延历十二年诏"以后，女性皇亲的婚姻开始从封闭到开放，但也只是适用于二世以及二世以下女王，内亲王依然无法同贵族通婚。但事实上，在现实的生活中也存在许多违反律令规定的内亲王与贵族之间的违法婚。具体情况参见表4—4。

内亲王与贵族通婚的最早事例是醍醐天皇的皇女勤子内亲王（母亲为更衣源周子）与藤原师辅。③ 藤原师辅是藤原忠平的次子。

---

① 栗原弘：《藤原内麿家族について》，第27页。
② 安田政彦：《平安時代皇親の研究》，第33—38页。
③ 服藤早苗：《王朝を支えた皇女》，服藤早苗、西野悠纪子等编：《歴史のなかの皇女たち》，小学館2002年版，第78页。

延长八年（930），他与大自己4岁的勤子内亲王私通，此后被敕许结婚。天庆二年（939），藤原师辅成为皇太后藤原稳子的中宫大夫。天庆三年（940），师辅通过取悦皇太后，将自己的女儿藤原安子嫁给成明亲王，由此构筑了权势的基础。① 天庆七年（944）四月，成明亲王被立为皇太弟，师辅升任东宫大夫。天庆九年（946）四月，朱雀天皇让位，成明亲王即位为村上天皇，朝廷的实权落入藤原师辅手中。

表4—4　　　　　　　平安时代初期内亲王与臣下的婚姻

天皇	醍醐天皇	醍醐天皇	醍醐天皇	醍醐天皇	醍醐天皇	醍醐天皇	村上天皇	村上天皇	三条天皇	后朱雀天皇	敦明亲王
皇女	勤子内亲王	雅子内亲王	普子内亲王	靖子内亲王	韶子内亲王	康子内亲王	保子内亲王	盛子内亲王	禔子内亲王	娟子内亲王	儇子内亲王
婚姻对象	藤原师辅	藤原师辅	源清平、藤原俊连	藤原师氏	源清荫、橘惟风	藤原师辅	藤原兼家	藤原显光	藤原教通	源俊房	藤原信家

勤子内亲王死后，藤原师辅又同勤子内亲王的同母妹雅子内亲王（母亲为更衣源周子）结婚。雅子内亲王22岁时被卜定为伊势斋王，到伊势神宫侍奉天照大神，五年后因母亲死亡退任。雅子内亲王死后，藤原师辅又同勤子内亲王的异母妹康子内亲王（母亲是太皇太后藤原稳子）结婚。这样藤原师辅就同醍醐天皇的三个女儿结婚，加强了同皇室的联系。前已述及，从桓武朝至淳和朝，藤原氏如果没有得到天皇的赏识，恐怕很难获得同女王结婚的资格。但自

---

① 角田文衞：《太皇太后藤原穏子》，《角田文衞著作集第6卷・平安人物志下》，法藏館1985年版，第25頁。

从宇多天皇开始，逐渐形成摄关政治，因此藤原氏与内亲王的婚姻也开始变得普遍起来。此后，藤原师氏、藤原兼家、藤原显光、藤原教通等也先后娶内亲王为妻。

进入平安时代以后，嫁给天皇的内亲王很少能够成为皇后。从桓武天皇至一条天皇，只有两位内亲王被立为皇后或中宫。具体情况见表4—5。

表4—5　　　　桓武天皇至一条天皇时期嫁给天皇的内亲王

天皇	身份	皇女名	父子关系	备考（皇后、中宫）
桓武天皇	妃	酒人内亲王	光仁天皇皇女	藤原乙牟漏
平城天皇		朝原内亲王	桓武天皇皇女	
		大宅内亲王	桓武天皇皇女	
		甘南美内亲王	桓武天皇皇女	
嵯峨天皇	妃	高津内亲王	桓武天皇皇女	橘嘉智子
	宫人	交野女王		
淳和天皇	皇后	正子内亲王	嵯峨天皇皇女	正子内亲王
	妃	高志内亲王	桓武天皇皇女	
	尚藏	绪继女王		
仁明天皇	宫人	高宗女王	冈屋王女	
文德天皇	女御	东子女王		
清和天皇	女御	嘉子女王		
	女御	隆子女王	章明亲王女	
	女御	兼子内亲王		
	女御	忠子内亲王	光孝天皇皇女	
阳成天皇	妃	绥子内亲王	光孝天皇皇女	
	妃	姣子内亲王		
光孝天皇	女御	班子内亲王	仲野亲王女	
	宫人	正躬王女		
宇多天皇				
醍醐天皇	妃	为子内亲王	光孝天皇皇女	藤原稳子
	更衣	满子内亲王	相辅王女	

续表

天皇	身份	皇女名	父子关系	备考（皇后、中宫）
朱雀天皇	女御	熙子女王	保明亲王女	
村上天皇	女御	徽子女王	重明亲王女	藤原安子
	女御	庄子女王	代明亲王女	
冷泉天皇	中宫	昌子内亲王	朱雀天皇皇女	昌子内亲王
圆融天皇	女御	尊子内亲王	冷泉天皇皇女	藤原媓子 藤原遵子
花山天皇	女御	婉子内亲王	为平亲王女	
一条天皇				藤原定子 藤原彰子

资料来源：荒木敏夫：《古代天皇家の婚姻戦略》，吉川弘文館2013年版，第172—174頁。

由于正子内亲王的母亲是藤原延子，因此事实上在被立为皇后或中宫的内亲王中，只有昌子内亲王的父母都是皇亲（朱雀天皇与熙子女王）。由此也可以看，自从非皇亲出生的藤原光明子打破只有内亲王能够成为皇后、开创"人臣皇后"以后，随着权力逐渐由皇亲转入藤原氏手中，非藤原氏出身的内亲王逐渐很少能够成为皇后。

虽然桓武天皇颁布"延历十二年诏"后女性皇亲的婚姻开始从封闭到开放，但这种开放更多的是对藤原氏的开放。特别是确立摄关政治以后，随着藤原氏女子大量嫁给皇亲男子以及藤原氏男子大量娶皇亲女子，天皇家与藤原氏族之间逐渐形成了一个双向性的婚姻关系。

在孔颖达注《春秋左氏传》中，解释因为三公主持天子的女儿的婚姻，故将天子的女儿称为公主。也就是说，公主的称号与婚姻密不可分，即始于嫁给臣下。在中国的民间社会里，"未婚女子在娘家享受家庭生活，同时对其家产没有施与任何形式的必然的、总括性的权力，即直至嫁往别人家为止，此期间可以说未婚女子只不过是暂时被娘家养着。从这个意义上说，可以将其称为家之附从的成员"①。换句话说，古代中国未婚女子没有继承娘家家产的权力，同时也不是因出生，而是通过婚姻关系才开始获得宗族的归属关系。因此，对女性来说，"结婚决不单单是与夫的结合，而是与在宗族秩序之中所占据着的地位的合并；于是通过结婚，就意味着开始取得对人生完结来说是不可缺少的要素即与宗族所属的关系"②。古代日本内亲王的婚姻正好与我国公主的婚姻相反。内亲王只能同其他皇亲近亲通婚，无法下嫁给臣下；内亲王因其作为皇亲被视为男系血族的成员，有继承娘家财产的权力（如未婚内亲王即位成为女帝以及未婚内亲王因女院宣下成为巨大的皇室领地的拥有者等），同时一出生便确立了宗族归属关系，无须通过婚姻关系获得。

第四节　小结

古代日本由于社会发展的相对滞后，不仅没有近亲、同宗、同姓不婚的禁忌，而且近亲婚成为十分流行的习惯。尤其是在皇族和贵族社会中，近亲婚的现象更为普遍。具体来说，皇亲的近亲婚大致有以下几个特点：一是婚姻没有辈分限制；二是没有同母异父或同母同父婚现象的发生；三是天皇的皇后大多是天皇的皇女；四是没有与海外诸王权通婚。

律令制确立以后，天皇为了维护自己家族内部的血统高贵以及统治的正当性，在《继嗣令》"王娶婚条"对作为皇亲的"内亲王"以及二世至四世或五世"女王"采取的仍然是以"内婚制"为原则的近亲婚。二世至五世"女王"无法同皇亲以外的人结婚，只能同天皇、亲王以及二世至四世王结婚，从而形成封闭的血缘集团。

---

① 贺滋秀三：《中国家族法原理》，张建国、李力译，法律出版社2003年版，第438页。
② 贺滋秀三：《中国家族法原理》，第465页。

虽然律令制对"内亲王"以及二世至四世"女王"的婚姻采取的是"内婚制"的原则，但藤原氏为了进一步加深与皇亲的关系，同时二世以下王也希望通过加深同藤原氏的关系来提高政治地位，因此往往出现藤原氏与二世以下女王之间的违法通婚。

阿倍内亲王的独身与冰高皇女的独身如出一辙。由于一方面随着光明子皇后年龄的不断增长，却一直没有怀孕的征兆；另一方面，光明子皇后即使生出皇太子，等到满足即位的年龄也不是一朝一夕的事情。所以，圣武天皇和光明子皇后不让阿倍内亲王成婚，以便她将来继承皇位，保护将来可能出生却年幼的皇太子，以维系父子的直系继承。

至延历十二年（793），随着藤原氏的崛起与律令制国家的衰退，女王的"内婚制"原则被打开了一个缺口，一世以下女王与臣下的婚姻得以合法化。但一方面由于当时天皇的子女大多年幼，亲王可能都没有女儿，因此一世以下女王与臣下的婚姻很少；另一方面，随着摄关政治的确立，出现了大量藤原氏与内亲王通婚的现象，天皇家与藤原氏族之间逐渐形成了一个双向性的婚姻关系。

第 五 章
赐姓制度

由于古代日本人崇信天皇是神的后代，且神没有姓，因此天皇及皇亲都没有姓。大化改新以后，随着古代国家政治形势的不断变化，出现了天皇给皇亲赐姓的现象。日本学界有时也将皇亲赐姓称为"赐姓降下"或"臣籍降下"。天皇在给皇亲赐姓时往往也附带赐予"氏"名，有时也被称为"皇亲赐氏姓"（以下一律将"赐氏姓"简称为"赐姓"）。本章拟在全面分析古代日本赐姓制度的基础上，对皇亲赐姓的出现、兴盛、衰落及其原因进行梳理，并对源氏赐姓进行系统考察。

第一节 古代日本的赐姓制度

一 氏姓制度的特征与意义

古代日本的"氏"与原始社会的氏族不同，它既是一种政治制度，又是一种社会组织。"氏"不论大小均由家庭组成，少则数十户或几户，多则数百户。户数较少的氏往往称为"小氏"，户数较多的氏则被称为"大氏"，如《日本书纪》天智天皇三年（664）二月丁亥条就有"大氏之氏上赐大刀，小氏之氏上赐小刀"的记载。① 上文的"氏上"，指的是"氏"的首领，主要负责管理血缘亲属"氏人"和无血缘关系的成员"部民""部曲""奴婢"等。"氏上"在氏族内部主持祭祀，裁断诉讼，管理生产、生活，并负责与外部交涉，率领"氏人"侍奉朝廷等。天武天皇于天武天皇十年（681）九月下诏："凡诸氏有氏上未定者，各定氏上而申送于理官"②；次年十二月再次下诏："诸氏人等，各定可氏上者而申送。亦其眷族多在者，则分各定氏上并申送于官司，然后斟酌其状而处分之。因承官判，唯因少故而非己族者辄莫附。"③ 由此可以看出大和朝廷对选定氏上的重视程度。

一个"氏"往往是一个官职世袭的贵族世家。他们根据该氏族在朝廷中所担任的官职、社会地位或该氏族所居住、管辖的地方而命名。例如，"忌部氏"是源自掌管祭祀的氏族；"大伴氏"和"物部氏"是源于掌管军事的氏族；"近江氏"是指统治近江地方的氏族；"出云氏"主要指居住于出云国的氏族。事实上，大和朝廷中有着最高权力的大王家，正是当时最强大的氏族。

正如我国存在公孙、夏侯、诸葛、令狐、西门等多种复姓一样，古代日本也存在多种"复氏"。太田亮总结为以下一些类型：地名加地名（如纪河濑、上毛野坂本、苏我田口等）、地名加部名（如久米物部、肩野物部、平群壬生等）、地名加特殊名（如阿倍志斐、巨势槭田等）、部名加地名（如物部飞鸟、物部伊势、汤坐菊多等）、部名加部名（如海犬养、海语、物部海、蝮壬部等）、部名加事由（如膳大伴等）、事由加地名（如大伴安积、大伴攞津等）、事由加部名（如大伴大田等）以及事由加事由等九大类。此外，根据"复

---

① 黑板勝美国史大系編修会編辑：《新訂增補国史大系・日本書紀》卷27，吉川弘文館1983年版，第288页。

② 黑板勝美国史大系編修会編辑：《新訂增補国史大系・日本書紀》卷29，第359页。

③ 黑板勝美国史大系編修会編辑：《新訂增補国史大系・日本書紀》卷29，第266页。

氏"前半部与后半部所产生的先后时间，又可以分为三类，即前半部早于后半部、前半部晚于后半部、前半部与后半部同时产生三类。①

由于古代日本在很长一段时间内不分父系、母系，由双系构成同族集团，因此氏名既有来自父系的，也有来自母系的，很不稳定。其中也有一些由父系和母系氏名复合构成，如"物部弓削守屋大连"，该氏中就包含有父系的氏名"物部"和母系的氏名"弓削"，"这一方面反映了当时的婚姻形态，同时亦反映了一种社会的多重从属关系"②。

"姓"最早是弥生时代表示豪族身份的称号。如对马彦的"彦"最初表示统治对马岛豪族的称号，不弥玉的"玉"最初表示统治不弥国的豪族的称号。这些称号不是由中央朝廷制定，而是由他们自己决定，象征着当时的地域小国。随着大和国势力的发展，大王为了建立有效的统治秩序，逐渐掌握了赐予或剥夺姓的权力。在吸收新罗按血缘关系，固定人的身份、官阶的骨品制的基础上，大王开始按照与自己的亲疏关系、血缘的远近，以及其势力与功劳的大小，对隶属于朝廷的许多氏族以及各地的旧贵族分别赐予"姓"，形成了以"姓"为标志划分等级的制度。"姓"实际上成为表示"氏上"地位和职务的称号，类似于世袭的爵位。

大化改新以前，大和朝廷制定和赐予豪族的姓主要有"臣""连""君""造""直""首""史""村主"等。这些姓排序严格，等级分明，大致可分为四等。第一等是"臣""连""君"。多赐给朝廷中有势力的大豪族（如葛城臣、平群臣、苏我臣、大伴连、物部连、中臣连等）和地方上历史悠久的大豪族（吉备臣、出云臣、筑紫君、毛野君等），是最有势力的"姓"。其中臣姓和连姓豪族集团又产生"大臣"和"大连"。"大臣""大连"辅佐大王，总揽国

---

① 太田亮：《日本上代における社会組織の研究》，磯部甲陽堂1929年版，第306—307页。
② 王秀文：《日本姓氏制度的演变及其特征》，《日本学刊》1993年第4期，第106页。

政，是豪族中最高的称号和官职。第二等是"造""直"。多赐给地方小豪族和部民的统率者。如水取造、酒部造、倭直、伊势直、河内直等。造姓、直姓地方豪族比臣姓、君姓地方豪族对大王政权的从属性更强。第三等是"首"。多赐予国造以下地方官和屯仓管理人，如宿见屯仓首等。第四等是"史""村主""吉土""日佐"等。皆为大陆移民氏族的姓，有些大陆移民也被赐予"造""直""首"等姓，如秦造、东汉直等。

古代日本"氏"与"姓"相结合的统治体制为大和朝廷统一全国奠定了基础。在氏姓制度形成过程中，由于大和集团在对其他氏族集团进行武力征服的时候，对表示臣服的氏族集团，既不破坏其氏族组织，又承认氏族首领在本氏族的统治地位，这就减缓了被征服者的反抗。大和集团因此得以迅速扩强，完成向国家的过渡。① "姓"是根据出身世系，由天皇下赐，既象征特殊荣誉，又能给贵族带来莫大实惠。因此，氏姓制度对于扩大统治基础，维护朝廷的利益也起到一定作用。② 氏姓制度作为一种身份等级制度，与以后推古朝的"冠位十二阶"和天武朝的"八色姓"相比，还很不完备，其位阶的设定和授予标准等都未定型。尽管如此，以抽象的姓表示尊卑的氏姓身份制，取代了古坟营造这种通过具体物象体现的身份制，这一事实表明大王政权已开始跨入当时东亚世界发达国家的行列。③

二 赐姓的类型与变迁

所谓的赐姓，完整地说应该称为"改赐氏姓"，即包括改氏姓和赐氏姓两种情况。根据中村友一统计，在《古事记》中没有改氏姓的事例，赐氏姓的事例也只有两例；在《日本书纪》中也没有改氏

---

① 王顺利：《古代日本氏姓制度浅析》，《东北师大学报》1992年第4期。
② 李卓：《氏姓制度与日本社会》，《史学月刊》1985年第5期。
③ 沈仁安：《日本起源考》，昆仑出版社2004年版，第259页。

姓的事例，赐氏姓的事例有 212 例；在《续日本纪》中改氏姓的事例有 113 例，赐氏姓的事例有 520 例；在《日本后纪》中改氏姓的事例有 4 例，赐氏姓的事例有 106 例。①

关于改赐氏姓的类型，义江明子将其划分为四种：一是作为恩赐的改赐氏姓；二是针对罪人，作为惩罚的改赐氏姓；三是恢复因失误导致纠纷的改赐氏姓；四是以"庚寅年籍"的记载为根据，作为国家政策一部分的改赐氏姓。②

喜田新六在义江明子所划分的第三种类型的基础上，进一步将改赐氏姓划分为五种类型：对先祖的功绩与历史性的申述型；对户籍的误写等的纠正型；将从母方氏姓者改为从父方氏姓的转变型；以同族为理由，希望能够同样被改赐氏姓的祈愿型；对现在氏姓的不满型。③

中村友一认为虽然存在喜田新六所划分的五种类型，但申请改赐氏姓时，与真实的理由相比，假冒的理由占了大半，因此将改赐氏姓分为三种类型：特殊型改赐氏姓；下赐型改赐氏姓；认可型改赐氏姓。④

确实，除了中村友一划分出了特殊型改赐氏姓外，义江明子与喜田新六的划分方法无法包括出家、还俗复姓，或者是避嫌、避讳的改姓以及"神宣"赐姓等情况。但是，中村友一划分方法中的下赐型与认可型的界定范围十分模糊，下赐型中改赐氏姓有许多也属于认可型。笔者认为，根据不同的划分标准，就可以有许多新的划分方法。首先，如果按照氏的不同类型，可将其划分为三种类型：特殊型改赐氏姓；单氏型改赐氏姓；复氏型改赐氏姓。如果按改赐姓的对象，还可将其划分为另外三种类型；一般社会成员的改赐氏

---

① 中村友一：《日本古代の氏姓制》，八木書店 2009 年版，第 174 頁。
② 義江明子：《日本古代の氏の構造》，吉川弘文館 1986 年版，第 269—311 頁。
③ 喜田新六：《令制下における君臣上下の秩序について》，皇学大学出版部 1972 年版，转引自中村友一《日本古代の氏姓制》，第 175 頁。
④ 中村友一：《日本古代の氏姓制》，第 175 頁。

姓；大陆移民的改赐氏姓；皇亲的赐氏姓。

在大化改新以前，改赐氏姓的事例十分稀少。大化改新以后，日本开始模仿唐制建立中央集权制国家。由于氏姓制度实行几个世纪以来皇室与豪族间亲疏关系不断变化，权力互有消长，因此，对"氏姓制度"进行了部分改革，使改赐氏姓的数量迅速增加。

改赐氏姓的频繁发生，始于天武天皇统治时期。天武天皇统治时期的改赐氏姓大致又可以分为两个时期。第一个时期是从天武天皇九年（680）至天武天皇十三年（684）的改赐连姓时期，第二个时期是天武天皇十四年（685）的改赐"八色姓"时期。

改赐连姓的目的，主要是调整旧豪族与新功臣之间的关系。天武天皇九年（680）正月，"天皇御于向小殿而宴王卿于大殿之庭。是日，忌部首子首赐姓曰连。则与弟色弗共悦拜"[①]。忌部首子正是"壬申之乱"中的功臣，连姓与臣姓则是当时地位最为显赫的两个姓，因而忌部首子被赐予连姓。天武天皇十年（681）正月，"天皇御向小殿而宴之。是日，亲王、诸王引入内安殿，诸臣皆侍于外安殿，共置酒以赐乐。则大山上草香部吉士大形授小锦下位，仍赐姓曰难波连"[②]。草香部吉士大形由大山上升至小锦下（大山上与小锦下是649年至685年所使用的冠位）。同年四月，"锦织造小分、田井直吉麻吕、次田仓人、椹足（椹、此云武规）、石胜、川内直县、忍海造镜荒田能麻吕、大狛造百枝、足坏、倭直龙麻吕、门部直大岛、完人造老、山背狛乌贼麻吕，并十四人赐姓曰连"[③]。以上均是壬申之乱中的功臣，[④]即均是给予功臣赐姓。

---

① 黑板胜美国史大系编修会编辑：《新订增补国史大系·日本书纪》卷29，第352页。
② 黑板胜美国史大系编修会编辑：《新订增补国史大系·日本书纪》卷29，第356页。
③ 黑板胜美国史大系编修会编辑：《新订增补国史大系·日本书纪》卷29，第357—358页。
④ 太田亮：《日本上代における社会組織の研究》，第667—668页。

天武天皇十一年（682）十二月，天武天皇颁布诏书规定："诸氏人等，各定可氏上者而申送。亦其眷族多在者，则分各定氏上，并申送于官司。然后斟酌其状，而处分之。因承官判。唯因小故，而非已族者，轻莫附。"① 赐连姓开始由赐予"一家"变为赐予"一族"。如《日本书纪》天武天皇十二年九月（683）丁未记载："倭直、栗隈首、水取造、矢田部造、蔽原部造、刑部造、福草部造、凡川内直、川内汉直、物部首、山背直、葛城直、殿服部造、门部直、锦织造、缦造、鸟取造、来目舍人造、桧隈舍人造、大狛造、秦造、川濑舍人造、倭马饲造、川内马饲造、黄文造、荐集造、勾筥作造、石上部造、财日奉造、泥部造、穴穗部造、白发部造、忍海造、羽束造、文首、小泊濑造、百济造、语造、凡三十八氏，赐姓曰连。"② 直、造两姓氏族均被赐予连姓。

随着赐连姓者数量的不断增加，连姓用于区分身份尊卑、等级高下的功能逐渐下降。天武天皇十四年（685）十月，天武天皇为了将氏姓制与位阶制相对应，把有势力的豪族纳入国家体制，加强中央集权，制定了新的"八色姓"制，即"更改诸氏之族姓，作八色之姓，以混天下万姓。一曰，真人。二曰，朝臣。三曰，宿祢。四曰，忌寸。五曰，道师。六曰，臣。七曰，连。八曰，稻置"③。

前已述及，真人姓主要授予旧公姓与天皇有着血缘关系的氏族，朝臣姓主要授予旧臣姓氏族，宿祢姓主要授予旧姓连氏族，忌寸姓主要授予旧直姓的国造诸氏以及大陆移民氏族。这样，"通过赐姓将政治地位映射在社会身份上，建立一元的尊卑等级秩序"④。不过，"八色姓"并不适用于所有的姓，从前的许多姓，如

---

① 黑板勝美国史大系編修会編輯：《新訂增補国史大系·日本書紀》卷29，第366页。
② 黑板勝美国史大系編修会編輯：《新訂增補国史大系·日本書紀》卷29，第368—369页。
③ 黑板勝美国史大系編修会編輯：《新訂增補国史大系·日本書紀》卷29，第372页。
④ 韩昇：《日本古代的大陆移民研究》，文津出版社1995年版，第82页。

"造"等姓依然原封不动地保留了下来，并且还编造了许多新姓授予大陆移民。

进入平安时代以后，"氏姓制度"的作用发生了很大的变化，氏姓秩序也出现了混乱的局面。为此，嵯峨天皇命令万多亲王等编纂《氏族志》。《氏族志》于弘仁六年（815）七月完成，起名为《新撰姓氏录》①。《新撰姓氏录》共30卷，收录了从第一代天皇至第五十二代天皇总计1182个姓氏，并将所赐氏姓分为三类：皇别——各代天皇的子孙的氏姓，如"臣""公""别""真人""朝臣"等姓；神别——各地土著国神后代的氏姓，如"连""宿弥"等；诸藩——渡来人后代的氏姓，如"忌寸""史""使主""村主"等。

第二节　皇亲赐姓的演变

皇亲赐姓与律令制国家的兴衰、藤原政权的形成与衰退、院政到平氏政权和源氏政权的转变、庄园的发展和以此为基础的中世社会的形成过程等历史进程息息相关。本节拟就古代日本皇亲赐姓的演变及其原因作一考察。

一　皇亲赐姓的出现

继天武天皇以后，原本"八色姓"都是赐予皇亲之外的社会成员，但从圣武天皇天平年间开始，出现了天皇给皇亲赐姓的现象。这样，即使是天皇以下至四世或五世在内的皇室亲族成员也可能因皇亲赐姓而脱离皇亲的范围。关于皇亲赐姓的记载，首次出现在《续日本纪》天平八年（736）十一月十一日葛城王与佐为王兄弟给圣武天皇的上表中。

---

① 书名虽称"新撰"，但并非在此之前曾出现《姓氏录》一书。

> 从三位葛城王，从四位上佐为王等，上表曰："臣葛城等言，去天平五年，故知太政官事一品舍人亲王，大将军一品新田部亲王宣敕曰：'闻道，诸王等愿赐臣连姓供奉朝廷。'"是故，召王等令问其状者，臣葛城等本怀此情，无由上达，幸遇恩敕，昧死以闻。①

由葛城王与佐为王兄弟的上表可知，早在天平五年（733），便有"诸王"开始请求天皇给予赐姓。可是，"诸王"作为皇亲享有十分优厚的待遇，为何要主动请求赐姓降下呢？天皇的赐姓往往是以与天皇及其一族的远近关系为标准，葛城王与佐为王兄弟希望获得的为何不是地位较高的真人、朝臣等姓，而是地位较为低下的宿弥姓呢？"诸王"希望获得的为何是地位较宿弥姓更为低下的臣、连二姓呢？

根据天平八年（736）十一月丙戌条记载：

> 和铜元年十一月二十一日，供奉举国大尝，二十五日御宴，天皇誉忠诚之至，赐浮杯之橘。敕曰："橘者果子之长上，人之所好。柯凌霜雪而繁茂，叶经寒暑而不雕，与珠玉共竞光，交金银以愈美。是以汝姓者赐橘宿祢也。"而今无继嗣者，恐失明诏。伏惟皇帝陛下，光宅天下，充塞八埏，化被海路之所，德盖陆道之所极，方船之贡，府无空时，河图之灵，史不绝记。四民安业，万姓讴衢。臣葛城，幸蒙遭时之恩，滥接九卿之末，进以可否，志在尽忠，身隆绛阙，妻子康家，夫王赐姓定氏由来远矣。是以，臣葛城等，愿赐橘宿弥之姓，戴先帝之厚命，流橘氏之殊名，万岁无穷，千叶相传。②

---

① 黒板勝美国史大系编修会编辑：《新訂増補国史大系・続日本紀》卷12，吉川弘文館1984年版，第141頁。

② 黒板勝美国史大系编修会编辑：《新訂増補国史大系・続日本紀》卷12，第141—142頁。

葛城王与佐为王的母亲是橘宿弥三千代。橘宿弥三千代原名县犬养三千代，是轻皇子（文武天皇）的乳母。由上述史料可知，和铜元年（708）十一月二十五日，元明女帝为了褒赏县犬养三千代的忠诚而赐予宿弥姓与橘氏。橘宿弥三千代于天平五年（733）以正三位之位过世，但在辞世后的同年被追封"从一位"之职。到了天平宝字四年（760），橘宿弥三千代被再次追封"正一位"和"大夫人"等称号。

简言之，葛城王与佐为王希望获得宿弥姓的原因在于橘宿弥在当时是十分重要的氏姓，如果橘宿弥三千代死后没有继嗣的话，如此重要的氏姓则无法传承。但更为重要的或许不仅仅在于此。橘宿弥三千代后来和在政治舞台上掌握实权的藤原不比等结合，并生下一名女婴安宿媛，即后来的藤原光明子皇后。因此，请求赐姓的真正意图正如藤木邦彦所言："在皇亲势力被藤原势力所压倒的情况下，继承和藤原不比等再婚生光明皇后的三千代的氏姓，既可以继承其巨大的财产，又可以强化同藤原氏的关系，并且可以同藤原氏并肩在政界伸张势力。"①

诸王主动请求臣籍降下的原因恐怕也与藤原氏势力的发展有关。从"长屋王之变"中大致可以说明当时的情况。天平元年（729），长屋王及其正妻吉备内亲王和儿子膳夫王、桑田王及葛木王、钩取王全部自杀。但是，长屋王的妾室藤原长娥子及其三子安宿王、黄文王与山背王则因为是藤原不比等的女儿及其所生子女而免死。从长屋王的妾室藤原长娥子及其三子免死这一点可以看出，当时藤原氏已经在朝廷中形成了非常雄厚的势力。

关于诸王希望获得地位十分低下的臣、连二姓的原因，笔者认为主要是由于赐姓本是天皇主动的行为，象征着天皇至高无上的权威。从制定"八色姓"后，尚无给皇亲赐姓的先例，诸王主动向天

---

① 藤木邦彦：《平安王朝の政治と制度》，吉川弘文館1991年版，第223页。

皇申请赐姓，恐怕是一件具有向天皇权威挑战意味的越格行为，所以不敢有过高的奢求。

当然，皇亲赐姓背后更为深层次的原因无疑是天皇出于维护和加强国家统治的考虑。皇亲赐姓的出现与其说是诸王希望赐姓，不如说是政府方面感到了赐姓的必要，而采取了让诸王方面提出的形式。① 如前所述，皇亲因为与天皇有血缘关系而获得了尊贵的地位，同时从国家和社会中获得了特别优厚的待遇。但是，随着皇亲人口的不断增加，所封爵位不断增多，食邑与俸禄等费用的巨额支出常常成为国家财政的沉重负担。与此同时，由于此时土地私有制的发展，班田农民大量逃亡，公地公民制和班田制日益动摇，进一步影响到国家财政收入，进而危及以天皇为中心的中央集权国家的统治。因此可以说，皇亲赐姓的出现实质上是通过调整以天皇为顶点的身份制度，来适应维护和加强以天皇为中心的中央集权制国家的统治体制的需要。这一点进入平安时代后表现得更为明显。

除了上述原因外，有时某些特殊原因也会使得天皇给皇亲赐姓。根据天平宝字五年（761）三月己酉条记载：

> 苇原王者，三品忍壁亲王之孙，从四位下山前王之男。天性凶恶，喜游酒肆，时与御使连麻吕，博饮忽发怒，刺杀屠其股完，便置胸上而脍之。及他罪状明白，有司奏请其罪。帝以宗室之故，不忍致法，仍除王名配流。②

苇原王便是因为性格粗暴、喜欢饮酒，最终犯下罪行而被臣籍降下的例子。类似的还有不破内亲王的例子。根据神户景云三年（769）五月壬辰记载："不破内亲王者，先朝有敕，削亲王名，而积恶不止，重为不敬，论其所犯，罪合八虐。但缘有所思，特宥其

---

① 藤木邦彦：《平安王朝の政治と制度》，第217页。
② 黒板勝美国史大系編修会編輯：《新訂増補国史大系·続日本紀》卷23，第278页。

罪，仍赐厨真人厨女姓名，莫令在京中。"①

除了因犯下罪行而被赐姓的事例之外，还有因为获得嘉奖而被赐姓的事例。如在前已述及的"橘奈良麻吕之乱"中，山背王因悄悄通报了橘奈良麻吕等人筹划铲除藤原仲麻吕的事情后，受到孝谦天皇的嘉赏，被赐予藤原朝臣这一氏姓。从藤原朝臣在当时已经作为赏赐功劳而被赐予这一点足以证明当时藤原氏的地位之显赫。

二 皇亲赐姓的兴盛

桓武天皇即位后，在皇亲范围与皇亲赐姓等方面开始出现重要的变化。如前所述，延历十七年（798），桓武天皇恢复了《继嗣令》将皇亲的范围限定至四世王内的规定。在皇亲赐姓方面，桓武天皇在位期间给包括广根诸胜、长冈冈成与良峯安世三位皇子在内的一百多位皇亲赐姓。奈良时代的皇亲赐姓主要是限定于二世以下的皇亲，桓武天皇给皇子赐姓在日本历史上尚属首次。当然，被赐姓的基本上都是生母家地位较低的皇子。值得注意的是，桓武天皇赐予三位皇子的并不是八色姓中等级最高的真人姓，而是朝臣姓。以此作为先例，后世的天皇在皇亲赐姓时，对最亲近者均赐予朝臣姓。究其原因，主要是由于奈良时代后期藤原氏因功而获得了朝臣姓，随着藤原氏势力的不断发展以及皇亲势力的逐渐衰退，实际上朝臣姓已经位于真人姓之上。

虽然桓武天皇之后的平城朝的时间很短，也只有对诸王的一次赐姓，但从平城天皇之后的嵯峨朝开始，皇亲赐姓再次兴盛起来。嵯峨天皇在位期间生育子女50人，这无疑对当时的财政是一种严重的负担。因此在弘仁五年（814）五月八日，嵯峨天皇给母亲不是皇后、女御的皇子信、弘、常、明以及皇女贞姬、洁姬、全姬、善姬8人赐姓。这8位皇子、皇女均被赐予朝臣姓与源氏。这是古代日本著名的源氏第一次出现在日本历史上。不久，嵯峨天皇又再次下诏，

---

① 黑板胜美国史大系编修会编辑：《新訂增補国史大系·続日本紀》卷29，第362页。

陆续给13名皇子与11名皇女赐姓。① 连同首次，嵯峨天皇先后一共给皇子17人，皇女15人，总计32人赐姓，这些人后来被称为"嵯峨源氏"。

贞观五年（863）九月二十日，时康亲王的奏折记载："嵯峨遗旨，母氏有过者，其子不得为源氏。"② 也就是说，源氏并不是所有皇子都可以轻易获得的。而且，即便已经获得源氏，也会因为母亲和自己的过失而被剥夺。如仁明天皇的皇子源登，因为母亲有过失被剥夺了源朝臣氏姓，并在不久后出家为僧。再如光孝天皇的皇子清美虽被赐予源朝臣氏姓，但由于自身的过失，被剥夺了源朝臣氏姓。此外，身体上有残障者往往也得不到源氏。如初代源氏长者、官至左大臣的源信，就因为儿子寻患有先天的智力障碍，因此不将其列入源氏的家籍。直至源信去世后，寻的兄长为了让弟弟获得氏姓，上表天皇后，才获得春朝臣的氏姓。在《源氏物语》中，光源氏之父桐壶帝考虑到光源氏背后缺乏有力的外戚做后台，因此不得不将光源氏从皇子身份降为一般臣下，赐姓源氏。由此都可以看出，源朝臣是当时最尊贵的氏姓。

关于嵯峨天皇为何用"源"字作为氏有多种说法。根据日本《古事类苑》记载，源氏的命名来源于《魏书》中的《源贺传》。中国《魏书·源贺传》记载南凉国主秃发傉檀为西秦攻灭，其子秃发贺逃亡北魏，被北魏世主封为西平侯。因为秃发、拓跋（北魏君王的姓氏）的祖先追溯起来是同源，明元帝遂给秃发贺易姓为源，即名相源贺。③ 在日本平安时代关于源贺的故事十分流行，因此笔者认为嵯峨天皇新创源氏这个赐姓来源于《源贺传》大致是可信的，一个"源"字，大概表达了嵯峨天皇希望这些分出去的儿女们能够铭

---

① 13位皇子分别是宽、定、镇、生、澄、安、清、融、勤、胜、启、贤、继；11位皇女分别是更姬、若姬、神姬、盈姬、声姬、容姬、端姬、吾姬、密姬、良姬、年姬。

② 黑板胜美国史大系编修会编辑：《新订增补国史大系·三代实录》卷12，吉川弘文馆1983年版，第178页。

③ 有说法认为和水源有关。

记自己与皇室同源的用意吧。

另外，淳和天皇于天长二年（825）七月首次给桓武天皇第五个皇子葛原亲王之子高栋王赐予朝臣姓与平氏，著名的平氏由此诞生。后来高栋王的后代被称为桓武平氏。平氏与源氏一样，都是皇族下赐臣籍时赐予的姓氏，二者不同的是，源氏一般赐予皇子、皇女与皇孙，而平氏则大多赐予皇孙的后裔。换句话说，平氏在家格上低于源氏。除了著名的桓武平氏之外，还有出自仁明天皇系属的仁明平氏、出自文德天皇系属的文德平氏以及出自光孝天皇系属的光孝平氏等。

关于平氏名称的由来也有多种说法。根据《平家勘文录》记载，宽平元年（889）十二月，民部卿宗章朝臣等人企图谋反，平高望追讨宗章等人立下了功劳，因此宽平二年（890）五月以"平朝敌"为由，赐予平氏。当然，这只是平氏作为武士兴盛后人们的附会说法而已。笔者赞同太田亮的看法，即平氏应该源自桓武天皇建造平安京。① 此外，藤木邦彦根据贞观五年（863）房世王上表中"作平朝臣姓，即取得平之义"② 的记载，认为"平"字还有取得和平的意思。③

在桓武天皇赐姓后的100多年时间里，皇亲赐姓十分兴盛。笔者认为，当时皇亲赐姓如此兴盛的原因大致有以下三点。

首先，当时的氏姓制度十分混乱，赐姓起到了重新明确姓氏秩序的作用。

《续日本纪》延历元年（782）六月乙丑条记载了完人建麻吕冒充仲江王，其子女冒充真人姓的事件。

---

① 最早提出这一说法的是日本学者太田亮，可参见太田亮《姓氏家系大辞典》，角川書店1960年版。

② 黒板勝美国史大系編修会編輯：《新訂増補国史大系・三代実録》卷7，第115頁。

③ 藤木邦彦：《平安王朝の政治と制度》，第238頁。

完人建麻吕之男女,神野真人净主,真依女等十四人,弟宇智真人丰公,改为真人从本姓,初建麻吕冒称仲江王,事发露而自经,其男女亦伪为真人,至是改正之。①

《续日本纪》延历三年(784)九月丙子条记载了冒充山村王子孙伪称真人姓的事件。

近江国言:"除王姓从百姓户五烟,口一百一人。户主槻村、井上、大冈、大鱼、动神等五人,并山村王之孙也。其祖父山村王,以去养老五年,编附此部。自尔以来,子孙蕃息,或七八世,分为数烟。"依格。六世以下,除承嫡者之外,可科课役,望请。承嫡之户,迁附京户,自余与姓科课。于是下所司,检皇亲籍,无山村王之名。仍从百姓之例,但不与真人之姓。②

由于皇亲拥有种种特权,恐怕类似的王姓冒充事件不在少数。延历十一年(792)七月二日敕令规定:

顷年京职辄赐诸王姓,即著籍帐以成常。自今以后,六世以下之王情愿赐姓,注所愿姓,先以申请,然后行之。③

这说明当时随意以诸王身份登录籍帐的现象已十分普遍。因此,为了改变这种氏姓混乱的局面,延历十八年(799)十二月二十九日戊戌条的敕令规定:

---

① 黑板胜美国史大系编修会编辑:《新訂增補国史大系·続日本紀》卷37,第485页。
② 黑板胜美国史大系编修会编辑:《新訂增補国史大系·続日本紀》卷37,第495页。
③ 黑板胜美国史大系编修会编辑:《新訂增補国史大系·類聚国史》卷79,吉川弘文館1965年版,第422页。

> 天下臣民氏族已众，或源同流别，或宗异姓同，欲据谱牒，多经改易。至检籍帐，难辨本枝，宜布告天下，令进本系帐。①

因而可以说桓武朝的皇亲赐姓担负着重新明确姓氏秩序的作用。其后嵯峨天皇在位期间编纂《新撰姓氏录》的目的之一就在于此。

其次，皇子等皇亲人数的增加加重了国家的封禄支出，通过赐姓可以减轻国家的财政负担。

随着皇亲人数不断增加，所封爵位也不断增多。从延历十五年（796）十二月九日的诏书中可以看出皇亲数量增加对当时位阶制与荫位制带来的影响。

> 皇亲之荫，事具令条，而宗室之胤，枝叶已众，欲加荣班，难可周及，是以，进仕无阶，白首不调，眷言于此，实合矜恕，宜其四世五世王，及五世嫡子年满二十一者叙正六位上，但庶子者降一阶叙，自今而后，永以为例。②

由于皇亲人数众多，除了前面谈到的一些皇亲为了蝇头小利收养普通人家之子为养子之外，一些皇亲成员还依仗能够从国家获得俸禄，为了满足暂时的奢侈享受，不惜先向富裕的豪民借高利息的债款。如延历十八年（799）三月九日格记载：

> 应禁皇亲之禄乞卖贱价事。右检案内，太政官去延历十六年四月二十四日下诸国符称，自今以后，公私举钱宜限一年收

---

① 黑板勝美国史大系编修会编辑：《新訂増補国史大系·日本後紀》卷8，吉川弘文館1966年版，第27页。

② 黑板勝美国史大系编修会编辑：《新訂増補国史大系·日本後紀》卷5，第7页。

> 半倍利，虽积年纪不得过责者，今右大臣宣，奉敕，如闻，王亲或募多禄，先受少价，或设重质，假乞贱物，苟贪目前不顾后弊，报赏之日既过一倍，因兹所司豪民竞求利润，如为与借，班禄之日滥诉繁多，自今以后，卖买禄物不得过于半倍之利，如有违犯，依法科处。①

特别是桓武天皇即位以后，为了吸取前代出现天皇直系血统断绝的教训，保证有稳定的皇位继承人，往往生得多个皇子，使皇子的人数急剧增加，进一步加重了国家的财政负担。

最后，能够继承皇位的皇子是极少数的，通过赐姓可以避免因皇子增加而带来的朝廷内部政治斗争风险的增多。

光仁天皇即位后立山部亲王（桓武天皇）为皇太子，立山部亲王的同母弟早良亲王为皇太弟。山部亲王即位后，早良亲王被立为皇太子。但皇太子早良亲王不久后受到"藤原种继暗杀事件"连坐，被废黜太子之位，并处以流放之刑。最终早良亲王以绝食抗议，死于流配的途中。

桓武天皇去世后，桓武天皇的长子安殿亲王继承皇位，即平城天皇。平城天皇身体病弱，在位仅三年后，就让位于同母弟神野亲王（嵯峨天皇），自己成为太上天皇，同时嵯峨天皇册立平城天皇之子高岳亲王为皇太子。但不久之后发生"药子之变"，平城上皇出家，皇太子高岳亲王也被废，嵯峨天皇的异母弟大伴亲王（淳和天皇）被立为太子。

淳和天皇即位后立嵯峨天皇之子正良亲王为皇太子，即仁明天皇。仁明天皇虽然立淳和天皇之子恒贞亲王为皇太子，但淳和天皇与嵯峨天皇相继去世后，便废太子恒贞亲王，改立自己的长子，藤原良房的外甥道康亲王为太子，即"承和之变"。

---

① 黒板勝美国史大系编修会编辑：《新訂補国史大系·類聚三代格》卷19，吉川弘文館1983年版，第610—611頁。

从"藤原种继暗杀事件"到"药子之变"再到"承和之变"这一系列围绕皇位继承的内部纠纷来看，可以说赐姓的目的之一也是避免由于皇子增加，在皇位继承问题上引起朝廷内部政治斗争风险的增加。这一点在光孝天皇统治时期表现得更加明显。阳成天皇由于荒淫无度，被迫退位，由仁明天皇之子时康亲王继承皇位，即光孝天皇。光孝天皇为了让阳成天皇之子继承皇位，将自己的皇子全部臣籍降下。但是，由于阳成天皇没有皇子，因此，光孝天皇去世后，由其被降为臣籍的皇子定善亲王源定省（宇多天皇）继位。

三 皇亲赐姓的衰落

平安时代中期，藤原氏一方面通过同皇室联姻取得了外戚的身份，另一方面通过不断玩弄权术打击了其他贵族。至藤原良房时，藤原氏最终获得了"摄政"的称号，开始了人臣摄政，并由此进入了所谓的摄关时代。虽然"延喜、天历之治"对藤原氏的摄关政治来说是一次打击，但不久藤原氏便牢固地确立摄政政治，并持续了百余年。从摄关时代的光孝天皇之后，皇亲赐姓，特别是对皇子的赐姓开始衰落。究其原因，大致有以下几点。

首先，摄关家的势力确立起来后，藤原氏为了长期独占这一势力，抑制从其他家族将女子送入后宫，因此，皇子的产生受到了限制，皇亲的绝对数量减少。从后宫女子的出身来看，光孝天皇之前送入的女子的出身往往有许多不同的来源。除了藤原氏、源氏之外，还有橘氏、菅原氏等。醍醐天皇以后则几乎都是藤原氏与源氏。特别是冷泉天皇以后，通过外戚的身份确立权势的藤原氏，担心这种权力会移交到其他氏族的手中，阻止其他氏族的女子进入后宫，藤原氏的女儿几乎独占后宫。据统计，光孝天皇有皇子、皇女45人、宇多天皇有皇子、皇女20人、醍醐天皇有皇子、皇女45人、朱雀天皇有皇子1人、村上天皇有皇子、皇女19人。除了朱雀天皇之外，其他天皇都拥有相当数量的皇子、皇女。但是从冷泉天皇开始皇子、皇女的数量开始急剧减少。冷泉天皇有皇子、皇女 7 人，圆融天皇有皇子 1 人，花山天皇有皇子、皇女 4 人，一条天皇有皇子、皇女 5 人，三条天皇有皇子、皇女 6 人，后一条天皇有皇子、皇女 3 人，后朱雀天皇有皇子、皇女 7 人，后冷泉天皇甚至没有皇子。① 由于皇子、皇女的数量减少了，所以诸王的数量恐怕也减少了许多。因此，皇亲赐姓的次数也开始减少。此外，皇子、皇女的母亲是否是卑姓出身，是皇亲赐姓的标准之一。随着卑姓出身的皇子、皇女的母亲变少，皇亲赐姓也随之减少。

其次，随着寺院势力的发展，皇亲出家为僧者不断增加，从而导致皇亲赐姓者减少。从 9 世纪末期开始，许多寺院利用其特权和财势，通过圈占公田或垦田开荒等手段占有了很多土地，形成了自己的庄园。至 10 世纪中期，形成了主要由下层僧人组成的武装——僧兵，用以保护本庄园与其他寺院或宗派的斗争。随着寺院经济势力的发展、净土信仰的兴起以及天皇权威的衰微，与皇亲赐姓降为臣籍相比，"出家为僧不仅能够获得更多的收入，让生活更加安定，而且能够确保荣誉与地位"②。因此，从前原本应该被赐姓者，如今却大多出家为僧。这种倾向在院政时代以后更加明显。在《尊卑分脉》中就能找到许多例子，如宇多天皇皇子敦实亲王于天历四年（950）出家为僧，法名觉真，号仁和寺宫。③ 敦实亲王之子宽朝成为东寺一长者，法务大僧正，号广泽僧正；其孙雅庆成为东寺一长者、东大寺别当、大僧正，号勘修寺僧正。④ 村上天皇皇子致平亲王于天元三年（980）出家为僧，名悟圆，号明王院宫。⑤ 村上天皇皇

---

① 藤木邦彦：《平安王朝の政治と制度》，第 240—241 頁。
② 細野一治編：《日本と世界の歴史》第 6 卷，学习研究社 1974 年版，第 94 頁。
③ 黒板勝美国史大系編修会編輯：《新訂増補国史大系・尊卑分脉》第 3 篇，吉川弘文館 1983 年版，第 379 頁。
④ 黒板勝美国史大系編修会編輯：《新訂増補国史大系・尊卑分脉》第 3 篇，第 380 頁。
⑤ 黒板勝美国史大系編修会編輯：《新訂増補国史大系・尊卑分脉》第 3 篇，第 480 頁。

子昭平亲王于永观二年（984）出家为僧。① 花山天皇皇子深观成为东大寺别当、石山座主，号禅林寺；其子觉源也成为东大寺别当。②

最后，藤原氏为了扩大官位晋升的范围，甚至让已经被赐姓的皇子"皇籍复归"。按规定，一旦皇亲赐姓后便不能再恢复皇籍，但在藤原氏的统治之下，出现了较多恢复皇籍的事例。宇多天皇宽平三年（891年）一月，藤原基经去世。这一年光孝天皇皇子源是忠被作为宇多天皇的养子而恢复亲王的身份，并授予三品。源是忠在皇籍复归之前担任中纳言、左卫门督、检非违使别当等。源是忠皇籍复归后不久，藤原基经之子藤原时平兼任左卫门督，成为检非违使，接着升任为中纳言。由此不难看出，源是忠被皇籍复归主要是藤原氏为了藤原基经之子藤原时平的升迁而策划的事件。此后醍醐天皇皇子源朝臣兼明、源朝臣盛明两位亲王以及村上天皇皇子源朝臣昭平亲王也被皇籍复归，其中兼明亲王曾官至左大臣。很明显，这件事也是藤原氏为谋取左大臣地位而策划的阴谋。

在摄关政治下，赐姓皇亲的第一代或第二代还可以作为上层贵族保证其在朝廷中的地位，可实际上三代以后便几乎没落了，开始从京城流落到地方，进而成为地方武士或豪族。但是，由于"日本人特别重视世袭的权威，因此，皇族后裔比任何人更富有感召力。这样，许多集团最初都投入了被赐姓'平氏'和'源氏'的皇族旁支的麾下"③，平氏和源氏从而发展成为武士团的核心，成为天皇用以摆脱藤原氏势力的有生力量。但经过保平、平治之乱，随着源、平两氏的崛起，武家政治开始进入中央政界，与院政政权结合，并最终取代了院政政治。

---

① 黒板勝美国史大系编修会编辑：《新訂増補国史大系・尊卑分脉》第3篇，第484页。
② 黒板勝美国史大系编修会编辑：《新訂増補国史大系・尊卑分脉》第3篇，第549页。
③ 埃德温·奥·赖肖尔：《当代日本人——传统与变革》，陈文寿译，商务印书馆1992年版，第43页。

第三节　源氏赐姓

源氏在平安时代的贵族社会中有着十分特殊的地位。最早给一世皇子赐予源氏的是嵯峨天皇，即所谓的"嵯峨源氏"。关于嵯峨源氏的情况，虽然前文已经做过简单的介绍，但没有涉及嵯峨源氏之后的其他源氏赐姓。在后世的源氏赐姓中，虽然有许多都是仿照嵯峨天皇的做法，但由于背景不同，各自也具有一定的特色。本节主要对源氏赐姓的原因、方式以及"二十一流源氏"进行梳理。

一　源氏赐姓的原因和方式

平安时代的历代天皇在给皇亲赐姓源氏时，均会颁布敕书，来完成对皇子、皇女的赐姓降下。在平安时代的宫廷仪式书《新仪式》五临时"皇子给源朝臣姓事"中有如下记载：

> 若有皇子中可赐源朝臣姓之时，一代更降敕命，上卿奉仰，令作敕书，先奏其草，次奏清书，又复奏所司，皆如恒典。①

虽然关于这些赐姓的具体敕书没有被完整地保存下来，但在《类聚三代格》中还是收藏了六份相关记载，即"弘仁五年五月八日嵯峨天皇诏""天长九年二月十五日淳和天皇敕""承和二年四月二日仁明天皇敕""仁寿三年二月十九日文德天皇敕""贞观十五年四月二十一日清和天皇敕"与"元庆八年四月十三日光孝天皇敕"。

现首先将"弘仁五年五月八日嵯峨天皇诏"的史料引录如下：

---

① 塙保己一编：《群書類従·公事部·新儀式》卷80，続群書類従完成会1980年版，第247頁。

> 朕当揖让，篡践天位。德愧睦迩，化谢覃远。徒岁序屡换，男女稍众。未识子道，还为人父。辱累封邑，空费府库。朕伤于怀，思除亲王之号赐朝臣之姓，编为同籍，从事于公。出身之初一叙六位。唯前号亲王，不可更改。同母后产，犹复一例。其余如可闻者，朕殊裁下。夫贤愚异智，顾育同恩。朕非忍绝废体余，分折枝叶。固以天地惟长皇土递兴，岂竟康乐于一朝，忘凋弊于万代。普告内外，令知此意。①

该诏书在《河海抄》中也有转引，一般认为是《日本后纪》的逸文。该诏书主要是关于皇亲赐姓的原因、目的、方式以及特殊情况下皇亲赐姓的规定。从"辱累封邑，空费府库"这一句可以明显地看出，嵯峨天皇给皇亲赐姓主要是由于经济上的问题，即亲王、内亲王的增加，加重了朝廷的财政困难。因此，为了避免"康乐于一朝，凋弊于万代"，天皇制定了节约皇亲的开支的政策，以保证皇室的永久繁荣。

淳和天皇给皇亲赐姓同样也是由于经济问题。根据"天长九年二月十五日淳和天皇敕"记载：

> 宠袟子弟，虽有相袭之规，抑损繁昌。固亦经通之典，矧太上天皇无专一己，俭约惟深。乃以硕茂之皇枝，降同编户之庶姓，源朝臣氏是也。遂令天孙之岳无峻，帝子之星减晖。朕祇膺宝图，钦承景命，望彼昭晋味酌先猷，效以冲把，率由前制。朕之男女，不过数人，犹不欲皆疏茅爵之封，共致汤沐之费。今思既号亲王，依旧不俊，同母后产，号之亦同。自外并赐朝臣之姓，或可亲王者，特将定焉。斯所以省弊之远图，为

---

① 黑板胜美国史大系编修会编辑：《新訂增補国史大系·類聚三代格》卷17，第511页。

国之长荣者矣。①

很显然，淳和天皇继承了嵯峨天皇"无专一己，俭约惟深"的作风。

在此后的"承和二年四月二日仁明天皇敕""仁寿三年二月十九日文德天皇敕""贞观十五年四月二十一日清和天皇敕"与"元庆八年四月十三日光孝天皇敕"中，都继承了嵯峨天皇的节俭思想。为方便后文的讨论，征引如下：

> 仁明天皇敕：象着损上，礼存宁俭，王者则之，古今合契。朕虽菲昧，跂予思齐。去泰就约，夙关情虑。如今所有，朕之儿息，除亲王之号，赐朝臣之姓。先太上天皇，丕恩罔极，玄泽更加。不令别姓，被以源氏。使与曾枝而同荫，共浚派而混流。其前号亲王，仍旧不改。同母后产，犹复一例等制。准弘仁五年、天长九年两度敕书。宜告中外，咸俾闻知。②
>
> 文德天皇敕：利国通规，公谦为本。安民茂躅，损挹厥初。朕熏腴未施，化迹仍疏。恐黎氓之不亲，望列辟以惭德。而今所生男女，皆当享封爵之重，疏汤沐之用。思其烦费，内以忸怩。窃见，乃祖圣皇，贻厥之谋。除亲王之号，赐朝臣之姓，奕代相沿，已为成式。诚宜陶圣风而长扇，共源氏而混流。但前号亲王，不在此限。同母后产，亦复一例。庆云之惠，既无爱憎。若树之华，更有浓淡。盖以，域中大宝在屈己以利人。天下至公欲损上以益下。普告中外，咸俾闻知。主者施行。③
>
> 清和天皇敕：朕以凉德，辱此守文。待化未孚于豚鱼，用心徒形于拮据。唯深苍生为子之德，不慊蠡斯则百之福。而今

---

① 黑板勝美国史大系編修会編輯：《新訂增補国史大系·類聚三代格》卷17，第511頁。
② 黑板勝美国史大系編修会編輯：《新訂增補国史大系·類聚三代格》卷17，第512頁。
③ 黑板勝美国史大系編修会編輯：《新訂增補国史大系·類聚三代格》卷17，第512頁。

心事固养，男女繁昌。当分茅土之重，多致帑藏之费。瘒寐颓愁，心魂罔措。若涉洪水而无舟楫。但弘仁以降，载代遗踪，或作亲王，或为朝臣，尤是损上益下之大义，屈躬利物之通规。朕之不德，仰惭前良。因愿颇变旧章，惣为源氏。然而事当师古，义贵宜今，故其不获已者，择之以为亲王。唯须其后一世，早停王号，即赐朝臣。以国家之经用，颇加公谦之笃情、又其号亲王者，同母后产，并同画一。尸鸠之深惠，欲一恩施。司牧之至公，犹从义株。但冀枝分若木高下共春，派出天潢浅深同润。普告遐迩，令知朕意。主者施行。①

光孝天皇敕：朕以庸菲之资，谬膺大横之繇，仰璇玑而如冠夏日，抚玉镜而若踏春冰。今所有男女，皆居藩时生也。既殊周邦之懿亲，何比汉典之封建。加之，弘仁以降，茂躅长存。或材子八人，作元凯于朝端，或本枝百世，助蒸尝于祖庙。彼圣明之深图远算，犹尚如斯。况朕之褊虑短斫，岂曰克堪。汉明帝有言："我子不当与先帝子等。"圣哉言也。宜同赐朝臣之姓，勿烦景风之吹。是朕一身之闺闱之事耳。不欲为后王之法。唯二女，应供奉斋宫、斋院者，上畏神明，下迫群议。不得遂朕之素怀。其余皆罢鸿胪之册务，从燕翼之谋。普告遐迩，令知朕意。主者施行。②

以上史料表明平安时代初期的源氏赐姓都是为了节约皇亲的经济开支。但这种观念从"象着损止，礼存宁俭，王者则之，古今合契"，"损上益下之大义"来看，似乎又包含了浓厚的儒家德治思想。

关于赐姓源氏的原因，除了皇室经济上的理由外，从嵯峨天皇

---

① 黒板勝美国史大系編修会編輯：《新訂増補国史大系・類聚三代格》卷17，第512—513页。

② 黒板勝美国史大系編修会編輯：《新訂増補国史大系・類聚三代格》卷17，第513页。

诏中的"从事于公"可以看出，赐姓源氏不仅是将皇亲降为臣籍，停止皇室的经济待遇，同时也使皇亲获得了相应的位阶、官职和收入，并积极地将其作为皇亲势力来扶持，以期达到天皇的藩屏的作用。① 即赐姓源氏是一方面减轻国库的财政压力，另一方面扶植皇亲势力的一石二鸟之策。

以上史料除了记载赐姓源氏的原因与目的之外，还记载了赐姓源氏的方式。关于赐姓的方式，在嵯峨天皇诏中已有明确表示，即"赐姓朝臣"→"编为同籍"→"从事于公"。

赐姓源氏第一步是"赐姓朝臣"，即皇亲降为臣籍，获得"源朝臣"氏姓。前已述及，源氏的命名来源于《魏书》中的《源贺传》，意味着与祖先即天皇同源。贞观十年（868）九月，仁明天皇的皇子时康亲王为其子申请赐姓上表载：

> 窃见，归燕欲去，顾恋雕梁。老骖将辞，徘徊伏枥，禽兽犹然，况于人意。既谢皇荫之尊，何无系慕之义。仍以宗室朝臣，欲为其姓。伏望，天慈曲垂哀许。不胜款之至，谨拜表以闻。②

但是，时康亲王为其子申请"宗室朝臣"氏姓的愿望没能实现。贞观十二年（870），时康亲王再次上表：

> 臣先请愚息改姓为臣。宸居悠恳，微愿未信。窃独沈吟，心魂罔厝。臣素性顽疏，无分可采。而先公后私，一介之节，深企古贤之风。即今所申请无比例，犹欲察其鄙诚，即赐哀许。况中代以降，多有此事。至臣一身，何空素望。仍重上表，敢陈丹慊。但先日表曰：女子禄留其身，公损犹少。因愿，唯令

---

① 林陆朗：《上代政治社会の研究》，吉川弘文馆1974版，第255页。
② 黑板胜美国史大系编修会编辑：《新訂增補国史大系·三代実録》卷16，第251页。

男儿等改姓，以宗室朝臣。将为其姓，而今覆案世情。凡虽一宗之胤，而姓号分异，则人心自疏。既属吾，孰敢序之。时盍念同族和穆之义。臣虽不肖，苟为弘仁朝廷之苗绪。因愿同编于源氏之末，以成亲亲之厚。伏望，天从人欲，圣周物情，答深款而降恩，弘至公而成德。然则帝道无偏，鉴前烛而流化，臣诚无二，添涓尘而慰忧。①

最终改姓为"源朝臣"。此后，一世亲王赐姓时大都是赐姓源朝臣，而二世王与三世王则赐姓平朝臣。值得注意的是，一世亲王的赐姓也非全是源氏，但都是朝臣姓，如"统朝臣""贞朝臣""滋水朝臣"等。

赐姓源氏的第二步是"编为同籍"。《日本后纪》弘仁六年（815）六月戊午条记载：

> 皇子源朝臣信、弟弘、常、明、女贞姬、洁姬、全姬、善姬等八人，右京人从四位下良峰朝臣安世、从四位下长冈朝臣冈成等，贯附左京。②

信等八人与良峰安世、长冈冈成二人的籍贯从右京移至左京。此外，根据《新撰姓氏录》左京皇别上"源朝臣"一项记载：

> 源朝臣信年六，弟源朝臣弘年四，弟源朝臣明年二，妹源朝臣贞姬年六，妹源朝臣洁姬年六，妹源朝臣全姬年四，妹源朝臣善姬年二，信等八人是今上亲王也，而依弘仁五年五月八

---

① 黑板勝美国史大系編修会编辑：《新訂增補国史大系·三代実録》卷18，第262—263頁。
② 黑板勝美国史大系編修会编辑：《新訂增補国史大系·日本後紀》卷24，第133頁。

日敕赐姓，贯于左京一条一坊，即以信为户主。①

即信等八人以信为户主，籍贯是左京一条一坊。此外，仁寿三年（853）六月，"皇子能有、时有、本有、载有，皇女凭子、谦子、列子、济子、奥子等，赐姓源朝臣，隶左京职"②。文德源氏的籍贯都是左京。根据《三代实录》贞观十五年（873）四月条记载：

> 是日，定亲王八人，源氏四人。皇子贞固，母橘氏，治部大辅休荫之女。皇子贞元，母藤原氏，参议治部卿仲统之女。皇子贞保，母女御藤原氏，故中纳言长良之女。皇子贞平，母藤原氏，右中辨良近之女。皇子贞纯，母王氏，中务大辅栋贞之女。皇女孟子，母藤原氏，兵部大辅诸葛之女。皇女包子，母在原氏，参议左卫门督行平之女。皇女敦子，与贞保同母。并为亲王。皇子长猷，母贺茂氏，越中守岑雄之女。皇子长渊，母大野氏，前石见守鹰取之女。皇子长鉴，母佐伯氏，信浓权介子房之女。皇女载子，与长猷同母。并为源氏，贯隶左京一条一坊。③

清和源氏的籍贯也是"左京一条一坊"。此外，元庆八年（884）六月二日，光孝源氏皇子、皇女29人，"赐姓隶左京一条，以近善为户头"④。由此可见，赐姓定籍贯时，最初恐怕都是设在左京一条一坊的同一邸宅中。

---

① 参见《新撰姓氏錄》，http：//miko.org/~uraki/kuon/furu/text/mokuroku/syoujiroku/syoujiroku.htm。

② 黒板勝美国史大系編修会編輯：《新訂増補国史大系·文德天皇実録》卷5，吉川弘文館1981年版，第54頁。

③ 黒板勝美国史大系編修会編輯：《新訂増補国史大系·三代実録》卷23，第324頁。

④ 黒板勝美国史大系編修会編輯：《新訂増補国史大系·三代実録》卷46，第565頁。

赐姓源氏"编为同籍"后接着便要"从事于公"。在嵯峨天皇诏中有"出身之初一叙六位"的记载,但在此后的各敕书中没有涉及。根据嵯峨源氏的赐姓情况来看,如表5—1所示。

表5—1　　　　　　　　嵯峨天皇赐姓皇亲的位阶

出身叙位	从三位	正四位下	从四位上	从四位上	从四位上	从四位上	从四位上	从四位上	从四位下	从四位下	从四位下	正六位上	正六位上	不明
名	定	融	信	明	镇	生	安	勤	胜	弘	常	宽	启	澄、清、贤、继
出身年	天长九年	承和五年	天长二年	天长九年	承和二年	承和三年	承和十二年	承和十四年	嘉祥二年	天长五年	天长五年	天长年间	嘉祥年间	
年龄	十八	十七	十六	十九	不详	十六	二十四	二十四	不详	十七	十七	不详	不详	

资料来源:林陸朗:《上代政治社会の研究》,吉川弘文館1974年版,第257页。

由表5—1可知,从三位、正四位下、正六位上等占少数,而从四位上占了大多数。这明显与嵯峨天皇诏"出身之初一叙六位"的记载相矛盾。之所以会出现上述情况,恐怕是因为嵯峨天皇诏记载的六位直接引用了广根诸胜、长冈冈成与良峰安世等皇子初次被赐姓时的六位。嵯峨天皇最初恐怕是想将"从事于公"的位阶固定在"六位",但由于受到淳和天皇(嵯峨天皇成为太上皇)影响的缘故,所以将源氏赐姓者叙位的位阶从六位改为四位。[①]

除了嵯峨天皇诏之外,在其余五份赐姓的敕书中均没有叙位的记载。这恐怕是受到了弘仁五年诏中嵯峨天皇虽明确规定叙六位,但自己却没有遵守,而是大量叙四位的影响。从林陆朗整理的资料中可以看到,此后的一世仁明源氏、文德源氏、清和源氏、阳成源

---

① 林陸朗:《上代政治社会の研究》,第258页。

氏、光孝源氏、醍醐源氏等均直叙正四位上。① 也就是说，一世皇子的赐姓的情况，最初是按照弘仁五年诏中的规定叙六位，但事实上后来却改为直叙四位。

二 "二十一流源氏"

从嵯峨天皇赐姓源氏以后，日本历史上先后共有二十一位天皇赐姓源氏，习惯称为"二十一流源氏"。② 继嵯峨天皇之后，著名的赐姓源氏有仁明天皇所赐的仁明源氏和文德天皇所赐的文德源氏。

仁明天皇是嵯峨天皇之子，母亲为皇后橘嘉智子。承和二年（835）四月二日，仁明天皇颁布赐姓敕书，提出"使与曾枝而同荫，共浚派而混流"③。仁明天皇共有皇子、皇女23人。其中没有被赐姓的亲王、内亲王共计17人，他们分别是仁明天皇与皇后藤原顺子所生道康（文德天皇），与女御藤原泽子所生宗康、时康（光孝天皇）、人康、新子，与女御藤原贞子所生成康、亲子、平子，与女御滋野绳子所生本康、时子、柔子，与女御纪种子所生常康、真子，与藤原贺登子所生国康，与藤原小童子所生重子，与高宗女王所生久子，与百济永庆所生高子。被赐姓者共计6人，他们分别是仁明天皇与山口氏所生觉，与三国氏所生登以及与其他不详者所生多、冷、光、孝。

在上述赐姓中，有几个问题值得注意。首先，被赐姓者与母亲的出身有关。一方面，仁明天皇与皇后、女御以及藤原氏女子所生的子女都没有被赐姓。另一方面，在被赐姓的6人中，知道生母情况的只有觉的母亲山口氏与登的母亲三国氏，其他4人，包括连官

---

① 林陸朗：《上代政治社会の研究》，第258页。
② "二十一流源氏"包括嵯峨源氏、仁明源氏、文德源氏、清和源氏、阳成源氏、光孝源氏、宇多源氏、醍醐源氏、村上源氏、冷泉源氏、花山源氏、三条源氏、后三条源氏、后白河源氏、顺德源氏、后嵯峨源氏、后深草源氏、龟山源氏、后二条源氏、后醍醐源氏、正亲町源氏。
③ 黑板勝美国史大系編修会編輯：《新訂増補国史大系・続日本後紀》卷4，吉川弘文館1983年版，第39页。

至右大臣的多与光的生母情况也未知。根据《续日本后纪》记载，觉的生母山口氏于承和十四年（847）闰三月从忌寸姓改赐朝臣姓，"后汉灵帝曾孙阿知王苗裔也"①。登的母亲三国氏是更衣，《续日本后纪》承和七年（840）九月辛卯条有"授正六位上三国真人永继从五位下"②的记载。这是仁明朝关于三国氏唯一的史料记载。《新撰姓氏录》"左京皇别条"上说三国真人是"继体皇子椀子王之后也"。③ 这也说明三国氏在当时只是一个很小的氏族。

其次，被赐姓者与他们的名字有关。没有被赐姓的皇子的名字都由两个字组成，且名字的第二个字都是"康"字。被赐姓皇子的名字则由一个字组成。由于没有皇女被赐姓，所以女性皇亲的名字是否有规律，从仁明天皇赐姓中无法得知。不过，可以肯定的是，皇女同皇子一样，其命名与赐姓也是密切相关。前已述及，嵯峨天皇在位期间生育子女50人，先后一共给皇子17人，皇女15人，总计32人赐姓。这些被赐姓皇子的名字都是由一个字组成，如信、弘、常、明、宽、定、镇、生、澄、安、清、融、勤、胜、启、贤、继，而没被赐姓的皇子的名字则是由两个字组成，且第二个字都带"良"字，如正良、秀良、业良、基良、忠良；虽然被赐姓皇女和没被赐姓皇女的名字都是由两个字组成，但名字中的第二个字却不同，被赐姓皇女名字的第二个字都带"姬"字，如贞姬、洁姬、全姬、善姬、更姬、若姬、神姬、盈姬、声姬、容姬、端姬、吾姬、密姬、良姬、年姬，没被赐姓皇女名字的第二个字都带"子"字，如正子、秀子、俊子、芳子、繁子、业子、基子、仁子、有智子、宗子、纯子、齐子。也就是说，在嵯峨天皇与仁明天皇给皇子、皇女赐姓前，即早在皇子、皇女出生后给其取名字时，就已经决定了是否给其

---

① 黑板胜美国史大系编修会编辑：《新订增补国史大系·续日本后纪》卷17，第198页。
② 黑板胜美国史大系编修会编辑：《新订增补国史大系·续日本后纪》卷9，第110页。
③ 参见《新撰姓氏錄》，http：//miko.org/~uraki/kuon/furu/text/mokuroku/syoujiroku/syoujiroku.htm。

赐姓。

最后，被赐姓者的母亲或自身一旦有过失，连源氏也会被剥夺。如源登因母亲有过失，被剥夺源氏，最后出家取名深寂。虽然后来，他的兄弟时康亲王上奏折称：

> 深寂，是仁明天皇更衣三国氏所生也。承和之初，赐姓源朝臣。预时服月，厥后依母过失，被削属籍。仍出家入道。嘉祥之末，更垂优衿，同于法荣。寻道之列，预时服月粮。圣躬不豫之间，与讳等共侍尝药。登遐之时，缘身出家，不预处分。今善缘不遂，再落俗尘。所生之子，随亦有数。而名犹编僧，身未有贯。出仕之理既绝，沈沦之悲良深。夫为子之道，缁素无别。出家之时既列皇子，还俗之日何为非儿。然则准之人间，宜复本姓。

但由于"嵯峨遗旨，母氏有过者，其子不得为源氏"，因此最终"赐姓名贞朝臣登，叙位阶，贯京职"。① 此外，时康亲王皇子清美虽被赐予源朝臣氏姓，但"依身有过失，被削属籍"，在得到光孝天皇的允许后，"准贞朝臣登之例，可赐别姓之状"②，重新赐滋水朝臣氏姓。

承和九年（842）八月，道康亲王被立为皇太子。嘉祥三年（850）三月，道康亲王正式即位，即文德天皇。文德天皇所赐源氏即文德源氏。文德天皇同样遵循了嵯峨天皇和仁明天皇的做法，于仁寿三年（853）二月十九日颁布赐姓敕书："窃见，乃祖圣皇，贻厥之谋。除亲王之号，赐朝臣之姓，奕代相沿，已为成式。诚宜陶圣风而长扇，共源氏而混流。但前号亲王，不在此限。同母后产，

---

① 黑板胜美国史大系编修会编辑：《新訂增補国史大系·三代实録》卷12，第178頁。
② 黑板胜美国史大系编修会编辑：《新訂增補国史大系·三代实録》卷19，第619頁。

亦复一例。"①

文德天皇共有子女30人，其中有15人被赐姓，15人未被赐姓。未被赐姓的皇子、皇女有与藤原良房之女藤原明子所生的惟仁、仪子，与纪静子所生的惟乔、惟条、恬子、述子、珍子，与滋野贞王女所生的惟彦、浓子、胜子，与藤原守贞之女藤原令子所生惟恒、礼子、揭子，与藤原是雄之女藤原则子所生晏子、慧子。被赐姓的皇子、皇女有与伴氏氏女所生能有，与多治氏女所生每有，滋野氏女所生木有、载有、滋子，与布氏所生行有，与清原氏女所生时有，与菅原氏女所生定有、富子，以及其他生母情况不详的富有、冯子、谦子、奥子、列子、济子。

由此可以看出，文德天皇的赐姓也与母亲的出身有关。虽然皇女的命名与赐姓没有关联，但皇子的命名仍然和赐姓有关联。如没有被赐姓皇子的名字都带有"惟"字，而被赐姓皇子的名字都带有"有"字。

天安二年（858）八月，文德天皇驾崩。同年十一月，惟仁皇太子即位，即清和天皇。由于此时天皇年仅9岁，所以清和天皇的皇子、皇女不像之前的天皇既有即位前出生，也有即位后出生，而皆是其即位之后才出生。

虽然清和天皇在赐姓敕书中说："弘仁以降，载代遗踪，或作亲王，或为朝臣，尤是损上益下之大义，屈躬利物之通规。朕之不德，仰惭前良。因愿颇变旧章，惣为源氏。然而事当师古，义贵宜今，故其不获已者，择之以为亲王。"但相对来说清和天皇所赐源氏人数是很少的。清和天皇共有子女19人，其中未被赐姓者14人，即贞明、贞保、贞辰、贞纯、贞固、贞元、贞平、贞数、贞真、贞赖、敦子、识子、孟子、包子，被赐姓者仅5人，即长猷、长渊、长监、长赖、载子。究其原因，恐怕与清和天皇的妻子大多是藤原氏有关。由于清和天皇即位时年仅9岁，因此由其外祖父藤原良房摄政万机。

---

① 黑板胜美国史大系编修会编辑：《新訂增補国史大系·文德天皇実録》卷5，第49页。

在清和天皇的皇子、皇女中，有10人是藤原氏女子所生，他们无一例外都没有被赐为源氏。

贞观十八年（876）十二月，藤原基经逼迫清和天皇退位，拥立年仅9岁的太子贞明继位，是为阳成天皇。阳成天皇共有子女9人，其中未被赐姓者6人，即元良、元平、元长、元利、长子、俨子，被赐姓者3人，即清荫、清鉴、清远。不过，目前已知史料中并未见阳成天皇的赐姓敕书，这可能是由于阳成天皇没有颁布相关敕书。由于阳成天皇即位时9岁，在位7年后，年仅16岁时并被迫退位，因此，阳成天皇的皇子、皇女皆是其退位后所生。笔者认为，这恐怕是阳成天皇没有颁布赐姓敕书的重要原因之一。

阳成天皇退位后，由光孝天皇即位。光孝天皇由于是天皇的旁系，具有过渡性质，因此，他即位后将自己的皇子全部赐姓降下。最终，光孝天皇不得不在仁和三年（887）八月将降为臣籍的之子源定省皇籍复归后，并让其继承皇位，即宇多天皇。此后，光孝天皇又将其他子女8人皇籍复归，而其他35人则保留源氏。

由赐姓源氏成为天皇的宇多天皇在位11年，其间为了恢复天皇的权威，开始重视皇室，并任用儒士菅原道真，被认为是一位贤明的君主。宇多天皇共有子女21人，其中被赐姓者为19人，未被赐姓者仅2人。前已述及，平安时代初期的嵯峨天皇、仁明天皇、文德天皇、清和天皇、阳成天皇以及光孝天皇都大量地进行了源氏赐姓，且都是为了节约皇亲的经济开支。但宇多天皇为何没有大量地进行源氏赐姓呢？

关于嵯峨天皇至村上天皇时期亲王、内亲王与源氏的人数统计表如下：

表5—2　　嵯峨天皇至村上天皇时期亲王、内亲王与源氏的人数

天皇	亲王	内亲王	源氏（男子）	源氏（女子）	总计（源氏）	总计（全体）	源氏所占比例
嵯峨天皇	5	12	17	15	32	49	65.3%
仁明天皇	8	9	6	0	6	23	26.1%
文德天皇	5	10	8	7	15	30	50.0%
清和天皇	10	4	4	1	5	19	26.3%
阳成天皇	4	2	3	0	3	9	33.3%
光孝天皇	3	6	4	31	35	44	79.5%
宇多天皇	9	8	0	2	2	19	10.5%
醍醐天皇	14	15	6	4	10	39	25.6%
村上天皇	8	10	1	0	1	19	5.3%

资料来源：林陸朗：《上代政治社会の研究》，吉川弘文館1974年版，第264—322页。

根据表5—2的统计，可以对宇多天皇赐姓的特殊性作一考察。

首先，宇多天皇的即位十分特殊。宇多天皇曾被赐姓为源氏，被赐姓为源氏者复归皇籍即位为天皇尚属于首例。宇多天皇或许正是出于自身即位的特殊性，考虑到皇位继承的安定，因此没有大量给自己将来可能成为天皇的皇子们赐姓。

其次，宇多天皇未被赐姓的两位皇女源臣子和源顺子的情况也比较特殊。目前，关于源臣子的生母以及赐姓时间等史料记载都不详。关于源顺子的资料，在《公卿补任》承平元年（931）条中有相关记载："参议从四位下藤实赖摄政左大臣男、母宇多天皇第一源氏顺子。"[①] 也就是说，源顺子是藤原实赖的母亲。不过，关于顺子母亲是何人，史料也没有详细记载。有观点认为，源顺子可能不是宇多天皇的亲生女儿。源顺子出生时，其父宇多天皇尚未即位，而是称为"源定省"。宇多天皇即位后，他的许多皇子都从源氏变为了

---

① 黒板勝美国史大系編修会編輯：《新訂増補国史大系・公卿補任》第1篇，吉川弘文館1982年版，第177页。

亲王，但没有让源顺子变为内亲王。一般认为，之所以没有让顺子变为内亲王，是因为会增加皇亲的经济开支。可是，在此后出生的八个女儿都成了内亲王，没有被赐姓。因此，以增加皇亲经济的开支作为理由，似乎无法解释为什么只有源顺子没有成为内亲王。

有学者提出另外两种猜测：一种猜测认为由于源顺子即使成为内亲王，但继承皇位的可能性极低，因此宇多天皇即位后没有特意让源顺子复归皇籍的必要；另一种猜测认为宇多天皇意图建立同藤原氏中有力者的婚姻关系，让源顺子继续保持源氏。[①] 这两种猜测都有一定的道理，但笔者更加赞同第一种猜测。因为宇多天皇始终致力于压制藤原氏外戚专权，恢复天皇权力，他为防止藤原氏干预皇位继承，并不希望同藤原氏联姻。

宽平九年（897）七月，宇多天皇的皇子敦仁亲王接受父亲的让位，即醍醐天皇。醍醐天皇所生子女共39人。没有被赐姓者29人，被赐姓者10人。在被赐姓的10人中，盛明、兼明、雅子3人后来又被皇籍复归。

醍醐天皇的赐姓与前代天皇的赐姓相比，有很大不同。首先，不再单纯地以母亲的身份作为区分是否赐姓的标准。如虽然同样是藤原淑子所生，但长明和英子没有被赐姓，兼明、自明则被赐姓。再如，虽然同样是源周子所生，时明、勤子、都子三人没有被赐姓，盛明、高明、兼子、雅子则被赐姓。其次，在名字的命名方面，也不再以名字来区分是否赐姓。无论是未被赐姓者，还是被赐姓者，男子都带有"明"字，女子都带有"子"字。值得注意的是，醍醐天皇曾给皇子、皇女们改过名字。根据《日本纪略》延喜十一年（911）十一月二十八日条记载：

> 皇太子崇象亲王改名保明。又第一将顺亲王改名克明，第

[①] 西松陽介：《賜姓源氏の再検討——賜姓理由を中心に》，《日本歴史》第737号，2009年，第7頁。

三将观亲王改名代明，第四将保为重明，第五将明为长明，以第六式明，第七有明等为亲王。又以皇女敏子、雅子、普子等为内亲王。[①]

醍醐天皇赐姓与宇多天皇赐姓相比有一个共同的特点，即赐姓源氏的皇亲只占皇亲总数的一小部分。换句话说，醍醐天皇赐姓的原因与宇多天皇相似，即不是为了减少皇亲的经济开支，而是为了皇位继承的稳定。这一点从赐姓具有明显的时间分期中可以更加清楚地看出。

表5—3　　　　　醍醐天皇皇子亲王宣下或赐姓的时间

顺位	皇子名	出生年	亲王宣下或赐姓年	母亲
第1	克明亲王	延喜三年（903）	延喜四年（904）	源封子
第2	保明亲王	同上	同上	藤原稳子
第3	代明亲王	延喜四年	不明	藤原鲜子
第4	重明亲王	延喜六年	延喜八年	源升女
第5	长明亲王	同上	同上	源和子
第6	式明亲王	延喜七年	延喜十一年	同上
第7	有明亲王	延喜十年	同上	同上
第8	时明亲王	延喜十二年	延喜十四年	源周子
第9	长明亲王	同上	同上	藤原淑姬
第10	源高明	延喜十四年	延喜二十年	源周子
第11	源兼明	同上	同上	藤原淑姬
第12	源自明	延喜十八年	同上	同上
第13	源允明	延喜十九年	同上	源敏相女
第14	宽明亲王	延长元年	延长三年	藤原稳子

---

① 黒板勝美国史大系編修会編輯：《新訂増補国史大系・日本紀略》（後篇）卷1，吉川弘文館1984年版，第15—16頁。

续表

顺位	皇子名	出生年	亲王宣下或赐姓年	母亲
第15	章明亲王	延长二年	延长八年	藤原桑子
第16	成明亲王	延长四年	延长四年	藤原稳子
第17	源为明	延长五年	不明	藤原伊衡女
第18	源盛明	延长六年	不明	源周子

资料来源：林陸朗：《上代政治社会の研究》，吉川弘文館1974年版，第309—311頁。

从表5—3可以看出，醍醐天皇的赐姓始于延喜二十年（920）。而在数年前的延喜十六年（916），醍醐天皇的皇太子保明亲王元服。即由于保明亲王成年，皇位的顺利继承有了保障，因此没有增加亲王的必要，因而醍醐天皇选择从延喜二十年开始赐姓源氏。醍醐天皇亲王宣下的人数同嵯峨天皇一样，也是控制在10人左右。也就是说，醍醐天皇为了皇位继承的稳定，采取了同其父亲一样的政策，让拥有皇位继承权的亲王保持在10人左右。而此后出于经济上原因的考虑，开始源氏赐姓。① 可是，到了延长元年（923）三月，皇太子保明亲王去世，且继保明亲王之后成为皇太子的保明亲王之子庆赖王也于延长三年（925）六月去世。于是醍醐天皇停止了赐姓源氏，并于同一年将保明亲王的亲弟弟宽明亲王立为皇太子。②

醍醐天皇的皇子宽明亲王于延长八年（930）九月即位，即朱雀天皇。朱雀天皇只有村昌子内亲王一女，没有进行皇亲赐姓。朱雀天皇于天庆九年（946）四月让位，由其弟成明亲王即位，即村上天皇。村上天皇共有子女19人，其中源氏赐姓者只有昭平一人，而且不久后昭平被皇籍复归，重新成为亲王，结果村上天皇的皇子、皇女中没有一人赐姓源氏。由于朱雀天皇只有村昌子内亲王一位皇女，

---

① 西松陽介：《賜姓源氏の再検討——賜姓理由を中心に》，第9頁。
② 源为明和源盛明的赐姓都是在醍醐天皇去世以后，朱雀天皇在位期间进行的。

从其即位至让位给弟弟村上天皇的15年间，一直没有立皇太子，随时有发生皇位继承危机的可能，与此同时，这一时期发生了"承平、天庆之乱"①，加上菅原道真的怨灵等，使社会十分动荡不安，所以不得不把成明亲王立为皇太子，以稳固统治。如果朱雀天皇生有皇子的话，恐怕村上天皇是无法继承皇位的。因此，笔者认为村上天皇只给一位皇子赐姓源氏是为了吸取朱雀天皇因没有皇子而导致皇位继承出现危机的教训。

村上天皇之后的冷泉天皇和圆融天皇都没有给皇子赐姓，此后只有花山天皇、三条天皇与后三条天皇给皇亲赐姓。② 但花山天皇、三条天皇与后三条天皇都没有给一世皇子、皇女赐姓，而是给二世皇亲赐姓。花山天皇的4位皇子中两人出家入道，两人成为亲王，即清仁亲王与昭登亲王。被赐姓者为清仁亲王之子延信。三条天皇有皇子4人（敦明、敦仪、敦平、师明），皇女3人（当子、禔子、桢子）。被赐姓者为敦明亲王之子基平、信宗、显宗、当宗四人。后三条天皇有皇子3人（贞仁、实仁、辅仁），皇女4人（聪子、俊子、价子、笃子）。被赐姓者为辅仁亲王之子有恒。

第四节　小结

大化改新以后，由于氏姓制度实行几个世纪以来皇室与豪族间亲疏关系不断变化，权力互有消长，因此，天武天皇统治时期对"氏姓制度"进行了部分改革。天武天皇统治时期的改赐氏姓大致可以分为两个时期。第一个时期是从天武天皇九年（680）至天武天皇

---

① 承平、天庆之乱是平安时代的承平·天庆年间发生在关东的平将门之乱和濑户内海的藤原纯友之乱的总称。

② 一般而言"二十一流源氏"还包括冷泉源氏，但目前有关源冷泉天皇赐姓子孙的具体的名字尚无记载。

十三年（684）的改赐连姓时期，第二个时期是天武天皇十四年（685）的改赐"八色姓"时期。

皇亲赐姓的出现实质上是通过调整以天皇为顶点的身份制度，来适应维护和加强以天皇为中心的中央集权制国家的统治体制的需要。古代日本皇亲赐姓的演变，反映了日本从古代到中世的历史重大潮流中各个时期形势的变化。从皇亲赐姓的开始到兴盛不仅反映了以天皇为中心的律令制国家出现了衰退的征兆，同时也反映了以藤原氏为代表的贵族势力的发展。从皇亲赐姓的兴盛再到皇亲赐姓的衰落，一方面反映了平安初期以来皇亲势力逐渐被藤原氏势力所压制；另一方面反映了天皇为了摆脱藤原势力的控制开始扶植成为武士集团核心的赐姓皇亲。但经过武士团的叛变以及源平之争后，武家政治最终取代了院政政治，并由此进入了中世社会。

从赐姓源氏的诏书中可以看出，赐姓源氏是一方面减轻国库的财政压力，另一方面扶植皇亲势力的一石二鸟之策。从中还可看出赐姓源氏的过程，即"赐姓朝臣"→"编为同籍"→"从事于公"。自嵯峨天皇赐姓源氏以后，先后共有二十一位天皇赐姓源氏，习惯称为"二十一流源氏"。在"二十一流源氏"中，不同天皇的赐姓具有各自的特点。但有三点是早期赐姓源氏时所共有的，即被赐姓者与母亲的出身有关；被赐姓者与他们的名字有关；被赐姓者的母亲或自身一旦有过失，源氏将被剥夺。

宇多天皇赐姓源氏中有两个较为特殊的地方。一个是宇多天皇的即位十分特殊。宇多天皇曾被赐姓源氏，或许正是出于自身即位的特殊性，考虑到皇位继承的安定，因此没有大量给自己将来可能成为天皇的皇子们赐姓。另一个是宇多天皇未被赐姓的皇女源顺子的情况也比较特殊。宇多天皇即位后，他的许多皇子都从源氏变为了亲王，但没有让源顺子变为内亲王。这主要是由于源顺子即使成为内亲王，但继承皇位的可能性极低，因此没有特意让源顺子复归皇籍的必要。

醍醐天皇的赐姓源氏与前代天皇相比有所不同。首先，不再单纯地以母亲的身份作为区分是否赐姓的标准。其次，在名字的命名方面，不再以名字来区分是否赐姓。醍醐天皇的赐姓源氏与宇多天皇相比有一个共同的特点，即赐姓源氏的皇亲只占皇亲总数的一小部分，都是为了皇位继承的稳定。

第 六 章
斋王制度

斋王是代表日本天皇家在伊势神宫和贺茂神社侍奉天照大神和贺茂大神的未婚内亲王与女王。伊势神宫的斋王称为"斋宫";贺茂神社的斋王称为"斋院",一般情况下二者统称"斋王"。有时也将内亲王称为"斋内亲王",女王称为"斋女王"。日本的斋王制度作为祭祀制度的一部分,与古代天皇制有着密不可分的关系。当古代天皇制发生微妙的变化时,斋王制度亦随之发生变化。本章拟对斋王制度的形成、发展和嬗变、消亡的轨迹以及斋王制度中的仪式进行梳理,并对斋王制度的演变与古代天皇制变迁之间的关系进行考察。

第一节 伊势神宫与伊势斋王制度的形成

伊势神宫现坐落在日本三重县伊势市,是由内宫和外宫两座正宫和附属的一系列规模不等的宫社组成的神社群。在这个神社群中供奉着"天照大神"与"丰收大神"两位主神。供奉"天照大神"与"丰收大神"的神殿在不同时代有不同的名称。在奈良时代至平安时代的文献中,祭祀"天照大神"的神殿一般称为"太神宫""伊势太神宫"或"皇大神宫";祭祀"丰收大神"的神殿一般称为"度会宫"或"丰受大神宫""丰受宫"。进入中世以后,前者简称"内宫",后者简称"外宫",有时通称二者为"二所太神宫"。"内宫"与"外宫"两座正宫各有许多附属性的祭祀其他神的神社,包括"正宫""别宫""摄社""末社"等一系列宫社,通称伊势神宫125社。①

一 传说中的伊势神宫与伊势斋王

在日本最早的两部文献《古事记》与《日本书纪》中,记载了"天孙"琼琼杵尊降临日本的神话传说。虽然《古事记》与《日本书纪》里关于天孙降临的神话大同小异,但关于授命天孙下凡的主体却存在三种不同的说法。一种说法认为授命的主体是"天照大神",另一种说法认为授命的主体是"高皇产灵尊",还有一种说法认为"天照大神"和"高皇产灵尊"共同作为授命的主体。三品彰英认为,天孙下凡神话经历了一个演变过程,命令天孙下凡的主体一开始是高皇产灵尊,后来演变为天照大神与高皇产灵尊两个神共同成为授命者;最后高皇产灵尊从天孙降临神话中消失、出现了天照大神单独成为统治权的授予者的神话形式。② 也就是说,在大和国统一日本之前,天照大神并不是天皇的唯一祖先神。天照大神成为唯一的皇祖神和政权的授予者,是大和政权为了适应建设中央集权制国家的需要,在信仰方面做出的最终选择。③

继"天孙降临"神话之后,又出现了"神武东征"神话。传说神武天皇建立了最早的大和王权,是日本第一代"天皇"。从神武至

---

① 所功:《伊势神宫》,講談社1996年版,第37—38页。
② 三品彰英:《三品彰英論文集第2巻・建国神話の諸問題》,平凡社1971年版,第132—133頁。
③ 刘琳琳:《日本江户时代庶民伊势信仰研究》,世界知识出版社2009年版,第28页。

开化等前九代天皇，均将代表天照大神"神体"的神镜供奉在天皇日常起居生活的宫殿中。到崇神天皇时代（公元前97—公元前30），才开始在宫外另建场所。根据《日本书纪》的记载，崇神天皇统治时期，因疾病流行，农民死亡过半，百姓作乱。天皇请示神意后认为是由于将"天照大神"和"倭大国魂神"供奉于天皇大殿之内，天皇与二神"共住不安"。因此，崇神天皇改变同殿共席的神人同居旧例，将此二神从宫廷内移祀于宫廷之外，"以天照大神，托丰锹入姬命，祭于倭笠缝邑，仍立矶坚城神篱"①。丰锹入姬命（亦写作丰耜入姬命）即是传说中作为联系天皇与天照大神之间的载体，侍奉天照大神的第一代斋王。

上述材料实际上反映了上古日本祭祀形态的一个侧面，即找一名具有巫女性质的女子作为神凭附的载体。不过，这个时期祭祀的方式还只是采用树立坚固的"神篱"这一原始的神道祭祀形式，即在地上树立四根木棒并用绳索将其相连，以围出一个方形空间，然后在中央树立一根柱子，作为引导神灵降临的场所，同时把神镜祭祀于其中。

到了崇神天皇的儿子垂仁天皇统治时期（公元前29—公元70），出现了专门祭祀天照大神的神祠。根据《日本书纪》垂仁天皇二十五年（约公元前5）三月丁亥条记载：

> 离天照大神于丰耜入姬命，讲托于倭姬命。爰倭姬命求镇坐大神之处，而诣菟田筱幡，更还之入近江国，东回美浓，到伊势国。时天照大神诲倭姬命曰：是神风伊势国，则常世之浪重浪归国也，傍国可怜国也，欲居是国。故随大神教，其祠立于伊势国，因兴斋宫于五十铃川上，是谓矶宫。则天照大神始

---

① 黑板胜美国史大系编修会编辑：《新订增补国史大系・日本書紀》卷5，吉川弘文館1983年版，第159页。

自天降之处也。①

垂仁天皇命倭姬命走遍日本各地，寻求天照大神镇座之地，最后在伊势国正式建立了祭祀天照大神的"神祠"，并在五十铃川上建造"斋宫"，供倭姬命居住。倭姬命作为联系天皇与天照大神之间的载体，成为侍奉天照大神的第二代斋王。

记录倭姬命从笠缝邑到菟田筱幡，再经过近江国、美浓国最终到达伊势国的文献，除了引文提到的《日本书纪》之外，还有《皇太神宫仪式帐》《伊势国风土记》《倭姬命世纪》等书。田中卓结合《皇太神宫仪式帐》与《伊势国风土记》的相关记载，认为倭姬命巡行的目的不仅是为了选定"镇坐大神之处"，更重要的是为了"宣扬皇威"。② 村井康彦结合《倭姬命世纪》的记载，分析了倭姬命与丰锹入姬命两人的不同巡行路线，认为他们巡行的目的"首先是与各地势力接触，令其归顺，向天照大神进献牺牲和神田、御园、神户、舍人、采女或船只"，同时，通过巡行"逐渐建立起后来修建伊势神宫的经济基础"。③ 笔者认为，当时的天皇根本没有形成自己的"皇威"，因此与其说是为了"宣扬皇威"，倒不如说是为了加强与近江、美浓、伊势等地区的联系，是大和统一王权的建立过程十分曲折的反映。

从垂仁朝至7世纪以前，成为斋王的还有景行朝的五百野、仲哀朝的伊和志真、雄略朝的稚足姬、继体朝的荳角、钦明朝的盘隈、敏达朝的菟道与用明朝的酢香手姬。值得注意的是，在日本古代社会，由一族中与氏上亲近的女性代表整个氏族侍奉氏神的奉斋制度不仅限于天皇家，它在当时的整个氏族社会中也是十分普遍的社会

---

① 黑板勝美国史大系編修会編輯：《新訂増補国史大系·日本書紀》卷6，第184—185页。
② 田中卓：《田中卓著作集第4卷·伊勢神宮の創祀と発展》，国書刊行会1987年版，第35页。
③ 村井康彦：《出云与大和：探寻日本古代国家的原貌》，吕灵芝译，社会科学文献出版社2020年版，第160页。

制度。①

二 天武朝斋王制度的形成

日本古代国家编纂的史书中有关伊势神宫和伊势斋王起源的记载，恐怕并非历史事实。崇神天皇、垂仁天皇以及丰锹入姬命与倭姬命等人物是否真实存在，也尚难确定。二战前，在皇国史观的影响下，《日本书纪》中的记载被神圣化。二战后，不少学者对伊势神宫的创建以及斋王制度的形成等展开实证研究。

关于伊势神宫的创建时间，村上重良认为："伊势神宫原来是祭祀伊势地方神的神社，所供奉的似乎是后来供在外宫的当地的农业神。随着大和朝廷势力达到伊势之后，从5世纪前后起，将天皇的祖先神合并于旧有的神社供奉起来，于是出现了伊势二宫。"② 冈田精司持同样的观点，认为在雄略天皇统治的5世纪时期，作为天皇守护神的祭祀场所从河内、大和地区迁移到伊势，成为伊势神宫的起源。③ 直木孝次郎持不同的观点，认为伊势神宫大约建立于公元6世纪前半期。④

关于斋王制度的形成时间，一般认为"倭姬"一词是一个没有个性的名称，是在伊势神宫侍奉天照大神的皇女的总称，斋王制度的形成始于天武朝的大来皇女。⑤

从5世纪大和国逐渐统一日本以后，原来大和国（地域性部落）的氏神——天照大神，摇身一变为日本唯一的国神与皇祖神。圣德

---

① 榎村宽之：《律令天皇制祭祀の研究》，塙书房2008年版，第137页。
② 村上重良：《国家神道》，聂长振译，商务印书馆1992年版，第27—28页。
③ 冈田精司：《伊势斋宫の成立をめぐる問題点》，井上光贞、西嶋定生等编：《東アジア世界における日本古代史講座第9卷・東アジアにおける儀礼と国家》，学生社1982年版，第256页。
④ 参见直木孝次郎《日本古代の氏族と天皇》，塙书房1964年版。
⑤ 榎村宽之：《伊势斋宫と斋王——祈りをささげた皇女たち》，塙书房2010年版，第10页。

太子摄政以后，倭国在建立中央集权的过程中，同时强化了对外的民族意识。推古天皇十五年（607），倭国以推古天皇的名义呈递给隋炀帝的国书中自称"日出处天子"，称隋炀帝为"日没处天子"，首次在公开文书上将倭王和太阳联系在一起。日本这种君主称号上的变化，无疑反映了统治思想的日趋成熟。

天智天皇十年（671），天智天皇病笃，大友皇子在近江继承皇位。翌年，大海人皇子发动"壬申之乱"，通过武力夺取皇位，即天武天皇。从推古朝至天智朝，斋王曾一度中断，但在"壬申之乱"的第二年，天武天皇"遣侍大来皇女于天照大神宫，而令居泊濑斋宫，是先洁身，稍近神之所也"①。

大来皇女最初称为"大伯皇女"，在天武天皇即位以后才改名"大来"。根据《日本书纪》齐明天皇七年（662）正月甲辰条记载："御船到于大伯海。时大田姬皇女产女焉，仍名是女曰大伯皇女。"也就是说，由于大来皇女出生在大伯海，所以最初取名"大伯"。②在《万叶集》中有大来皇女创作的六首为思念弟弟大津皇子而作的和歌。此外，日本还出土了写有"大伯内亲王宫"的木简，因此大来皇女是实实在在存在的人物，即大来皇女是真正意义上的第一位斋王。

与此前具有巫女性质的斋王相比，天武天皇对斋王的任命具有更为特殊的政治意义。早在"壬申之乱"时，天武天皇在从吉野奔向东国的途中，就曾遥拜天照大神，祈求神祇的庇护，并借以鼓舞军队的士气。"对大海人皇子来说，最后所以能打败大友皇子军，夺回朝廷权力，除了军纪严明、深得民心、指挥正确等原因外，天照大神为首的天神地祇的扶持的精神因素也是不可忽视的。"③ 天武天

---

① 黑板勝美国史大系編修会編輯：《新訂増補国史大系・日本書紀》卷29，第332页。
② 值得注意的是，在《日本书纪》中，特意记载皇女的出生以及将出生地作为皇女的名字都是极其罕见的。当时的皇子、皇女一般都是以养育他的地方或者氏族作为名字，如高市皇子、十市皇子都是以养育他的地名作为名字；草壁皇子、舍人皇子都是以养育他的氏族作为名字。
③ 王金林：《日本人的原始信仰》，宁夏人民出版社2005年版，第215页。

皇即位后，深知自己的皇位是用武力从大友皇子手中夺取，因此，要使天皇的威望永存，中央集权政治体制的巩固和延续，仅仅依靠政治制度的保障还不够，尚需要借助用以神化王权的思想工具。"伊势神宫是根据儒教思想的礼义来祭祀皇室祖先的地方。但神宫又绝非儒教意义上的宗庙。宗庙祭祀始祖，与此同时也祭祀和自己亲近的父祖，且以后者为主。然而伊势神宫的祭神只有始祖天照大神，而且大神不单是始祖神，于国家统治的本源，也有着他的政治意义。"[1] 由于此时天照大神已经成为天皇家族的唯一祖先神，实际上也就是天皇权力地位的唯一授予者，因而天武天皇需要借用祖先神的宗教权威，来强调对其即位的庇护，增强其君临天下的正统性。

斋王制度作为直接沟通天皇与天照大神的祭祀体系，正是在上述思想的基础上逐步形成的。不过，虽然斋王制度的形成主要取决于天武朝社会政治生活的现实需要，但同时也不能忽视天武朝以前传统祭祀与信仰的影响。

在天武天皇施行的一系列旨在加强中央集权的措施中，神祇祭祀体系逐渐被完善。特别是天武天皇实施将全国的神社一律纳入中央集权体制下的政策以后，"意味着各地不同的神祇体系被统一，天皇成为拥有全国最高祭祀权的人，通过信仰的纽带，中央政权对地方社会的支配进一步稳固"[2]。

根据《日本书纪》天武天皇四年（675）二月丁亥条记载："十市皇女、阿閇皇女，参赴于伊势神宫。"[3] 另据《日本书纪》朱鸟元年（686）四月丙申条记载："遣多纪皇女、山背姬王、石川夫人于伊势神宫。"[4] 也就是说，在天武朝时期，作为联结天皇与伊势神宫的纽带，不仅只有斋王，还通过临时派遣皇女敕使访问伊势神宫来

---

[1] 津田左右吉：《日本的神道》，邓红译，商务印书馆2011年版，第37—38页。
[2] 王海燕：《日本平安时代的社会与信仰》，浙江大学出版社2012年版，第166页。
[3] 黑板勝美国史大系编修会编辑：《新訂增補国史大系・日本書紀》卷29，第336頁。
[4] 黑板勝美国史大系编修会编辑：《新訂增補国史大系・日本書紀》卷29，第383頁。

补充、维持。①

天武天皇去世以后，新即位的持统女帝并没有任命新的斋王，直到文武天皇即位以后才派遣当耆皇女为新的斋王。与此同时，这一时期也没有关于斋王的选定方式、是否一定是未婚女子以及替代的原因等相关记载。由此推测，在天武朝和持统朝时期，斋王制度尚处在初创期，并未固定下来。

虽然持统女帝没有任命新的斋王，但她在斋王制度的形成过程中发挥了重要的作用。根据《日本书纪》持统天皇六年（692）二月丁未条记载："诏诸官曰：当以三月三日将幸伊势。宜知此意备诸衣物。赐阴阳博士沙门法藏、道基银人二十两。"可是，"是日中纳言直大贰三轮朝臣高市麻吕上表敢直言。谏争天皇欲幸伊势妨于农时"。然而持统女帝还是决定"以净广肆广濑王、直广参当麻真人智德、直广肆纪朝臣弓张等为留守官"，自己行幸伊势。于是，"中纳言三轮朝臣高市麻吕脱其冠位，擎上于朝。重谏曰：农作之节，车驾未可以动"。最终"天皇不从谏，遂幸伊势"②。

持统女帝在行幸伊势过程中，"赐所过神郡及伊贺、伊势、志摩国造等冠位。并免今年调役。复免供奉骑士、诸司荷丁，造行宫丁今年调役。大赦天下。但盗贼不在赦例"。又"赐所过志摩百姓男女年八十以上稻人五十束"。"车驾还宫。每所到行，辄会郡县吏民。务劳赐作乐。"③ 仓本一宏认为持统女帝的行幸行为具有高度的政治性决断，它含有向"壬申之乱"中带来胜利的伊势之神道谢的意图，同时通过追踪战乱的路线，给官人阶层与诸皇子再现自身（与草壁皇子）的辛苦与优越性。④ 从《万叶集》的记载中可以看出，持统女帝除了在政治上独揽威权之外，还具有以梦境占验吉凶的巫女王

---

① 榎村寛之：《伊勢斎宮の歴史と文化》，塙書房2009年版，第36—37頁。
② 黒板勝美国史大系編修会編輯：《新訂増補国史大系・日本書紀》卷30，第413頁。
③ 黒板勝美国史大系編修会編輯：《新訂増補国史大系・日本書紀》卷30，第413—414頁。
④ 倉本一宏：《持統女帝と皇位継承》，吉川弘文館2009年版，第138—139頁。

的性质。①

笔者认为，持统女帝行幸伊势除了政治上的意图之外，可能还含有这样一层含义，即持统女帝是集天皇与斋王于一体，她行幸伊势带有斋王祭祀的含义。换句话说，持统女帝之所以没有设置斋王，很可能是因为她作为女性天皇，自身可以直接与天照大神交流，因而无须再任命其他皇女为斋王。②

第二节　律令制下斋王制度的发展

7—9世纪是日本历史上积极摄取唐代制度与文化而著称的时期。这一时期的统治阶级十分热衷于佛教信仰，兴起了修建寺院、读经、写经等热潮。但他们并没有抛弃原有的神道信仰，相反，他们模仿唐令中的国家祭祀制度，结合原有的祭祀习俗，逐渐建立了一套神祇祭祀制度。其中，斋王制度作为伊势神宫制度的重要组成部分，在国家神祇祭祀制度中占有十分重要的地位。

一　圣武朝斋王制度的完善

日本神祇制度的体系化始于8世纪初的《大宝令》。在律令制下，神祇官被置于中央政治机构的最高地位（太政官居其次），神祇祭祀大致分为国家例行祭典和临时祭典两大类。但是，斋王制度并没有被列入《大宝令·神祇令》中。另外，由于斋王既不属于某种官位，也不属于某种职员，因而在《大宝令·官位令》与《大宝令·职员令》中同样没有斋王的规定。不过，根据《续日本纪》大

---

① 谷川健一:《ナカツスメラミコと女帝——女帝私考》，《東アジアの古代文化》第121号，2004年，第17—19頁。

② 大津透:《律令制と女帝、皇后の役割》，《東アジアの古代文化·特集日本の女帝》第119号，2004年，第20頁。

宝元年（701）八月甲辰条记载："斋宫司准寮，属官准长上。"① 即实际上在制定《大宝令》之前存在负责斋王事务的斋宫司，在制定《大宝令》之后斋宫司被提升到相当于斋宫寮的地位。

在整个奈良时代，继当耆皇女之后，担任斋王的皇女主要有泉内亲王、田形内亲王、多纪女王、圆方女王、智努女王、久势女王、井上内亲王、县女王、小宅女王、山于女王、酒人内亲王等。以上斋王的任命有以下问题值得注意。

第一个问题是，斋王的更替十分频繁。文武朝在短短十年内就任命了当耆、泉与田形三位皇女为斋王。进入元明朝以后，虽然斋王的更替没有如此频繁，但同样任命了多纪、圆方、智努三位皇女为斋王。关于斋王更替为何如此频繁，史料上并没有记载。榎村宽之认为，此时的斋王可以分为作为正统的直系斋王和起着中继作用的非直系斋王两类。② 也就是说，只有现任天皇的直系皇女才能够长期担任斋王，而现任天皇的非直系皇女则只是起到了一个短期的过渡性作用。

第二个问题是，在《续日本纪》中没有元明朝任命斋王的记载，但在镰仓时代后期编纂的《一代要记》里却记载了智努、圆方两位斋王。智努女王与圆方女王在《万叶集》与长屋王家木简等资料中也有出现，因此两位女王应该是实际存在的。榎村宽之认为，智努女王与圆方女王很有可能是作为敕使的皇女，而不是斋王。③ 也就是说，当时的斋王与敕使两个概念很可能还混淆在一起。笔者认为，无论其具体原因是什么，他们都从一个侧面反映出当时斋王制度依然不是十分完备，还没有形成由特定的皇女长期就任斋王的较为稳定的制度。

---

① 黒板勝美国史大系編修会編輯：《新訂増補国史大系・続日本紀》卷2，吉川弘文館1984年版，第12页。

② 榎村寛之：《律令天皇制祭祀の研究》，第150页。

③ 榎村寛之：《伊勢神宮と古代王権》，筑摩書房2012年版，第77页。

在奈良时代所任命的斋王中，井上斋王的任命值得注意。根据《续日本纪》养老五年（721）九月乙卯条记载："天皇御内安殿，遣使供币帛于伊势太神宫，以皇太子女井上王为斋内亲王。"① 井上女王不是以"皇孙"的名义，而是以"皇太子女"的名义被任命为伊势斋宫的斋王，且井上女王被选为斋王时年仅5岁。笔者认为，井上女王年仅5岁并被任命为斋王，与当时皇太子首皇子（圣武天皇）地位的不稳固有着重要关系。

就在井上女王被任命为斋王的前几个月，38岁的长屋王从正三位大纳言升至从二位右大臣，仅有知太政官事一品舍人亲王在长屋王官位之上。前已述及，从血统上说，长屋王是不折不扣的皇亲，在皇亲内部的地位十分重要，是当时左右朝廷的关键人物。值得注意的是，长屋王的食封等同于亲王，并且在长屋王邸遗址挖掘出的木简以及《日本灵异记》中，有"长屋亲王"的称呼，因此长屋王在世时可能被称为"长屋亲王"，享受亲王的待遇。即"长屋亲王"是当时皇位继承的有力争夺者之一，对首皇子的地位构成了严重的威胁。在这样的情况下，元明女帝在即位前事先将年仅5岁的女儿以"皇太子女"的名义选为斋王，以巩固其弟首皇子的皇太子地位。

神龟六年（729）二月，发生"长屋王之变"，圣武天皇改元天平。天平二年（730）七月，圣武天皇下诏："供给斋宫年料，自今以后皆用官物，不得依旧充用神户庸调等物。其大神宫祢宜二人进位二阶，内人六人一阶，莫问年之长幼。"② 圣武天皇在彻底消除长屋王的威胁之后，进一步完善了伊势斋宫的财政制度。天平十八年（746）八月，"置斋宫寮，以从五位下路真人野上为长官"③，管理斋宫的机构由斋宫司上升为斋宫寮，进一步完备了斋王的管理运作制度。斋宫机构的整备以及国家财政的保证，意味着在圣武朝时期，

---

① 黒板勝美国史大系編修会編輯：《新訂増補国史大系·続日本紀》卷8，第88頁。
② 黒板勝美国史大系編修会編輯：《新訂増補国史大系·続日本紀》卷10，第123頁。
③ 黒板勝美国史大系編修会編輯：《新訂増補国史大系·続日本紀》卷16，第188頁。

斋王制度得到确立与完善。同时，也表明圣武天皇对由斋王所侍奉的皇位守护神——天照大神的重视。

延历二十三年（804）三月和八月，伊势神宫的祠官先后编制了《止由气宫仪式帐》与《皇太神宫仪式帐》，并上呈朝廷。《止由气宫仪式帐》共9条，《皇太神宫仪式帐》共20条，主要内容包括神宫的建筑结构与布局；二十年一迁宫的规定；建造新宫时负责官吏的组成；物资、役夫的供应国；建造新宫的祭祀和用品；新宫迁移用品；迁宫仪式行事；神宫职员的职责；神宫所拥有的供膳田地、赋调、神税；年中行事及每月祭祀程序等。

二　山部亲王与安殿亲王的共同遭遇

宝龟三年（772）三月，卸任斋王后成为皇后的井上内亲王因诅咒天皇、图谋大逆之罪遭废黜。同年五月，井上内亲王之子他户亲王也被废去皇太子名位。最终，母子二人在幽禁中死于非命。上述事件与两年前围绕皇嗣问题的争论有着密切联系。由于称德女帝在世时独身，没有后嗣，也没有明确立谁为皇太子，故她逝世后，面临着皇嗣由谁来继承的问题。围绕皇嗣问题，重臣们专门召开了会议进行协议，并最终拥立天智天皇之孙白壁王为天皇，即光仁天皇。从此，皇统的继承开始由天武系转到了天智系。

井上内亲王所生的他户亲王是天武系血统。光仁天皇即位后，为了改变天武天皇直系皇统继承，只能废黜皇太子他户亲王，改立天智系的山部亲王为皇太子，即桓武天皇。[①] 不过，虽然天武系继承皇位的血统断绝了，但由天武天皇创建的伊势斋王制度被延续下来，井上内亲王之女酒人内亲王被任命为斋王。这说明当时的斋王制度很可能是以母系直系继承为原则。[②]

---

① 河内祥辅：《古代政治史における天皇制の論理》，吉川弘文館1986年版，第130—141页。

② 榎村宽之：《律令天皇制祭祀の研究》，第150页。

桓武天皇去世后，桓武天皇的长子安殿亲王继承皇位，即平城天皇。山部亲王和安殿亲王被立为皇太子的过程具有相似点，即各自的前任皇太子——他户亲王和早良亲王都在围绕皇位继承的斗争中死于非命。光仁天皇在立山部亲王为皇太子的同时，立山部亲王的同母弟早良亲王为皇太弟。山部亲王即位后，早良亲王被立为皇太子。不过，由于早良亲王因谋反的嫌疑（藤原种继暗杀事件）被废黜太子之位，并处以流放之刑。最终，早良亲王以绝食抗议，死于流配途中。

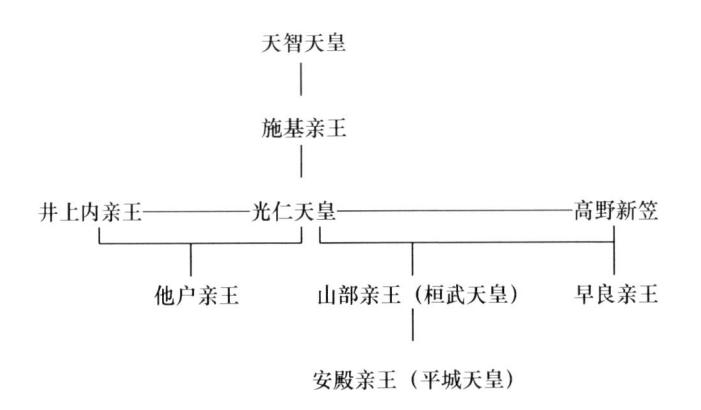

```
                    天智天皇
                      │
                    施基亲王
                      │
    井上内亲王─────光仁天皇─────────高野新笠
         │           │               │
       ┌─┴─┐       ┌─┴────────────┐
      他户亲王  山部亲王（桓武天皇）  早良亲王
                      │
                安殿亲王（平城天皇）
```

图6—1　山部亲王、安殿亲王与他户亲王、早良亲王关系图

宝龟八年（777）十一月，皇太子山部亲王身体欠佳，久久不愈。为了祈愿山部亲王康复，朝廷采取各种措施，包括寺院诵经、大赦天下、派遣使者奉币于伊势神宫和天下诸神社等，并在宝龟八年十二月，"改葬井上内亲王，其坟称御墓，置守冢一烟"①。重新恢复了曾任斋王的井上内亲王的名誉。宝龟九年（778）十月，"皇太子向伊势，先是，皇太子寝疾久不平复，至是亲拜神宫，所以赛宿祷也"②。恢复了健康的山部亲王，亲自前往伊势神宫，向伊势大

---

① 黑板胜美国史大系编修会编辑：《新訂增補国史大系·続日本紀》卷34，第438页。
② 黑板胜美国史大系编修会编辑：《新訂增補国史大系·続日本紀》卷35，第444页。

神表示感谢。

延历九年(790)九月,皇太子安殿亲王寝食不安,久不康复。同样是为了祈祷安殿亲王的健康,朝廷先后采取命令寺院诵经以及遣使前往伊势神宫祈愿等措施。延历十年(791)十月,康复了的安殿亲王与前述的山部亲王一样,亲自前往伊势神宫,以"缘宿祷"[①]。康复后的山部亲王和安殿亲王,在众多助其痊愈的寺院和神社中,单单选择伊势神宫亲自表示感谢,一方面可以佐证伊势神宫的超越性地位;另一方面可以看出,二人似乎意图通过强调皇祖神对其的护佑,以表现其皇太子地位的正当性。[②]

三 贺茂斋院的形成与伊势斋宫的发展

平城天皇身体病弱,在位仅三年后,就让位于同母弟神野亲王,即嵯峨天皇,自己成为太上天皇。嵯峨天皇登基后采纳了一系列新政,这些新政遭到了许多人的不满,同时平城上皇的病出乎意料地好了,因此对嵯峨天皇的新政不满的人就开始聚集在他的身边,形成了一个对抗势力。弘仁元年(810),在平城上皇与其情人藤原药子及其兄藤原仲成等试图推翻嵯峨天皇,重新执政之际,嵯峨天皇派遣使者前往贺茂神社奉币,祈愿己方的胜利,并许愿如若贺茂大神帮助其胜利,就让皇女侍奉大神。最终嵯峨天皇方面获得了胜利,平城上皇先被幽禁后出家,皇太子高岳亲王被废,大伴亲王(淳和天皇)被立为太子,藤原仲成被杀,藤原药子服毒自杀,这便是前文已经述及的"药子之变"。

"药子之变"后,斋王制度发生重大变革,即嵯峨天皇任命皇女有智子亲王为初代贺茂斋院,创立了贺茂斋院制。贺茂斋院制的成立打破了伊势斋宫一统天下的局面,天皇在即位后,朝廷必须同时选定伊势斋宫和贺茂斋院,伊势斋宫不再是唯一的斋王。

---

① 黑板勝美国史大系編修会编辑:《新訂增補国史大系·続日本紀》卷40,第556页。
② 王海燕:《日本平安时代的社会与信仰》,第181页。

贺茂神社的起源最早可以追溯至 6 世纪，最初的祭祀形态是人头戴猪形假面驱使系有铃的马奔跑，以祈愿"五谷成熟，天下丰年"。律令制国家成立以后，贺茂祭并没有被纳入国家祭祀体系中。《续日本纪》文武天皇二年（698）三月辛巳条记载："禁山背国贺茂祭日会众骑射。"[1] 由此可知，7 世纪末的贺茂祭，不仅参加人数众多，而且还举行骑射活动。但是，律令制国家似乎对聚众骑射感到不安，下令予以禁止。不过，文武天皇二年的禁令并没有达到预期效果。大宝二年（702）四月，文武天皇再次发布禁令："禁祭贺茂神日，徒众会集执仗骑射，唯当国之人不在禁限。"[2] 也就是说，文武天皇二年的禁令颁布后，不仅没能禁止贺茂祭，反而使贺茂祭的影响力不断扩大。最终，朝廷只能做出退让，允许贺茂神社的所在国——山背国的民众举行贺茂祭。和铜四年（711）四月，元明女帝下令："贺茂神祭日，自今以后，国司每年亲临检察"，加强了对贺茂祭的管理。[3] 天平十年（738）四月，圣武天皇下令："自今以后，任意听祭，但祭礼之庭勿令斗乱"，全面开放民众参加贺茂祭。[4]

延历十四年（794），桓武天皇定都平安京以后，贺茂神社变为邻近都城的神社，开始受到朝廷的格外重视。嵯峨天皇创立贺茂斋院制后，贺茂斋院同伊势斋宫一样，被赋予了具有庄严使命的国家祭祀机构的性质。从此，与伊势斋宫侍奉守护国家的伊势神宫相对应，贺茂斋院侍奉守护平安京的贺茂神社，二者共同成为联系天皇与皇权守护神之间的载体。

从嵯峨天皇开始，到此后的淳和、仁明与文德三代天皇，共任命了五位伊势斋院，即仁子内亲王、氏子内亲王、宜子女王、久子

---

[1] 黑板勝美国史大系编修会编辑：《新訂增補国史大系·続日本紀》卷 1，第 2 頁。
[2] 黑板勝美国史大系编修会编辑：《新訂增補国史大系·続日本紀》卷 2，第 14 頁。
[3] 黑板勝美国史大系编修会编辑：《新訂增補国史大系·続日本紀》卷 5，第 45 頁。
[4] 黑板勝美国史大系编修会编辑：《新訂增補国史大系·類聚三代格》卷 1，吉川弘文館 1983 年版，第 17 頁。

内亲王与晏子内亲王。其中，氏子内亲王和久子内亲王的母亲出自皇亲，晏子内亲王的母亲出自藤原氏（北家），仁子内亲王和宜子女王的母亲出自其他氏族。也就是说，此时已不再强调斋王的母系直系继承原则。

此处有两个问题值得注意。一是在以上五位伊势斋院中，除了宜子女王之外，其余均是天皇的女儿。其中仁子内亲王是嵯峨天皇与大原静子之女、氏子内亲王是淳和天皇与高志内亲王之女、久子内亲王是仁明天皇与高宗女王之女、晏子内亲王是文德天皇与藤原列子之女。二是所有的斋王都称为"某子"，如仁子、氏子、宜子、久子、晏子。一般认为，这与当时后宫制度的完备有着复杂的关系。①

当天长四年（827）氏子内亲王卸任斋王时，氏子内亲王的姐妹有子内亲王与贞子内亲王都还在世。此外，与氏子内亲王同父异母的内亲王还有明子内亲王、国子内亲王与崇子内亲王。有子、贞子、明子、国子与崇子等内亲王在当时都没有结过婚的迹象，② 因此她们五人应该都是继任斋王的合格人选。由此看来，任命宜子内亲王为斋王，并不是因为没有作为候补的内亲王。前已述及，榎村宽之认为，奈良时代的斋王可以分为作为正统的直系斋王和起着中继作用的非直系斋王两类。也就是说，在平安时代早期，虽然已经不再强调斋王的母系直系继承，但将斋王分为正统的斋王和起着中继作用的非直系斋王的情况依然存在。即内亲王往往作为正统的斋王，女王则被视为起着中继作用的斋王。

从嵯峨朝至文德朝，贺茂斋院的任命也源自天皇的女儿。其中，初代贺茂斋院有智子内亲王的母亲出自皇亲，慧子内亲王的母亲出

---

① 参见橋本義則《"後宮"の成立》，村井康彦编《公家と武家》，思文閣1995年版；安田政彦《平安時代皇親の研究》，吉川弘文館1998年版；榎村寛之《伊勢斎宮の歴史と文化》，塙書房2009年版。

② 榎村寛之：《律令天皇制祭祀の研究》，第153頁。

自藤原氏（北家），时子内亲王、高子内亲王与述子内亲王的母亲出自其他氏族。① 由此可以看，"在9世纪前半期，伊势斋宫与贺茂斋院没有等级高低的区别，二者融洽共存"②。

斋宫与斋院也有一些不同之处。其中一个重要的不同就是，斋宫一般随着天皇的更替而更替，斋院则不受天皇更替的影响。③ 如选子内亲王经历了五代天皇、怡子内亲王经历了四代天皇、式子内亲王经历了三代天皇。此外，经历了两代天皇的斋院也高达9人。

第三节　斋王制度中的仪式

延喜五年（905），醍醐天皇命令藤原时平等人编纂了一套关于官制和仪礼的规定，即《延喜式》。《延喜式》把《神祇式》放在开头，并在《神祇式》中专门列出两节，详细阐述伊势神宫的各种祭祀与斋王制度。由此可以看出斋王制度在神祇制度中的重要地位，以及古代天皇制国家对于斋王制度的重视。

《延喜式·斋宫式》共有目录100条。第1—2条主要是关于斋王卜定的规定；第2—16条主要是关于初斋院的仪式以及各种经费的规定；第17—41条主要是关于野营的仪式及其各种经费的规定；第42—60条主要是关于群行的规定；第61—69条主要是关于斋宫中各类祭祀经费的规定；第70—78条主要是关于斋宫的收入与日常经费的规定；第79—96条主要是关于斋宫寮的各种杂事的规定；第97—100条主要是关于斋王归京的规定。

《延喜式·斋院式》的目录相对较少，共有32条。第1—2条主

---

① 有智子是嵯峨天皇与交野女王之女、时子是淳和天皇与滋野绳子之女、高子是仁明天皇与百济王教俊女之子、慧子是文德天皇与藤原利子之女、述子是文德天皇与纪静子之女。
② 榎村宽之：《律令天皇制祭祀の研究》，第153页。
③ 所京子：《斋王関系和歌の特色——伊势斋宫と贺茂斋院の比较》，《三重县史研究》第5号，1989年，《斋王の历史と文学》，国书刊行会2000年版，第42页。

要是关于斋王卜定的规定；第3—5条主要是关于初斋院的规定；第6—9条主要是贺茂祭的规定；第10—20条主要是关于斋院中各类祭祀经费的规定；第21—24条主要是关于被选为斋王时申请杂物的规定；第25—27条主要是关于斋院的生活经费的规定；第28—32条主要是关于杂事的规定。

《延喜式》的颁布是斋王制度规范化的重要标志。在《延喜式》中，关于伊势斋宫与贺茂斋院的规定大体一致，因此，本节主要以伊势斋宫为中心，就斋王卜定、斋王被禊与斋王群行三个仪式作一考察。

一 斋王卜定

《延喜式·斋宫式》第1条和第2条都是关于斋王卜定的规定。《斋宫式》第1条"定斋王条"规定：

> 凡天皇即位者，定伊势太神宫斋王。仍简内亲王未嫁者卜之（若无内亲王者，依世次，简定女王卜之）。讫即遣敕使于彼家，告示事由。神祇佑已上一人率僚下，随敕使共向。卜部解除，神部以木绵着贤木，立殿四面及内外门（贤木，木绵所司储之。解除料散米酒肴等本家储之）。其后择日时，百官为大祓（同寻常二季仪）。①

以上是斋王卜定的大致过程。田中卓认为天皇即位后不久实行斋王卜定这一惯例，可以追溯到用明天皇时期，是大化改新之前的上古仪式。在经历了从斋王制度的中断，到天武天皇的复活之后，再次被确认。此后，作为原则一直延续到延喜式时代。②

---

① 黑板勝美国史大系編修会編輯：《新訂增補国史大系·延喜式》卷5，吉川弘文館1983年版，第99页。
② 田中卓：《田中卓著作集第4卷·伊势神宫の創祀と発展》，第86页。

由于平安时代的皇室子女一般都在娘家成长，因此，当卜定某位内亲王或女王为斋王以后，天皇的敕使以及神祇官等必须前往被卜定者的娘家，告知卜定的结果。同时，还必须遣使赴伊势国，"奉币太神宫，为告卜定斋王之状"①。

在长和五年（1016）二月十九日的斋王卜定中，有这样一段记载：

> 召神祇官令卜定斋宫斋院。先召外记，召纸砚，书内亲王名，令外记官密封。召神祇大副兴生朝臣赐之，令卜。先令卜伊势斋王，二度不合，至于三度合也。令卜贺茂斋王，一度合也。②

这段记述，对斋王卜定时的具体操作情况，作了更加详细的论述。但是，关于卜定伊势斋王时，"二度不合，至于三度合也"这句记载，可以有两种解释。一种解释是对三位内亲王进行了卜定，卜定前两位内亲王时均不符合要求，卜定到第三位内亲王时才符合要求；另一种解释是对一位内亲王共进行了三次卜定，前两次卜定都不符合要求，到第三次卜定才符合要求。因此，关于斋王卜定时，究竟是卜定一位皇女，还是卜定多位皇女，学界存在不同观点。一方面，以甲田利雄为代表的学者认为，斋王卜定只是占卜一位已经内定的内亲王，事实上只是一个形式上的仪式。另一方面，以 C. 布莱克（Carmen Blacker）为代表的学者则认为，斋王卜定时，是对作为候补的内亲王一一进行卜定。③

根据《小右记》永观二年（984）十一月五日斋王卜定的

---

① 黑板勝美国史大系編修会编辑：《新訂增補国史大系・延喜式》卷5，第99页。
② 東京大学史料編纂所编：《小右记》（四），岩波书店1967年版，第152页。
③ 参见甲田利雄《斋宫觉书》，《平安时代临时公事略解》，统群书类従刊行会1981年版；M. ローウェ、C. ブラッカー编《占いと神託》，岛田裕巳等訳，海鸣社1984年版。

记载：

> 先取遣女王名簿，其后召左大臣于御前。被仰女王名，是事不惬，仍下给名簿等。大臣怀名簿还著仗座，卜定奏闻云云。卜定弹正尹亲王女济子云云。①

这段是关于卜定女王的记载。在卜定作为女王的斋王前，先要取来女王名簿，然后再召左大臣（源雅信）到圆融天皇的"御前"召开会议，确定卜定的女王。从这一记述中可以看出，10—11世纪，在重新卜定女王时，往往要先召开会议商定人选，且很可能天皇也亲自出席。以上是关于从女王中卜定斋王的情况，笔者认为卜定内亲王的情况与卜定女王的情况大致一致。也就是说，笔者更倾向于甲田利雄等学者的观点，斋王卜定只是占卜一位已经提前商定了的内亲王，事实上只是一个形式上的仪式。

古代日本天皇的皇位继承仪礼由践祚、即位、大尝祭、八十岛祭等多种仪式构成。其中"即位"一词有双重含义，狭义上指单独的即位仪式，广义上指皇位继承过程中的所有仪式。《斋宫式》中说"凡天皇即位者，定伊势太神宫斋王"。也就是说，斋王卜定很可能也是新天皇继承皇位诸仪式过程中的一个重要环节。不过，皇位继承仪式本身并不是固定不变，而是随着天皇的变化而变化，因此对斋王卜定与皇位继承之间的关系，也要根据不同的天皇作具体分析。

榎村宽之对从文武朝至"承久之乱"期间，天皇即位以及斋王卜定与大尝祭之间的先后关系作了统计，认为大致可以分为八种情况：（一）大尝祭在天皇即位当年举行，且举行时间在斋王卜定之后（11例）；（二）大尝祭在天皇即位当年举行，且举行时间在斋王卜定在前（5例）；（三）大尝祭在天皇即位的第二年举行，且举行时

---

① 東京大学史料編纂所编：《小右记》（一），岩波書店1959年版，第56頁。

间在斋王卜定之后（9例）；（四）大尝祭在天皇即位的第二年举行，且举行时间在斋王卜定之前（4例）；（五）大尝祭比惯例晚，但比斋王卜定晚（7例）；（六）大尝祭比惯例早，且比斋王卜定晚（1例）；（七）斋王卜定极其晚（2例）；（八）没有举行大尝祭（1例）。①

根据榎村宽之的统计，在天皇即位仪式中，斋王卜定早于大尝祭的事例共有20例；斋王卜定晚于大尝祭的事例共有9例。斋王卜定在先的事例是大尝祭在先的事例的两倍。榎村宽之认为皇位继承礼仪一般是按照天皇即位→斋王卜定→大尝祭的顺序进行，斋王卜定比大尝祭晚的9个事例都是异常情况，它们都发生在围绕皇位继承而导致的政治不稳定的时期。②

二 斋王祓禊

古代日本的祭祀制度崇尚"清净"，忌讳"罪""秽"。只有身心清净，才能与神感应沟通，得到神的庇护，而一旦接触了"罪"与"秽"，则会造成人神之间的隔阂，招致神怒，带来不幸。因此，一般在祭祀前为了清净身心，逐渐形成了以祓禊为中心的行为仪礼。伊势斋王在从卜定到前往伊势斋宫的过程中，必须举行各种各样的仪礼。其中最为重要的就是祓禊。根据《斋宫式》记载，卜定的斋王首先要前往初斋院，然后进入野宫，再举行斋王群行，前往斋宫。在上述三个过程中，祓禊是必不可缺的环节。

根据《斋宫式》"祓禊条"记载：

> 凡斋内亲王定毕，即卜宫城内便所，为初斋院，祓禊而入。至于明年七月，斋于此院。更卜城外净野，造野宫毕。八月上旬，卜定吉日，临河祓禊，即入野宫。自迁入日，至于明年八

---

① 榎村寛之：《律令天皇制祭祀の研究》，第114—116页。
② 榎村寛之：《律令天皇制祭祀の研究》，第119—120页。

月。斋于此宫。九月上旬，卜定吉日，临河祓禊，参入于伊势斋宫。①

也就是说，斋王卜定结束后，立刻开始在宫中卜定处所，作为斋王的初斋院。②在确定初斋院以后，必须举行祓禊仪式方能正式入住，且在初斋院中洁斋（亦称斋戒）到第二年的七月。斋王在初斋院洁斋的一年左右时间里，朝廷又开始在宫城外选定风水宝地，建造"野宫"，更换洁斋空间。野宫建成之后，卜定一个良辰吉日，"临河祓禊"，最后正式入住野宫，且在野宫中洁斋至第二年八月。初斋院只是一个洁斋的预备场所，真正的洁斋从野宫开始。③斋王在野宫洁斋一年左右后，再次卜定一个良辰吉日，并选定一条河流，作为祓禊之处，然后前往伊势神宫。

关于斋王前往初斋院与野宫时的祓禊仪式，在《斋宫式》的"河头祓条"与"斋王迁入野宫河头禊条"中有更为详细的记载：

> 凡斋王将入于初斋院，临河头为祓（令阴阳寮择定日时，入野宫。伊势斋宫之时准此）。前禊二日，辨官率院别当已下并阴阳寮及诸司，到河边点定其地奏之。至于期日，斋王驾车赴向。走孺十二人，车副廿四人，取物十人，供膳韩柜三合。同杂器物二荷，盥器韩柜，装物韩柜各一合，衣服韩柜二合，禄物韩柜六合（担夫并用卫士）。膳部六人，舍人二人，荷领十四人。藏人所陪从六人。内侍及院女别当已下，并从车后（内侍已下，藏人已上乘私车。采女、女孺已下乘马寮车）。敕使参议一人，院别当一人，四位二人，五位二人，六位四人，并前驱。

---

① 黒板勝美国史大系編修会編輯：《新訂增補国史大系·延喜式》卷5，第99页。
② 一般认为，斋王进入初斋院斋戒的仪式始于养老五年（721）的井上女王。参见田中卓《田中卓著作集4·伊勢神宮の創祀と発展》，第87页。
③ 岡田重精：《古代の斎忌——日本人の基層信仰》，国書刊行会1983年版，第156页。

左右近卫、左右兵卫各二人，左右门部各二人，左右火长各十人供奉。左右京职官人，率兵士已上迎候。山城国司，率郡司候京极路。辨一人，史一人，史生二人，官掌一人，率供奉诸司就禊所行事。斋王到幕，临流而禊。神祇官中臣进麻，宫主读祓词。讫，即赐敕使已下馔并禄（辨官录见参，付院别当给之）。既而回归入初斋院，即卜定供膳并立贤木。①

其日斋王驾舆（舆者，主殿官人率史生。前禊二日设候），舆长八人，驾舆丁四十人，驾马女二十人（乳母二人，藏人六人，采女四人，童女四人，扫部二人，御厨二人）。敕使，大纳言、中纳言各一人，参议二人，四位、五位各四人。禊事既毕，赐馔并禄（敕使已下五位已上，内藏寮飨之。六位已下大膳职）。讫即回归，便留野宫更赐禄（自余之仪，大略同初度禊）。②

关于斋王"临河被禊"时选择京城的哪条河流，《延喜式》中没有明确记载。根据具体实例来看，斋王被禊的河流并不固定，包括葛野川、鸭川与贺茂川三条河流。斋王不仅在前往伊势宫前需要在京城的河流中举行被禊仪式，而且在前往伊势神宫所途经的山城、近江的势多川、甲贺川，伊势的铃鹿川，下樋小川，多气川等河流时，也要举行被禊仪式。如《斋宫式》"御禊条"规定："六处堺川供奉御禊（山城、近江势多川、甲贺川、伊势铃鹿川、下樋小川、多气川）。"③ 此外，斋王在伊势神宫侍奉天照大神期间，每逢五月、八月与十一月的晦日也必须举行被禊仪式。王金林认为，斋宫、斋王制是从古代日本原始巫、巫术发展而来的。斋王被确定以后闭门不出，专事祭拜的举动，与《魏志·倭人传》中的女王卑弥呼极为

---

① 黑板勝美国史大系編修会编辑：《新訂増補国史大系·延喜式》卷5，第100页。
② 黑板勝美国史大系編修会编辑：《新訂増補国史大系·延喜式》卷5，第103页。
③ 黑板勝美国史大系編修会编辑：《新訂増補国史大系·延喜式》卷5，第114页。

相似。从初斋院→野宫→斋宫清净修身的过程中，多次在天然的流水中被禊洁身，似是巫师施行巫术之前洁身沐浴的遗风。①

伊势斋王在从卜定到前往伊势斋宫，以及在伊势神宫的洁斋期间，除了被禊伊势之外，还要举行许多其他祭祀活动，如大殿祭、忌火祭、庭火祭、御灶祭、井神祭、祈年祭、月次祭、新尝祭、神尝祭、庭神祭、三时祭、诸司春祭与秋季祭等，不再一一介绍。根据《斋宫式》"三年洁斋条"记载："凡斋内亲王在京洁斋三年。即每朔日，着木绵鬘，参入斋殿，遥拜太神。"② 斋王在京洁斋期间还必须在每月初一遥拜天照大神。

斋王前往初斋院、野宫以及斋王群行时，被禊所用物品原则上是一致的，包括纤维制品、水产品、米、酒、容器等。在《斋宫式》所用被禊物品中有"铁人像"（一种人偶），但在《斋院式》所用被禊物品中没有"铁人像"。金子裕之认为，从平城京等地方出土的大量人偶，是古代人们为转移污秽、除灾求福而举行仪式时被抛弃的道具。山下克明认为，在"阴阳寮与阴阳道"中，人偶没有作为大祓的工具，在道教中，人偶是除病延年的道具。③ 笔者赞同后者的观点，即"铁人像"没有作为"被禊"仪式中的物品被使用。笔者认为，《斋宫式》中的"被料"指的不一定都是举行"被禊"仪式时所使用的物品，有时只是作为一种等价物，"铁人像"正属于这种等价物。《斋宫式》中有人偶"铁人像"，恐怕是由于伊势神宫受到了道教的影响，因而"人偶"受到了特别的重视；而贺茂神社由于地方性较强，受道教影响较弱，因而在《斋院式》中没有列出"铁人像"这一物品。

---

① 王金林：《日本神道研究》，上海辞书出版社2007年版，第91页。
② 黑板勝美国史大系编修会编辑：《新訂增補国史大系·延喜式》卷5，第112页。
③ 参见金子裕之《律令期祭祀遗物集成》，《律令制祭祀論考》，塙書房1991年版；山下克明《陰陽寮と陰陽道》，《陰陽道叢書第1卷·古代》，名著出版1991年版。

三 斋王群行

斋王经过在京城的初斋院与野宫的两年洁斋生活后，即将在洁斋的第三年九月前往伊势神宫。在斋王前往伊势神宫的前几个月，朝廷必须做相应的准备工作。首先是在七月以前，"遣寮允、史生各一人于斋宫及国，辨备杂事"①。其次是在七月或八月，斋王即将来野宫时，"临于川头，在前为禊"，举行祓禊仪式。②最后要对伊势神宫进行检修，"凡斋宫破坏，国司修理。若坏破过多，在前遣使修造"③。进入九月以后，朝廷宣布："凡斋王将入太神宫之时，自九月一日迄三十日，京畿内、伊势、近江等国，不得奉灯北辰，及举哀改葬。"④ 与此同时，朝廷开始选定监送以及随行人员的装束，"凡斋内亲王临行，预定监送使。参议一人（或以中纳言充之），辨一人，史一人，六位以下官人一人。即使及斋宫官人以下，皆赐装束"⑤。

根据《斋宫式》"斋发条"的规定，在斋王出发前往伊势神宫的当日，"所司预设御座于大极后殿。天皇御后殿（不警）。神祇官五位中臣进御麻，史一人行麻于侍从五位以上。时克，御大极殿，斋内亲王下舆入就殿上座。事讫，向太神宫"⑥。此外，《延喜式·扫部寮式》还对斋王出发时大殿的布置以及座次等作了规定："凡斋内亲王入伊势斋宫者，于大极殿高御座左直东户，设御座东向（席帖各二枚，上铺六尺御帖一枚）。后树屏风，自御前东去一间，设置币叶荐一枚。自北方东户南进一间，铺内亲王座南向（绿缘帖二枚，

---

① 黒板勝美国史大系編修会編輯：《新訂增補国史大系·延喜式》卷5，第112頁。
② 黒板勝美国史大系編修会編輯：《新訂增補国史大系·延喜式》卷5，第112頁。
③ 黒板勝美国史大系編修会編輯：《新訂增補国史大系·延喜式》卷5，第113頁。
④ 黒板勝美国史大系編修会編輯：《新訂增補国史大系·延喜式》卷5，第113頁。
⑤ 黒板勝美国史大系編修会編輯：《新訂增補国史大系·延喜式》卷5，第113頁。
⑥ 黒板勝美国史大系編修会編輯：《新訂增補国史大系·延喜式》卷5，第114頁。

上加两面短帖一枚）。后树屏风。"①

根据《西宫记》"群行"与《江家次第》"斋王群行"记载，在斋王出发当日的仪式上，天皇必须"以小栉加（斋）王额"。值得注意的是，这条记载只出现在《西宫记》与《江家次第》两书中，在其他资料中均没有记载。与此同时，在贺茂斋院群行时也没有这一仪式的记载。榎村宽之认为仪式文书主要是记录律令官人的礼法，天皇举行的仪式被视为秘密仪式，不是普通贵族应该了解的内容。因此，在一般的祭祀仪式史料中，几乎不记载天皇的行为。官撰史料中之所以没有记载加小栉的仪式，主要是因为该仪式与律令官人没有关联，是天皇举行的具有很强的私人性质的一项秘密仪式。② 笔者认为，加小栉的仪式不像其他仪式那样隆重，因此，它可能只是天皇表达与皇女之间特殊感情的一项仪式，对于远离京城的皇女来说，"小栉"正是她挂念天皇的重要信物。

经过上述筹备工作后，斋王便可准备正式出发。根据《斋宫式》"顿宫条"记载：

> 凡顿宫者，近江国国府，甲贺、垂水、伊势国铃鹿、壹志，总五所，并国司依例营造。所须稻，近江一万五千束，伊势二万三千束，铺设杂器及供给，总用此内。③

也就是说，朝廷在斋王群行的旅途中，在近江国国府、甲贺、垂水、伊势国铃鹿、壹志等五处地方，修建了提供群行队伍借宿的宫殿，即"顿宫"。由此推测，斋王群行的旅途共计约花费六天五夜的时间。在日本律令制国家的驿传马制中，从平安京到伊势神宫大概只需一两日。也就是说，实际上斋王群行并不着急赶路，她们的

---

① 黑板胜美国史大系编修会编辑：《新订增补国史大系·延喜式》卷38，第849页。
② 榎村宽之：《律令天皇制祭祀の研究》，第195页。
③ 黑板胜美国史大系编修会编辑：《新订增补国史大系·延喜式》卷5，第113页。

旅程更像是一场展示古代日本天皇威信的盛装游行。

根据《延喜式》记载，斋王必须在十六日参拜外宫，十七日参拜内宫，并且在外宫与内宫中举行各种仪式。

> 十六日，朝馔之后，斋王参度会宫。路边穷者赈给如常。禊度会河，参入神宫。至板垣门东头，下舆，入外玉垣门就东殿（祢宜并扫部司供奉装束）。神宫司执鬘木绵，入外玉垣门而跪。命妇出受以奉。斋王拍手而执着鬘。又神宫司持太玉串入同门而跪，命妇亦转奉。斋王拍手而执，捧入内玉垣门内就座席（命妇、若女孺二人陪从），避席进前再拜两段。讫，玉串授命妇，受转授物忌，受执立瑞垣门西头。斋王还就本座。宫司宣祝词。讫，物忌内人奉币帛案。斋王并众官以下，再拜拍八开手，次拍短手再拜。如此两遍。既而众官退出，就解斋殿给酒食。讫，入外玉垣门供倭舞。先神宫司以下，及主神司、寮官次第舞。次斋宫女孺四人供五节舞。讫，给禄有差。其后斋王还着离宫，主神司中臣候南门奉御麻。十七日，参太神宫。禊御裳洗河。自余之仪，同度会宫（事见太神宫式）。是日，神宫司献物，即赐禄。又奉币使同赐禄，并各有差。十八日，斋王还宫，主神司中臣候南门奉御麻，兼供奉大殿祭，祇承国司赐禄。[①]

结合斋王群行的旅程约六天五夜来看，斋王从平安京出发的时间最晚应该在九月十日左右。

斋王在斋宫的年限，没有明确规定，从历史记载看，长短不一。长的达数十年，短的数年。理想情况下，一代天皇选定一位斋王，但也有一位斋王任期跨几代天皇以及一代天皇任命多位斋王的现象。斋王一般是在天皇崩御、退位或斋王本人的近亲去世时方可退任、

---

① 黑板勝美国史大系編修会編輯：《新訂增補国史大系·延喜式》卷5，第118页。

归京。《斋宫式》"遣使奉迎条"规定：

> 凡斋王还京者（若有遭故还者，不用初入之道），遣使奉迎。五位、六位各一人，近江与伊势堺上祗候。辨一人率史生，官掌各一人，参斋宫检校归发。其斋王衣服，舆辇之类，官便附使送之。皆堺上而脱易（衣服之类给忌部，舆辇之类给中臣。又各加鞍御马一疋）。其顿宫及供给，准向国之例。①

也就是说，退任后的斋王有两条归京路线，如若没有遭遇变故，则按照群行时的原路，由铃鹿峠、近江路回京；如若遭遇凶丧之事，则通常就会经由难波京，走伊贺、大和路。根据冈田精司考证，斋王卸任后经难波京，走大和路与日本古代王权起源于大和地区有关。②

第四节　摄关、院政时代斋王制度的嬗变

一　摄关时代的斋王制度

进入 9 世纪中期以后，随着公地公民制的破坏，律令政治也危机四伏。天安元年（857）二月，藤原良房以文德天皇母舅身份破例当上非皇亲身份的第一个太政大臣。翌年，文德天皇驾崩，年仅九岁的惟仁亲王即位，是为清和天皇。身为天皇外祖父的藤原良房又以太政大臣身份为幼小外孙清和天皇"总摄庶政"，进而于贞观八年（866）八月正式获得"摄政"称号，开始了人臣摄政，开创"摄关政治"这一特殊政治形态。

---

① 黒板勝美国史大系編修会編輯：《新訂増補国史大系·延喜式》卷5，第118页。
② 岡田精司：《伊勢斎宮の成立をめぐる問題点》，第278页。

摄关政治的出现，对斋王制度产生了重要影响。进入 9 世纪后半期，伊势斋宫大多不是天皇的直系女儿或孙女，而是与天皇关系疏远的异母姐妹。① 清和、阳成、光孝、宇多四代天皇共任命了五位伊势斋宫——恬子内亲王、识子内亲王、揭子内亲王、繁子内亲王与元子女王。其中，只有繁子是当时天皇之女。②

藤原良房获得摄政称号时，创建了作为其权力象征的春日斋女制度。③ 春日斋女作为侍奉藤原氏的氏神春日神社与大原野神社的巫女，其地位与伊势斋宫、贺茂斋院并列，成为具有国家性质的祭祀制度。与此同时，经过"阿衡纷争"以后，藤原基经职掌关白权力，掌握朝廷的实权，天皇的权力则开始旁落，伊势斋王制度逐渐丧失了最初的特殊政治意义与魅力。

醍醐天皇与村上天皇即位后为维护律令制度，改除时弊，励行班田制度，完成了《延喜式》与《类聚三代格》的编纂，被史书誉为"延喜、天历之治"。但此后藤原氏确立了牢固的摄关政治，独揽朝政，律令制度继续走向崩溃。从 10 世纪下半期起，藤原氏通过接受庄园寄进开始变成大庄园领有者。此外，管理摄关家的机关"政所"也成了国政的中心。特别是从天皇的血统这一点上看，通过外戚身份确立权势的藤原氏，担心这种权力会移交到其他氏族的手中，阻止其他氏族的女子进入后宫，藤原氏女子几乎独占后宫。如藤原道长有四个女儿被选为后妃，后一条、后朱雀、后冷泉三位天皇皆其外孙。

进入 10 世纪后半期以后，在摄关政治的影响下，逐渐出现轻视伊势神宫，重视贺茂斋院的倾向。根据天延三年（975）太政官符记

---

① 一些学者认为，从旁系选定斋王受到了皇位直系继承的影响。参见榎村寛之《伊勢斎宮の歴史と文化》，塙書房 2009 年版，第 114 页。

② 恬子与识子都是当时天皇的异母姊妹、揭子是当时天皇的侄女、元子和当时天皇的关系已疏远。

③ 榎村寛之：《春日斎女について》，《日本歴史》第 518 号，1991 年，《律令天皇制祭祀の研究》，第 250—273 页。

载，参加贺茂祭的官人，其随从人员依其位阶而定，"四位八人，五位六人，六位四人"，但实际上参加贺茂祭的贵族们"好率多数，或七八十人，或五六十人，带弓箭，着绫罗，奔走与骑马之后，炫耀于尘埃之中"①。针对贺茂祭使行列队伍中官人的随从人数众多以及不符合身份的着装，朝廷屡出禁制，但收效甚微。长和二年（1013）四月十九日，朝廷明令规定贺茂祭使的随从人数"禊前驱并祭诸使从者二十人，童六人，不可过此数"②。然而，就在五天后举行的贺茂祭使行列中，近卫府使的左少将藤原忠经、马寮使的左马权头藤原保昌等人的随从都超过规定。其中，藤原忠经的随从"童十人着织物，杂色并舍人相合五十人，杂色四十余人皆着绢狩衣、袴"；藤原保昌的随从"童八人着缣衣、袴，杂色、舍人相加五十人"③。无论是随从的人数，还是着装，藤原忠经和藤原保昌等人都违背了朝廷的规定。此外，从《源氏物语》《枕草子》中也可以看出，贺茂神社对于都城的贵族来说，是最盛大的祭祀。④

古代的伊势神宫是天皇制国家的宗教设施，在这里举行的祈祷和祭祀都是国家性仪式，天皇以及他们所代表的政权是唯一有权在伊势神宫举行祈祷和祭祀的主体。⑤《延喜式》中明文规定："凡王臣以下，不得随意向大神供奉币帛。三后、皇太子若需供奉之事，应临时奏闻。"⑥即使是与天皇关系最亲密的皇后、皇太后、太皇太后以及皇太子等，也必须经过奏闻，获得天皇的同意以后，才能去伊势神宫参拜、祈祷。

随着藤原摄关家开始掌权，作为国家祭祀的伊势神宫逐渐沦为

---

① 黒板勝美国史大系編修会編輯：《新訂増補国史大系·政事要略》卷70，吉川弘文館1981年版，第594—595頁。

② 東京大学史料編纂所編：《小右記》（三），岩波書店1964年版，第107頁。

③ 東京大学史料編纂所編：《小右記》（三），第110頁。

④ 榎村寛之：《律令天皇制祭祀の研究》，第162頁。

⑤ 刘琳琳：《日本江户时代庶民伊势信仰研究》，第25页。

⑥ 黒板勝美国史大系編修会編輯：《新訂増補国史大系·延喜式》卷4，第92頁。

天皇家一族，特别是天皇家男系系谱的祭祀，作为外戚的藤原摄关家与伊势神宫之间几乎没有任何联系。藤原行成在其长保二年（1000）正月二十八日的日记中，表达了这种不满："太后崩给以来，度度催奏其旨，当时所作藤氏皇后东三条院、皇太后宫、中宫皆依出家，无勤氏祀。职纳之物，可充神事，已有其数，然而入道之后，不勤其事。"①

与伊势神宫相比，贺茂神社的祭祀权并没有被天皇家所垄断，平安京的贵族阶层均可前往贺茂神社参拜、祈祷。因此，以藤原氏摄关家为代表的贵族阶层，开始轻视伊势斋宫，重视贺茂斋院。在整个10世纪，具有藤原氏血统的伊势斋宫仅有藤原宽子之女嘉子内亲王一人，大多数具有藤原氏血统皇女成为贺茂斋院。此外，在地理位置上伊势斋宫地处畿外穷乡僻壤、交通不便的伊势，而斋院在平安京的郊外紫野（位于京都市北部的加茂川西面），恐怕也是伊势斋宫受到冷落、贺茂斋院受到重视的原因之一。

二　院政时代的斋王制度

治历四年（1068）四月，和藤原氏没有血统关系的后三条天皇即位。为了改变藤原氏独霸朝政的局面，后三条天皇起用地位较低的中下层贵族参与朝政，并让位给太子贞仁亲王（白河天皇），自己以上皇的身份处理政务。后三条上皇病逝后，白河天皇设立"院厅"，模仿后三条天皇以上皇的身份成为实际的君主处理政务，开创院政时代。

院政的出现，再次成为斋王制度的转折点。与摄关时代的伊势斋宫与天皇关系的疏远不同，在上皇掌权的时代，伊势斋宫几乎全部是上皇的直系皇女。如白河院的伊势斋宫善子与恂子皆是其女儿，守子则是其侄女；鸟羽院的伊势斋宫妍子、喜子皆是其女儿，亮子则是其孙女；后白河院的伊势斋宫好子、休子、悼子皆是其女儿，

---

① 增補史料大成刊行会編：《增補史料大成・権記》，臨川書店1965年版，第108頁。

功子与洁子则是其孙女；后鸟羽院的伊势斋宫肃子和熙子皆是其女儿。选定斋王侍奉天照大神原本是天皇的权力，院政出现以后，随着政治权力从天皇转移到上皇，伊势斋宫由维护"在位君"天皇正统性的机构，变成了维护"治天君"上皇君临天下的重要机构。

1180年至1185年，源氏和平氏两大武士家族为了争夺权力而展开了一系列战争，史称"治承·寿永之乱"。此时在位的安德天皇直至去世也没有任命伊势斋宫与贺茂斋院，天皇与斋王的关系再次出现了中断。此后的后鸟羽天皇一度恢复了伊势斋宫与贺茂斋院制度，但公家政权已无人力、物力和财力维系斋王制度，而必须依靠镰仓幕府的援助。[①] 因此，不久朝廷不再派遣贺茂斋院。虽然在镰仓幕府武家政权统治时期，土御门、顺德、后堀河、四条、后嵯峨、龟山、后二条等天皇在形式上仍然任命伊势斋宫，但实际上已是名存实亡。而此后的后宇多、伏见、后伏见、花园、光严等天皇则没有再任命伊势斋宫。南北朝时期，后醍醐天皇实行建武新政，实现了天皇亲政，并恢复了伊势斋宫制度，但很快建武新政以失败告终。对于武家政权来说，与天皇亲政有着密切关系的斋王制度的存在是一种威胁，因此斋王制度与古代天皇制一同退出了历史舞台。

第五节　小结

斋王制度是维护日本古代天皇制不可或缺的祭祀制度与政治制度。斋王制度的形成、发展、嬗变与消亡的过程反映了古代天皇制的变化态势。在大和王权不断加强时期，"斋王"的居所出现了从宫中到宫外一隅，再固定到伊势神宫的变化。"壬申之乱"后，天武天皇为了增强君临天下的正统性，并巩固以天皇为首的中央集权政治体制，借用祖先神的宗教权威，建立和健全斋王制度。最终，"使天

[①] 榎村寬之：《律令天皇制祭祀の研究》，第169頁。

皇得以从现实世界权力争夺的主体之一,向虚拟世界的最高统治者和唯一精神领袖的角色转变"①。

8—9世纪,在激烈的皇位继承斗争中,斋王制度成为稳固皇太子地位的重要措施之一,斋王的管理运作制度也得到了进一步完善。虽然此时出现了天武系皇统断绝的现象,但由天武系担任伊势斋宫的制度依然被延续下来。与伊势斋宫制一样,贺茂斋院制形成的背景也是经过战乱后由战胜方所创设。虽然贺茂斋院的成立打破了伊势斋宫一统天下的局面,但在整个9世纪,伊势斋宫同贺茂斋院一样,作为被赋予庄严使命的国家机构的性质一致,二者共同成为皇位继承制度中的重要组成部分,守护着古代天皇制。

进入10世纪以后,随着藤原氏摄关政治的确立与天皇权力的衰落,伊势神宫的重要性也相对地被减弱,贺茂神社则受到了重视,逐渐出现轻视伊势斋宫,重视贺茂斋院的倾向。进入院政时代以后,上皇作为治天君,实际上成为具有真正地位的君主。在院政下,上皇与伊势斋宫之间的联系逐渐加强,伊势斋宫几乎全部是上皇的直系。伊势斋宫重新成为守护"治天君"君临天下的重要精神支柱。经过"治承·寿永之乱",天皇的政治权力逐渐转移到武士阶级手中。在缺乏国家财政和赋税征收体制支持的情况下,中世天皇家的斋王制度已经丧失了古代天皇制国家中的特殊使命。虽然后醍醐天皇新政时曾恢复斋王制度,但很快退出了历史舞台。

斋王制度在古代日本的神祇制度中占据十分重要的地位。在《延喜式·神祇式》中,专门列出两节,详细阐述伊势神宫的各种祭祀与斋王制度,同时单列《斋宫式》和《斋院式》。在斋王的各种仪式中,斋王卜定、斋王祓禊和斋王群行是最为重要的三种仪式,它们对古代天皇制分别起到了稳固、净化和宣传的作用。

---

① 武寅:《天皇制的起源及结构特征》,《历史研究》2012年第3期。

结　　语

　　日本古代天皇制经历了确立、发展、畸变三个时期。这三个时期恰好对应皇亲政治、皇亲政争和皇亲失势三个阶段。在以天皇为首的中央政权建立之初，天皇为防止贵族官僚干预皇位继承和进行分权，加强天皇专制统治，逐渐确立以天皇的诸皇子为中心进行统治的皇亲政治。为维护皇亲政治，禁绝皇亲以外人员插手核心政治，从天武天皇至奈良时代前半期，统治者采取了一系列加强皇亲权力的措施，使皇亲政治具有以下几个特点：（一）确立皇后必须出自皇亲的原则。（二）由皇亲垄断知太政官事一职，以便辅佐年幼的天皇。（三）将皇亲任官制度从法律上固定下来，促进皇亲的官僚化。但是，有时皇权与皇亲之间的关系也会面临进退两难的境地。一方面，提高皇亲地位有助于提高天皇的权威；另一方面，皇亲地位的提高也可能会危及皇权自身。因此，皇亲政治只是为了建设成熟的天皇制国家所必要的过渡体制。随着律令制的确立和官僚制的不断完善，皇亲对于国家政权的重要性大大降低。

　　在律令制不断完善的同时，以天皇为家长的皇亲势力与皇亲之外的贵族官僚势力之间形成了复杂多变的关系，且他们之间的相互斗争成为古代日本政治斗争的主线。皇亲以外的贵族官僚势力一方面是以天皇为首的皇亲集团实现其最高统治权的有力工具，另一方面对于天皇行使其权力起着牵制与制约的作用。因此，皇亲以外贵族势力的存在，一方面客观上降低了皇亲对皇权的威胁，同时遏制了天皇权力向极端方向恶性发展；另一方面，有时也因其具有统率百官的地位，又削弱了皇权，对天皇权力构成威胁。长屋王作为典型的皇亲，他在打击藤原氏家族的同时，也引起圣武天皇的反感，最终在圣武天皇的默许下由藤原氏策动一场陷害长屋王的政变。长屋王亡故后，非皇亲出身的藤原光明子在藤原氏的大力扶持下，打破传统惯例当上了皇后，开创了"人臣皇后"的先例，皇亲政治开始解体，权力由皇亲转入藤原氏手中。"长屋王之变"不久，由疾病带来了一场新的"政变"，即藤原四兄弟等相继死去，朝廷实权落入赐姓皇亲橘诸兄之手。但是，圣武天皇并不希望重建皇亲政治，而是暂时让橘诸兄掌权，实际上是为了实现向天皇真正掌权过渡。"藤原广嗣之乱"正是圣武天皇为同时削弱外戚藤原氏和赐姓皇亲橘氏的势力挑动的一场内乱。通过这次内乱，皇亲势力和藤原氏贵族势力都受到削弱，天皇的专制权力得以加强。藤原仲麻吕由于得到姑母藤原光明子皇太后的信任，逐渐崛起为实际上的最高权力者。藤原光明子皇太后去世后，藤原仲麻吕失去了保护，势力日衰；而道镜深受孝谦上皇之宠，势力日盛。藤原仲麻吕于是趁淳仁天皇与孝谦上皇不和之机，起兵叛乱，结果在近江战败身亡，其所属的藤原南家也遭遇重创。桓武天皇即位后，为摆脱平城京以天武系为主体的势力，重新构筑自己的政治势力，决定迁都。但是，以桓武天皇之弟早良亲王为首的政治势力反对迁都，而桓武天皇也想传位给自己的儿子，因此，桓武天皇借"藤原种继暗杀事件"，在朝廷内进行一场肃清活动，排除以早良亲王为首的反对党，并由此引发早良亲王怨灵事件。最终，桓武天皇通过迁都平安京，使皇威和皇权得以重建，从而恢复了天皇在国家政治中的主导地位。总之，经过"长屋王之变""藤原广嗣之乱""藤原仲麻吕之乱""藤原种继暗杀事件"之后，皇亲势力和藤原氏贵族势力都受到削弱，天皇的专制权力得以加强或恢复。

从桓武天皇开始，平城、嵯峨、淳和与仁明等天皇统治时期，皇权得到巩固，政治比较安定。由于皇亲内部在权力的兴替上始终处于不稳定状态，皇亲很可能利用亲族身份篡夺皇位，因此外戚藤原氏越来越受到天皇的信任。特别在出现幼帝即位的情况时，没人能够继承天皇作为家父长的权威，作为幼帝母亲的皇后便成为其监护人，而皇后为了确保天皇继承权不致旁落，其最亲近的力量莫过于自己家族中的家父长。但是，天皇在降低皇亲对皇权威胁，暂时巩固皇权的同时，也为此付出了极其惨重的代价。经过"承和之变"后，随着皇亲的政治地位逐渐衰落和藤原氏贵族政治地位的不断上升，出现了皇权弱化和外戚专权的现象，皇亲的处境和天皇制都发生了显著的变化。由于藤原氏一族拥有雄厚的经济基础，同时通过巧妙利用与天皇联姻以及不断玩弄权术打击皇亲与其他氏族，因而获得并长期垄断摄政、关白二职，其私邸成为国政的中心，而朝廷反而变成虚设的仪式和典礼的场所，律令制度也形同虚设，皇权名存实亡。但摄关政治就其性质而言，并非国家统治体制的转换，而只能算作古代天皇制的一种畸变政治形态。

后三条天皇是自宇多天皇以来170年间，唯一一位和藤原氏没有血统关系的天皇。后三条天皇即位后结合各方反对藤原氏的势力，通过太上天皇身份控制朝政。后三条天皇之子白河天皇为对抗藤原氏，模仿其父让位后，通过建立新的权力机构、提拔赐姓皇亲、实行"知行国制"、组织武装力量、提升"乳母"的地位等，以太上皇身份执掌朝政，成为真正意义上的君主。虽然此后摄政、关白继续存在，但已有名无实，藤原氏也从此走向衰弱。院政虽然成功地压制住了藤原氏的势力，但其实质同摄关政治一样，也是古代天皇制的畸变形态。此外，院政的出现也产生了一系列问题。如使庄园的独立性更强，加速了中央集权制度的瓦解；导致社会秩序十分混乱；使佛教势力得以扩张；统治阶级内部的矛盾日趋复杂化和尖锐化；天皇始终没有掌权等。以上错综复杂问题的发展，最终使日本进入通过军事手段决定政权归属的"武者之世"。

从具体的皇亲制度中也可以清晰地看到皇亲与天皇制同命运、

共兴衰的关系。日本在确立以天皇为首的中央集权制之前，由于古代国家内仍保存大量氏族制度的残余，因此尚未形成特定的皇亲制度。皇亲政治与天皇制的确立时期，皇位继承方面，随着大陆先进文化的不断传入，人们的思想开始发生变化，对国家的观念增强，天皇为加强中央集权，废除由大兄作为皇位继承有力竞争者的继承方式，逐渐形成嫡长子直系继承制。特别是持统天皇，她通过巧妙地利用称制、任命高市皇子为太政大臣、让位给轻皇子以及频繁地行幸吉野等先例与独特的方式，有效地抵制了兄弟继承的旧习，维持了天武天皇→草壁皇子→轻皇子（文武天皇）的直系继承皇统。叙位方面，天武天皇按照明、净、正、直、勤、务、追、进八色改冠位二十六阶为冠位六十阶，将明位二阶与净位四阶作为诸王以上的冠位，区别于诸臣，从而确立了以皇室血缘关系为纽带联结起来的皇亲阶层在官人阶层中的特权地位。任官方面，往往任命最有实力的皇亲来担任知太政官事一职，且几乎独占了大宰帅、中务卿、式部卿与弹正尹等职，以皇亲势力来辅佐天皇、牵制贵族势力。封禄封面，不仅制定专门针对皇亲的封禄，而且在赐予封禄的次数上与数量上不断增多。婚姻方面，天武天皇颁布"禁止礼拜卑母诏"，通过强调"母亲的出身"的重要性来显示自己继承皇位的正当性，并进一步加强皇亲的亲近通婚。斋王制度方面，天武天皇为增强君临天下的正统性，借用祖先神的宗教权威，建立和健全斋王制度。

皇亲政争与天皇制的发展时期，皇位继承方面，由于天皇的相继早逝，天武天皇→草壁皇子→文武天皇→圣武天皇这一男子直系继承受到威胁，为此元明女帝与元正女帝作为过渡的女帝先后即位，从而有效地抵制兄弟继承的旧习，守护了天武系皇统的父子直系继承。特别是元明天皇，她为了将父子继承的正统性合法化，捏造出"不改常典"。至孝谦天皇统治时期，发生了"宇佐神托事件"。该事件看似是一场皇位继承的危机，实际上却是藤原氏酝酿的一场阴谋。至光仁天皇，皇统从天武系转向天智系。桓武天皇即位后，为了摆脱平城京以天武系为主体的势力，重新构筑自己的政治势力，制造了"冰上川继之变",并决定迁都长冈京,从而为天智系皇统的顺利传承奠定了基础。从嵯峨天皇开始建立的嵯峨天皇系、淳和天皇系血统轮流即位的皇权继承体系维持了近三十年的稳定,在此期间没有发生有关皇权的纷争。经过"承和之变"后,藤原良房不仅把自己的外甥道康亲王立为皇太子,而且给与其他有势力氏族伴氏、橘氏以及同是藤原良房竞争对手的藤原爱发,藤原吉野等藤原氏以重大打击。同时,也终止了嵯峨天皇系与淳和天皇系两血统轮流继承皇位的迭立制度,皇位继承统一到了嵯峨天皇→仁明天皇的系统。叙位方面,随着官僚制度的不断完善,皇亲的政治地位有所下降,特别是从诸王的再次升迁这一点来看,他们的仕途并不十分顺利。任官方面,虽然皇亲仍然能够就任重要职位,但比重有所下降,同时天皇不再任命皇亲就任知太政官事一职。封禄方面,为了减少皇亲的费用支出,改变无区别地授予亲王、内亲王封禄的方式,将授予内亲王的食封减半。婚姻方面,天皇为维护自己家族内部的血统高贵以及统治的正当性,仍然采取以"内婚制"为原则的近亲婚。但藤原氏为了进一步加深与皇亲的关系,同时二世以下王也希望通过加深同藤原氏关系来提高政治地位,因此往往出现藤原氏与二世以下女王的违法婚姻。此外,藤原氏一族为了进一步扩张势力,还使藤原氏所生的唯一皇亲阿倍内亲王终身未婚,以便立其为皇太子。皇亲赐姓方面,天皇出于维护和加强国家统治的考虑,开始给诸王赐姓,特别是从桓武天皇给皇子赐姓开始,在此后的100多年时间里,皇亲赐姓十分兴盛。其原因包括:(一)当时的氏姓制度十分混乱,赐姓起到了重新明确姓氏秩序的作用;(二)皇子等皇亲人数的增加加重了国家的封禄支出,通过赐姓可以减轻国家的财政负担;(三)能够继承皇位的皇子是极少数的,通过赐姓可以避免因皇子增加而带来的朝廷内部政治斗争风险的增多。斋王制度方面,由于皇位继承斗争十分激烈,斋王制度开始成为稳固皇太子地位的重要措施之一,同时,斋王的管理运作制度也得到了进一步完善。这一时期,除了伊势斋宫以外,形成了新的斋王——贺茂斋院。贺茂斋院同伊势斋宫共同成为天皇制的重要组成部分，守护着古代天皇制。

皇亲失势与天皇制的畸变时期，皇位继承方面，由于幼帝不断出现，使外戚和上皇通过摄关与院政的方式，先后代行天皇的权力。文德天皇去世后，由于当时没有其他具备女帝资格的皇位继承人，因此由年仅9岁的惟仁太子即位。幼帝即位同出现"藤原光明子立后""人臣摄政"一样，逐渐成为一种惯例，使得此后幼帝不断，进而导致了皇位继承无法由皇室决定，而是由以外戚藤原氏为首的贵族层共同合议决定。宇多天皇即位以后，希望通过尽早让位的办法，来防止以藤原氏为首的贵族干预皇位继承，进而否定阳成天皇的直系权威，确立自己的正统性。但是，此后发生的两件事，使宇多天皇的构想难以实现。其一是藤原时平的同母妹藤原稳子入醍醐天皇后宫成为女御，导致宇多天皇与醍醐天皇从父子一体的关系变为父子对立的关系。其二是"昌泰之变"，导致"时平、道真二头体制"瓦解，藤原时平独揽政权。经历了近200年的摄关政治以后，经过后三条天皇和白河天皇的努力，开创了以"院政"取代"摄关"政治体制，实现还政于皇室的愿望。不过，政权重新归皇室，权力却不属于天皇，而属于上皇，从而促使皇位继承矛盾更加尖锐化。特别是在近卫天皇去世后，皇室内部因为皇位继承的问题，发生强烈的斗争。这时两位太上皇即近卫天皇的父亲鸟羽法皇和近卫天皇的兄长崇德上皇都在人世。结果围绕皇位继承人问题，导致陆续发生"保元之乱"与"平治之乱"两次大混战。这两次战乱标志着武士阶层走上日本政治舞台，成为日本武家政治的开端。此后，由于无论是皇亲与贵族之间的斗争，还是皇亲内部之间的斗争，以及王权的维系等都离不开武士的力量，结果幕府的将军取代朝廷的天皇成为日本的实际统治者。叙位方面，这一时期皇亲的二次升迁更加困难。任官方面，皇亲的任官往往不在中央，而在地方。封禄方面，皇亲的封禄在一定程度上被削减。不过，作为皇亲的特权，叙位、任官、封禄等制度依然是加强皇亲对天皇的同族意识的重要纽带。婚姻方面，随着藤原氏的崛起与律令制国家的衰退，女王的

"皇亲内婚制"原则被打开了一个缺口，一世以下女王与臣下的婚姻得以合法化。但一方面由于当时天皇的子女大多年幼，亲王大多没有女儿，因此一世以下女王与臣下的婚姻很少；另一方面，藤原氏凭借摄关地位，进一步打破了臣下不得与内亲王通婚的规定，出现了大量藤原氏与内亲王通婚的现象。伴随着藤原氏与皇亲之间婚姻关系的不断加强，皇亲的婚姻从一个封闭走向另一个封闭。赐姓方面，从摄关时代的光孝天皇之后，皇亲赐姓，特别是对皇子的赐姓开始衰落。究其原因，大致有以下几点：首先，摄关家的势力确立起来后，藤原氏为了长期独占这一势力，抑制从其他家族将女子送入后宫，因此，皇子的产生受到了限制，皇亲的绝对数量减少。其次，随着寺院势力的发展，皇亲出家为僧者不断增加，从而导致皇亲赐姓者减少。最后，藤原氏为了扩大官位晋升的范围，甚至让已经被赐姓的皇子"皇籍复归"。尽管这一时期皇亲赐姓一直衰落下去，但赐姓皇亲越来越受到重视，特别是随着源、平两氏的崛起，武家政治开始进入中央政界，并最终取代了院政。斋王方面，摄关时期天皇家的伊势神宫的重要性相对地被减弱，以摄关家为首的贵族层的贺茂神社则受到了重视，逐渐出现轻视伊势斋宫，重视贺茂斋院的倾向。进入院政时代以后，上皇与伊势斋宫之间的联系逐渐加强，伊势斋宫几乎全部是上皇的直系。伊势斋宫重新成为守护"治天君"君临天下的重要精神支柱。不过，随着国家的政治权力从上皇逐渐转移到武士手中，斋王制度也退出了历史的舞台。

  武寅认为"皇统谱、等级身份秩序以及天皇神化，这三大基本要素决定了天皇制的本质特征"[①]。笔者认为，皇亲制度的确立、完善与皇统谱、等级身份秩序以及天皇神化的确立、完善密不可分。皇位继承制度保证了皇统谱中天皇家族的独占性；皇亲叙位、任官、封禄、婚姻、赐姓等制度保证了等级身份秩序中天皇权威的至高性；斋王制度保证了天皇神化中天皇皇祖神天照大神的唯一性。正是基

[①] 武寅：《天皇制的起源及结构特征》，《历史研究》2012年第3期，第110页。

于以上特点，从而使天皇如同国徽、国旗、国歌一样，成为日本国家的象征，进而保证了当代日本的象征天皇制在制定后一直得到日本国民的广泛支持。即正是基于天皇家族的独占性，所以使以天皇为中心的皇室能够血统"万世一系"，从而使日本国民"将这一族认为是日本的本家或理想的家庭，是将其作为憧憬的存在而尊崇的，所以可以解释为与象征相符"①；正是基于天皇权威的至高性，所以使得天皇在历史上除了一部分时期以外，经常不是自己亲政，而是处于在确保天皇权威的前提下将权力授予当时的实权者的地位，从而使日本国民认为天皇有作为象征的传统，与象征符号相符；正是基于天皇皇祖神的唯一性，所以使天皇成为与日本建国神话密切相关的存在，同时又是祈愿国家和国民幸福的存在，进而使日本国民认为天皇与日本的象征地位相符。

以上笔者就皇亲制度的演变与古代天皇制之间的情况作了大略的论述。一言以蔽之，皇亲制度随着国家政权的权力中心的转移而变化，同时，皇亲制度的变化又充分反映了天皇制国家在不同时期的政治权力关系的演变过程。

---

① 园部逸夫：《思考皇室制度》，陶旭译，社会科学文献出版社2012年版，第6页。

参考文献

一　日文文献

（一）原始资料与工具书

阿部猛、義江明子、相曽貴志等編：《平安時代儀式年中行事典》，東京堂出版2006年版。

阿部猛、義江明子、相曽貴志等編：《日本古代史研究事典》，東京堂出版1995年版。

朝尾直弘等編：《角川新版・日本史辞典》，角川書店1996年版。

東京大学史料編纂所編：《小右記》，岩波書店1959—1967年版。

宮内庁書陵部編纂：《皇室制度史料》，吉川弘文館1983—1986年版。

黒板勝美国史大系編修会編輯：《新訂増補国史大系・本朝文粋》，吉川弘文館1965年版。

黒板勝美国史大系編修会編輯：《新訂増補国史大系・公卿補任》，吉川弘文館1982年版。

黒板勝美国史大系編修会編輯：《新訂増補国史大系・交替式、弘仁式、延喜式》，吉川弘文館1983年版。

黒板勝美国史大系編修会編輯：《新訂増補国史大系・類聚国史》，吉川弘文館1981年版。

黒板勝美国史大系編修会編輯：《新訂増補国史大系・類聚三代格》，

吉川弘文館1983年版。

黒板勝美国史大系編修会編輯：《新訂増補国史大系・令集解》，吉川弘文館1981—1983年版。

黒板勝美国史大系編修会編輯：《新訂増補国史大系・令義解》，吉川弘文館1983年版。

黒板勝美国史大系編修会編輯：《新訂増補国史大系・律》，吉川弘文館1978年版。

黒板勝美国史大系編修会編輯：《新訂増補国史大系・日本後紀》，吉川弘文館1982年版。

黒板勝美国史大系編修会編輯：《新訂増補国史大系・日本紀略》，吉川弘文館1980—1984年版。

黒板勝美国史大系編修会編輯：《新訂増補国史大系・日本書紀》，吉川弘文館1983年版。

黒板勝美国史大系編修会編輯：《新訂増補国史大系・三代実録》，吉川弘文館1983年版。

黒板勝美国史大系編修会編輯：《新訂増補国史大系・文德天皇実録》，吉川弘文館1981年版。

黒板勝美国史大系編修会編輯：《新訂増補国史大系・続日本後紀》，吉川弘文館1983年版。

黒板勝美国史大系編修会編輯：《新訂増補国史大系・続日本紀》，吉川弘文館1984年版。

黒板勝美国史大系編修会編輯：《新訂増補国史大系・政事要略》，吉川弘文館1981年版。

黒板勝美国史大系編修会編輯：《新訂増補国史大系・尊卑分脉》，吉川弘文館1983年版。

吉川弘文館編輯部編：《日本古代史年表》，吉川弘文館2009年版。

井上光貞等校注：《日本思想大系新裝版・律令》，岩波書店1994年版。

井原頼明：《増補皇室事典》，冨山房1982年版。

塙保己一編：《群書類従・公事部》，続群書類従完成會 1980 年版。

太田亮：《姓氏家系大辞典》，角川書店 1960 年版。

小泉道校注：《新潮日本古典集成・日本霊異記》，新潮社 1984 年版。

増補史料大成刊行会編：《増補史料大成・権記》，臨川書店 1965 年版。

佐伯有清編：《日本古代氏族事典》，雄山閣 1994 年版。

（二）著作

安田政彦：《平安時代皇親の研究》，吉川弘文館 1998 年版。

岸俊男等編：《日本の古代第 15 巻・古代国家と日本》，中央公論社 1988 年版。

岸俊男：《日本古代政治史研究》，塙書房 1966 年版。

坂本太郎：《坂本太郎著作集第 1 巻・古代の日本》，吉川弘文館 1989 年版。

坂本太郎：《坂本太郎著作集第 2 巻・古事記と日本書紀》，吉川弘文館 1988 年版。

坂本太郎：《坂本太郎著作集第 3 巻・六国史》，吉川弘文館 1989 年版。

坂本太郎：《坂本太郎著作集第 7 巻・律令制度》，吉川弘文館 1991 年版。

北山茂夫：《日本古代政治史の研究》，岩波書店 1959 年版。

北山茂夫：《日本の歴史第 4 巻・平安京》，中央公論社 1965 年版。

倉本一宏：《持統女帝と皇位継承》，吉川弘文館 2009 年版。

朝尾直弘：《日本の社会史第 3 巻・権威と支配》，岩波書店 1987 年版。

成清弘和：《日本古代の王位継承と親族》，岩田書院 1999 年版。

赤木志津子：《平安貴族の生活と文化》，講談社 1964 年版。

村井康彦：《王朝文化断章》，教育社 1985 年版。

大阪歴史学会編集：《律令国家の基礎構造》，吉川弘文館 1960

年版。

黛弘道：《律令国家成立史の研究》，吉川弘文館1982年版。

服藤早苗、西野悠紀子等編：《歴史のなかの皇女たち》，小学館2002年版。

岡田精司：《古代王権の祭祀と神話》，塙書房1970年版。

高島正人：《奈良時代諸氏族の研究》，吉川弘文館1983年版。

高橋崇：《律令官人給与制の研究》，吉川弘文館1970年版。

高群逸枝：《日本婚姻史》，至文堂1990年版。

関晃等：《岩波講座日本歴史第3巻・古代3》，岩波書店1976年版。

関口裕子：《日本古代婚姻史の研究》，塙書房1993年版。

関裕二：《"女帝"誕生の謎——古代史に見る女性天皇》，講談社2008年版。

亀田隆之：《皇位継承の古代史》，吉川弘文館1996年版。

国史研究会編：《岩波講座日本歴史》，岩波書店1933年版。

国学院大学文学部史学科編：《日本史学論集》上巻，吉川弘文館1983年版。

河内祥輔：《古代政治史における天皇制の論理》，吉川弘文館1986年版。

黒板伸夫：《摂関時代史論集》，吉川弘文館1980年版。

黒田俊雄：《体系日本歴史第2巻・荘園制社会》，日本評論社1967年版。

横田健一編：《日本書紀研究》第11冊，塙書房1987年版。

横田健一：《道鏡》，吉川弘文館1978年版。

虎尾俊哉：《日本古代の法と社会》，吉川弘文館1995年版。

荒木敏夫：《古代天皇家の婚姻戦略》，吉川弘文館2013年版。

荒木敏夫：《可能性としての女帝——女帝と王権・国家》，青木書店1999年版。

荒木敏夫：《日本古代の皇太子》，吉川弘文館1985年版。

荒木敏夫：《日本古代王権の研究》，吉川弘文館2006年版。

吉村武彦：《日本古代の社会と国家》，青木書店 1996 年版。
吉村武彦：《日本の歴史第 3 巻・古代王権の展開》，集英社 1991 年版。
吉田孝：《律令国家と古代の社会》，岩波書店 1983 年版。
榎村寛之：《律令天皇制祭祀の研究》，塙書房 2008 年版。
榎村寛之：《伊勢神宮と古代王権》，筑摩書房 2012 年版。
榎村寛之：《伊勢斎宮の歴史と文化》，塙書房 2009 年版。
榎村寛之：《伊勢斎宮と斎王——祈りをささげた皇女たち》，塙書房 2010 年版。
角田文衛：《角田文衛著作集 6・平安人物志下》，法蔵館 1985 版。
井上亘：《日本古代の天皇と祭儀》，吉川弘文館 1998 年版。
井上光貞等：《岩波講座日本歴史第 2 巻・古代 2》，岩波書店 1975 年版。
井上光貞：《井上光貞著作集第 6 巻・古代世界の再発見》，岩波書店 1985 年版。
井上光貞：《井上光貞著作集第 1 巻・日本古代国家の研究》，岩波書店 1985 年版。
井上光貞、西嶋定生等編：《東アジア世界における日本古代史講座第 9 巻・東アジアにおける儀礼と国家》，学生社 1982 年版。
林陸朗編：《論集日本歴史第 3 巻・平安王朝》，有精堂 1976 年版。
林陸朗：《光明皇后》，吉川弘文館 1986 年版。
林陸朗：《上代政治社会の研究》，吉川弘文館 1974 版。
鈴木靖民編：《日本古代の王権と東アジア》，吉川弘文館 2012 年版。
瀧浪貞子：《日本古代宮廷社会の研究》，思文閣 1991 年版。
門脇禎二：《"大化改新"論——その前史の研究》，徳間書店 1969 年版。
米田雄介：《藤原摂関家の誕生》，吉川弘文館 2002 年版。
木本好信：《奈良時代の政争皇位継承》，吉川弘文館 2012 年版。

奈良本辰也：《日本史小百科第 12 卷——政変》，近藤出版社 1981 年版。

女性史総合研究所編：《日本女性史——原始・古代》，東京大学出版会 1982 年版。

橋本義彦等：《岩波講座日本歴史第 4 巻・古代 4》，岩波書店 1976 年版。

橋本義彦：《奈良平安時代史論集》下巻，吉川弘文館 1984 年版。

橋本義彦：《平安貴族》，平凡社 1986 年版。

仁藤敦史：《女帝の世紀——皇位継承と政争》，角川学芸 2006 年版。

三品彰英：《三品彰英論文集第 2 巻・建国神話の諸問題》，平凡社 1971 年版。

森田悌：《王朝政治と在地社会》，吉川弘文館 2005 年版。

石母田正：《石母田正著作集第 4 巻・古代国家論》，岩波書店 1989 年版。

石母田正：《石母田正著作集第 3 巻・日本の古代国家》，岩波書店 1989 年版。

時野谷滋：《律令封禄制度史の研究》，吉川弘文館 1977 版。

笹山晴生：《日本古代史講義》，東京大学出版会 1983 年版。

笹山晴生先生還暦記念会編：《日本律令制論集》上巻，吉川弘文館 1993 年版。

寺西貞弘：《古代天皇制史論——皇位継承と天武朝の皇室》，創元社 1988 年版。

所功：《伊勢神宮》，講談社 1996 年版。

所京子：《斎王和歌文学の史的研究》，国書刊行会 1989 年版。

所京子：《斎王の歴史と文学》，国書刊行会 2000 年版。

太田亮：《日本上代における社会組織の研究》，磯部甲陽堂 1929 年版。

藤木邦彦：《平安王朝の政治と制度》，吉川弘文館 1991 年版。

藤木邦彦：《日本全史第3巻・古代2》，東京大学出版会1959年版。
ねずまさし：《天皇家の歴史》，三一書房1977年版。
田中卓：《田中卓著作集第4巻・伊勢神宮の創祀と発展》，国書刊行会1987年版。
土田直鎮：《奈良平安時代史研究》，吉川弘文館1992年版。
細野一治編：《日本と世界の歴史》第6巻，学習研究社1974年版。
小林敏男：《古代女帝の時代》，校倉書房1987年版。
小林敏男：《古代天皇制の基礎的研究》，校倉書房1994年版。
小林敏男：《日本古代国家の形成》，吉川弘文館2007年版。
篠川賢：《飛鳥の朝廷と王統譜》，吉川弘文館2001年版。
野村忠夫：《律令官人制の研究》，吉川弘文館1978年版。
野村忠夫：《奈良朝の政治と藤原氏》，吉川弘文館1995年版。
義江明子編：《日本家族史論集第8巻・婚姻と家族、親族》，吉川弘文館2002年版。
玉井力：《平安時代の貴族と天皇》，岩波書店2000年版。
原秀三郎：《日本古代国家史研究》，東京大学出版会1981年版。
遠山美都男：《古代の皇位継承——天武系皇統は実在したか》，吉川弘文館2009年版。
遠山美都男：《天平の三姉妹聖武皇女の矜持と悲劇》，中央公論新社2010年版。
早川庄八：《日本古代官僚制の研究》，岩波書店1986年版。
直木孝次郎：《日本古代国家の成立》，社会思想社1987年版。
直木孝次郎：《日本古代の氏族と国家》，吉川弘文館2005年版。
直木孝次郎：《日本古代の氏族と天皇》，塙書房1964年版。
中村友一：《日本古代の氏姓制》，八木書店2009年版。
竹島寛：《王朝時代皇室史の研究》，名著普及会1982年版。
竹内理三：《竹内理三著作集第4巻・律令制と貴族》，角川書店2000年版。
佐伯有清：《新撰姓氏録の研究》研究篇，吉川弘文館1962年版。

(三) 论文

阿部武彦:《天武朝の族姓改革について》,《日本歴史》第 134 号,1959 年。

坂井潔子:《内親王史序説》,《史艸》第 3 号,1972 年。

北村文治:《記紀のカバネの史料批判》,《国士舘大学文学部人文学会紀要》第 17 号,1985 年。

北村文治:《天智天皇の対氏族策について》,《日本歴史》第 181 号,1963 年。

北山茂夫:《740 年の藤原広嗣の叛乱》,《法と経済》第 116 号,1951 年。

倉本一宏:《皇親冠位の変遷について》,《続日本紀研究》第 249 号,1987 年。

倉本一宏:《律令貴族論をめぐて》,《日本歴史》第 472 号,1987 年。

倉本一宏:《天武天皇殯宮に誄した官人について——皇親政治像再構築の一前提》,《史学雑誌》第 93 巻 2 号,1984 年。

辰巳幸司:《平安初期の親王について——その前史を中心として》,《ヒストリア》第 133 号,1991 年。

大塚徳郎:《律令制初期有位者の氏族構成について》,《日本歴史》第 311 号,1974 年。

福井俊彦:《承和の変についての一考察》,《日本歴史》第 260 号,1970 年。

岡村幸子:《女王禄について》,《ヒストリア》第 144 号,1994 年。

岡村幸子:《平安時代における皇統意識——天皇御物の伝領と関連して》,《史林》第 84 巻 4 号,2001 年。

高橋富雄:《皇親官僚制成立の意義》,《歴史学研究》第 228 号,1959 年。

高田淳:《桓武朝後半期の親王任官について》,《国史学》第 121 号,1983 年。

亀田隆之：《親王、王の子の叙位について》，《続日本紀研究》第9—4、5、6号，1962年。

虎尾達哉：《律令国家と皇親》，《日本史研究》第307号，1988年。

虎尾俊哉：《孫王について——関係史料の検討》，《続日本紀研究》第256号，1988年。

荒木敏夫：《書評——門脇禎二著〈"大化改新"論〉》，《歴史学研究》第363号，1970年。

吉川真司：《律令官人制の再編》，《日本史研究》第320号，1989年。

吉川真司：《律令太政官制と合議制——早川庄八〈日本古代官僚制の研究〉》，《日本史研究》第309号，1988年。

吉住恭子：《奈良朝における皇親の存在形態》，《史窓》第52号，1995年。

加藤優子：《奈良時代における賜姓皇族》，愛知教育大学《歴史研究》第35号，1989年。

井手久美子：《大兄制の史的考察》，《日本史研究》第109号，1970年。

堀江潔：《法のまにまにあるべき政——日本古代の立太子宣命の特質》，《日本史研究》第503号，2006年。

栗原弘：《藤原内麿家族について》，《日本歴史》第511号，1990年。

林陸朗：《淳和、仁明天皇と賜姓源氏》，《国学院雑誌》第89号，1988年。

林陸朗：《平安初期政界嵯峨源氏》，《古代文化》第460号，1997年。

鷺森浩幸：《季禄と時服》，《ヒストリア》第130号，1991年。

平野博之：《諸王初叙爵表——8、9世紀における》，《経済理論》第132号，1973年。

平野博之：《諸王叙位の法制史的背景——八世紀の諸法令の解釈を

めぐって》，《日本歴史》第317号，1974年。

山本一也：《日本古代の皇后とキサキの序列——皇位継承に関連して》，《日本史研究》第470号，2001年。

山下信一郎：《皇親時服料とその変遷》，《続日本紀研究》第289号，1994年。

石田敏紀：《奈良、平安初期における二世王の存在形態——その蔭叙、昇叙、任官、賜姓について》，《高円史学》第13号，1997年。

田中嗣人：《大兄制管見》，《続日本紀研究》第178号，1975年。

土橋誠：《皇親における族長権の所在について》，《ヒストリア》第110号，1986年。

文殊正子：《"内親王"号について——"公主"との比較》，《古代文化》第38巻10号，1986年。

西松陽介：《賜姓源氏の再検討——賜姓理由を中心に》，《日本歴史》第737号，2009年。

西野悠紀子：《律令体制と氏族》，《日本史研究》第259号，1984年。

相曽貴志：《皇親時服について》，《延喜式研究》創刊号，1988年。

饗場宏、大津透：《節録について——諸節録法の成立と意義》，《史学雑誌》第98巻6号，1989年。

篠川賢：《六、七世紀の"大兄"》，《成城文芸》第139号，1992年。

篠川賢：《六、七世紀の王権と王統》，《日本歴史》第529号，1992年。

篠川賢：《"知太政官事"小論》，《日本常民文化紀要》第19号，1996年。

伊藤千浪：《律令制下の渡来人賜姓》，《日本歴史》第442号，1985年。

宇根俊範：《律令制下における改賜姓について》，《史学研究》第

147号，1980年。

宇根俊範：《源平藤橘の由来》，《月刊百科》第304号，平凡社1988年版。

原礼岛二：《八色姓と天武政権の構造》，《史学雜誌》第70卷8号，1961年。

中川收：《橘諸兄体制の成立と構成》，《日本歷史》第308号，1974年。

庄司浩：《奈良朝期（701～94）の姓氏と官位——八色制定との関連において》，《日本歷史》第269号，1970。

二　中文文献

（一）原始资料与工具书著作

陈寿：《三国志》，中华书局1959年版。

李林甫等撰，陈仲夫点校：《唐六典》，中华书局1992年版。

李延寿：《北史》，中华书局1974年版。

仁井田陞：《唐令拾遗》，栗劲等编译，长春出版社1989年版。

汪向荣、夏应元：《中日关系史资料汇编》，中华书局1984年版。

王辑五：《一六〇〇年以前的日本》，商务印书馆1983年版。

王新禧译：《平氏物语》，上海译文出版社2011年版。

魏徵等：《隋书》，中华书局1973年版。

吴杰主编：《日本史辞典》，复旦大学出版社1992年版。

杨天宇：《礼记译注》，上海古籍出版社2004年版。

姚思廉：《梁书》，中华书局1973年版。

伊文成、王金林等编：《日本历史人物传》（古代中世篇），黑龙江人民出版社1984年版。

长孙无忌等：《唐律疏议》，中华书局1983年版。

中共中央马克思恩格斯列宁斯大林著作编译局编：《马克思恩格斯选集》第4卷，人民出版社1995年版。

竹内理三编：《日本历史辞典》，沈仁安、马斌等译，天津人民出版社 1988 年版。

左丘明：《国语》，上海古籍出版社 1978 年版。

左丘明：《左传》，上海古籍出版社 1998 年版。

（二）国内著作

北京大学日本研究中心编：《日本学》第五辑，北京大学出版社 1995 年版。

冯玮：《日本通史》，上海社会科学院出版社 2008 年版。

傅斯年：《史学方法导论》，中国人民大学出版社 2004 年版。

蒋立峰：《日本天皇列传》，东方出版社 1992 年版。

李朋、任众：《外国显赫皇室丛书：谜一样的日本王室》，黑龙江人民出版社 1999 年版。

李禹阶：《外戚与皇权》，西南师范大学出版社 1993 年版。

李卓：《中日家族制度比较研究》，人民出版社 2004 年版。

刘俊文、池田温主编：《中日文化交流史大系 2》法制卷，浙江人民出版社 1996 年版。

刘立善：《没有经卷的宗教——日本神道》，辽宁大学出版社 1996 年版。

刘琳琳：《日本江户时代庶民伊势信仰研究》，世界知识出版社 2009 年版。

马兴国、宫田登主编：《中日文化交流史大系 5》民俗卷，浙江人民出版社 1996 年版。

茂吕美耶：《平安日本》，广西师范大学出版社 2007 年版。

沈仁安：《日本起源考》，昆仑出版社 2004 年版。

施治生、徐建新主编：《古代国家的等级制度》，中国社会科学出版社 2003 年版。

宋成有：《东北亚史研究导论》，世界知识出版社 2011 年版。

孙伟珍：《日本皇室百代家国》，中国青年出版社 2012 年版。

唐长孺：《魏晋南北朝史论拾遗》，中华书局 1983 年版。

汪向荣：《邪马台国》，中国社会科学出版社 1982 年版。

王海燕：《日本古代史》，昆仑出版社2012年版。

王海燕：《日本平安时代的社会与信仰》，浙江大学出版社2012年版。

王金林：《汉唐文化与古代日本文化》，天津人民出版社1996年版。

王金林：《简明日本古代史》，天津人民出版社1984年版。

王金林：《日本人的原始信仰》，宁夏人民出版社2005年版。

王金林：《日本神道研究》，上海辞书出版社2007年版。

王金林：《日本天皇制及其精神结构》，天津人民出版社2001年版。

王守华、王蓉：《神道与中日文化交流》，河北人出版社2010年版。

王晓秋、大庭修主编：《中日文化交流史大系1》历史卷，浙江人民出版社1996年版。

王忠和：《日本王室》，百花文艺出版社2007年版。

吴廷璆：《日本史》，南开大学出版社出版1994年版。

徐洪兴、小岛毅、陶德民、吴震编：《东亚的王权与政治思想——儒学文化研究的回顾与展望》，复旦大学出版社2009年版。

杨珍：《清朝皇位继承制度》，学苑出版社2001年版。

叶渭渠：《日本文明》，中国社会科学出版社2000年版。

翟新：《日本天皇》，复旦大学出版社1992年版。

张邦伟：《宋代皇亲与政治》，四川人民出版社1993年版。

张萍：《日本的婚姻与家庭》，中国妇女出版社1984年版。

赵建民、刘予苇：《日本通史》，复旦大学出版社1989年版。

赵晓春：《百世盛衰——日本皇室》，社会科学文献出版社1998年版。

（三）译著

坂本太郎：《日本的修史与史学》，沈仁安、林铁森译，北京大学出版社1991年版。

坂本太郎：《日本史概说》，汪向荣、武寅、韩铁英译，商务印书馆1992年版。

保立道久：《岩波日本史第三卷 平安时代》，章剑译，新星出版社

2020年版。

池田晃渊：《早稻田大学日本史第4卷·平安时代》，罗安译，华文出版社2020年版。

村井康彦：《出云与大和：探寻日本古代国家的原貌》，吕灵芝译，社会科学文献出版社2020年版。

村上重良：《国家神道》，聂长振译，商务印书馆1992年版

贺滋秀三：《中国家族法原理》，张建国、李力译，法律出版社2003年版。

吉村武彦：《古代日本的女帝》，顾姗姗译，社会科学文献出版社2019年版。

吉田孝：《岩波日本史第二卷 飞鸟·奈良时代》，刘德润译，新星出版社2020年版。

津田左右吉：《日本的神道》，邓红译，商务印书馆2011年版。

井上亘：《虚伪的"日本"——日本古代史论丛》，社会科学文献出版社2012年版。

井上清：《日本历史》，天津市历史研究所译校，天津人民出版社1974年版。

久米邦武：《早稻田大学日本史第3卷·奈良时代》，米彦军译，华文出版社2020年版。

赖肖尔：《当代日本人——传统与变革》，陈文寿译，商务印书馆1992年版。

胧谷寿、仁藤敦史：《倒叙日本史04 平安·奈良·飞鸟》，韦和平译，商务印书馆2018年版。

西村真次：《早稻田大学日本史第2卷·飞鸟宁乐时代》，米彦军译，华文出版社2020年版。

园部逸夫：《思考皇室制度》，陶旭译，社会科学文献出版社2012年版。

（四）论文

陈凤川：《圣德太子与日本早期佛教》，《日本学论坛》2003年第

3 期。

陈伟:《古代日本与唐朝官人出身制度的比较》,《日本研究》2010 年第 4 期。

葛兆光:《国家与历史之间:日本关于道教、神道教与天皇制度关系的争论》,《中国社会科学》2009 年第 5 期。

官文娜:《日本古代社会的近亲婚及其实质——兼与中国古代"同姓不婚"的比较》,《世界历史》1998 年第 4 期。

韩昇:《北京大学图书馆藏敦煌本圣德太子写经与东亚的"佛教外交"》,《史学集刊》2001 年第 3 期。

解晓东:《日本古代天皇制的形成及其政治结构刍议》,《外国问题研究》2009 年第 1 期。

李红、秦礼君:《日本天皇即位仪式"大尝祭"的历史演变与社会分析》,《南京农业大学学报》2006 年第 3 期。

李卓:《日本的皇位继承制度与〈皇室典范〉》,《日本问题研究》2016 年第 6 期。

李卓:《日本古代的访妻婚及其存在的原因》,《日本学刊》1994 年第 2 期。

李卓:《日本古代贵族刍议》,《古代文明》2012 年第 3 期。

李卓:《日本古代贵族制社会结构》,《古代文明》2015 年第 1 期。

李卓:《日本律令制时代的家庭与婚姻——法律与现实的悖反》,《日本学刊》1995 年第 2 期。

李卓:《氏姓制度与日本社会》,《史学月刊》1985 年第 5 期。

李卓:《天皇退位的历史与现实》,《日本学刊》2019 年第 2 期。

邵峰:《日本摄关时期斋王忌避思想的研究》,《长春理工大学学报》2011 年第 9 期。

宋成有:《中国的日本史研究理论与方法》,《日本学刊》2012 年第 1 期。

王海燕:《六至七世纪日本大王(天皇)的殡丧礼仪与王位继承》,《历史研究》2005 年第 3 期。

王海燕：《日本女性皇位继嗣问题初探》，《世界历史》2006 年第 3 期。

王海燕：《日本平安时代检非违使与律令制国家》，《历史研究》2013 年第 2 期。

王金林：《皇室神道的形成与天皇的神化》，《日本研究》2007 年第 1 期。

王金林：《论大化改新后日本社会阶级结构的变化》，《日本史论文集》，辽宁人民出版社 1985 年版。

王顺利：《古代日本氏姓制度浅析》，《东北师大学报》1992 年第 4 期。

王秀文：《日本姓氏制度的演变及其特征》，《日本学刊》1993 年第 4 期。

武心波：《日本古代"天皇制"的象征意义及其批判》，《国际观察》2006 年第 6 期。

武寅：《天皇制的起源及结构特征》，《历史研究》2012 年第 3 期。

徐建新：《出土文字资料与东亚古代史研究——以中日韩三国古代木简为例》，《古代文明》2011 年第 2 期。

徐建新：《古代日本律令制国家的身份等级制》，《世界历史》2001 年第 6 期。

徐建新：《日本古代国家形成史研究中的几个问题》，《世界历史》2010 年第 3 期。

徐晓风：《圣德太子的十七条宪法与中国儒家的文化》，《学术交流》1994 年第 3 期。

禹硕基：《论圣德太子》，《日本研究》1986 年第 2 期。

张凤云：《日本皇室主要祭典概述》，《湖南大学学报》1999 年第 2 期。

章林：《古代日本皇亲赐姓的演变及其原因》，《古代文明》2012 年第 4 期。

章林：《古代日本皇亲政治的形成及其特点》，《长春师范大学学报》

（人文社会科学版）2014年第2期。

章林：《日本斋王制度的演变与古代天皇制》，《北京联合大学学报》（人文社会科学版）2020年第2期。

章林、徐建新：《日本学者谈日本古代史研究的现状》，《世界历史》2009年第5期。

三　网络资源

東京大学史料編纂所，http://wwwap.hi.u-tokyo.ac.jp/ships/db.html。

葵の御所：賀茂斎院とその歴史，http://members3.jcom.home.ne.jp/tobisima/saiin/aoi.html。

奈良文化財研究所，http://www.nabunken.go.jp/japanese/database.html。

《新撰姓氏録》，http://miko.org/~uraki/kuon/furu/text/mokuroku/syoujiroku/syoujiroku.htm。

斎宮歴史博物館，http://www.bunka.pref.mie.lg.jp/saiku/saio/index.htm。

正倉院文書，http://somoda.media.osaka-cu.ac.jp/index.php。

附　　录

附录1　飞鸟、奈良、平安时代天皇一览表

谥号或追号	在位时间	附注及任内与皇亲制度相关的大事
推古天皇（女帝）	592—628年	额田部皇女；钦明天皇之女、敏达天皇皇后。 开启飞鸟时代；第一位身份确凿的女帝；立厩户皇子为摄政太子（圣德太子）。
舒明天皇	629—641年	田村皇子；敏达天皇之孙。 未选定皇位继承人，导致日本陷入皇位继承危机。
皇极天皇（女帝）	642—645年	宝皇女；敏达天皇之孙、舒明天皇皇后。 山背大兄王一族自杀；"乙巳之变"；皇位继承史上首次出现"禅让"与"重祚"。
孝德天皇	645—654年	轻皇子；敏达天皇曾孙。 颁布大化改新之诏；制定"冠位十三阶"和"冠位十九阶"；古人大兄皇子被杀。
齐明天皇（女帝）	655—661年	皇极天皇重祚后称"齐明天皇"。

续表

谥号或追号	在位时间	附注及任内与皇亲制度相关的大事
天智天皇	661—671 年	中大兄皇子；舒明天皇与皇极天皇（齐明天皇）之子。 颁布《近江令》（第一部成文法）；制定"庚午年籍"（日本最早的户籍制度）；实行"冠位二十六阶"；立大海人皇子为皇太弟；立大友皇子为太政大臣。
弘文天皇	671—672 年	大友皇子；天智天皇之子；母亲为伊贺国出身的采女。 "壬申之乱"。
天武天皇	673—686 年	大海人皇子；舒明天皇与皇极天皇（齐明天皇）之子。 最早使用"天皇"称号；最早使用"皇子""皇女"等称谓；立鸬野赞良皇女（持统天皇）为皇后；召开"吉野之盟"；实行皇亲政治；遥拜天照大神；任命大伯皇女为伊势斋宫（开创伊势斋王制度）；颁布"八色姓"；扩大冠位至四十八阶；颁布"禁止礼拜卑母诏"。
持统天皇 （女帝）	686—697 年	鸬野赞良皇女；天智天皇之女、天武天皇皇后。 皇太子草壁皇子早逝；"大津皇子谋反"；通过称制的形式代行天皇之权；任命高市皇子为太政大臣；让位给孙子轻皇子；频繁行幸吉野；《飞鸟净御原令》开始实施；维持天武天皇→草壁皇子→轻皇子的直系继承皇统。
文武天皇	697—707 年	轻皇子；草壁皇子之子、天武天皇与持统天皇之孙。 颁布《大宝令》（确立皇亲的法律地位）；设置知太政官事一职。
元明天皇 （女帝）	707—715 年	阿閇皇女；天智天皇之女、草壁皇子之妻、文武天皇之母。 首次出现皇位由子至母的顺序传承；捏造"不改常典"；设置授刀舍人寮；迁都平城京（开启奈良时代）。
元正天皇 （女帝）	715—724 年	冰高皇女；草壁皇子与元明天皇之女。 第一位以未婚独身身份即位的女性天皇；唯一从母亲禅让给女儿的女系皇位继承；编纂完成《日本书纪》。
圣武天皇	724—749 年	首皇子；文武天皇与藤原宫子之子、藤原不比等外孙。 "长屋王之变"；立非皇族出身的"藤原光明子"为皇后；"藤原广嗣之乱"；首次赐姓橘氏。

续表

谥号或追号	在位时间	附注及任内与皇亲制度相关的大事
孝谦天皇（女帝）	749—758 年	阿倍内亲王；圣武天皇与藤原光明子皇后之女。唯一的女性皇太子；废黜皇太子道祖王；"橘奈良麻吕之变"。
淳仁天皇	758—764 年	大炊王；舍人亲王之子、天武天皇之孙。"藤原仲麻吕之乱"；实行"亲王宣下制"；淡路废帝。
称德天皇（女帝）	764—770 年	孝谦天皇重祚后称"称德天皇"。"宇佐神托事件"；没有册立皇太子。
光仁天皇	770—781 年	白壁王；天智天皇之孙。皇统从"天武系"转向"天智系"；废黜皇后井上内亲王；废黜皇太子他户亲王；立早良亲王为皇太子；重新定性天武系皇统统治时期的众多事件。
桓武天皇	781—806 年	山部亲王；光仁天皇之子。迁都平安京（开启平安时代）；"冰上川继之变"；"藤原种继暗杀事件"；早良亲王怨灵；皇亲范围由五世王改为四世王；臣下可以娶三世以下的女王，藤原氏可以娶二世女王；首次给皇子赐姓。
平城天皇	806—809 年	安殿亲王；桓武天皇之子。"伊予亲王之变"；"践祚"和"即位"开始有区别。
嵯峨天皇	809—823 年	贺美能亲王（神野亲王）；桓武天皇之子。"药子之变"；设贺茂斋王（开创贺茂斋院制度）；编纂完成《新撰姓氏录》；首次给皇子、皇女赐氏姓源朝臣。
淳和天皇	823—833 年	大伴亲王；桓武天皇之子。实行"亲王任国制"；首次赐氏姓平朝臣。
仁明天皇	833—850 年	正良亲王；嵯峨天皇之子。"承和之变"。
文德天皇	850—858 年	道康亲王；仁明天皇之子。首次由皇族之外的贵族（文德天皇外祖父藤原冬嗣）担任太政大臣。
清和天皇	858—876 年	惟仁亲王；文德天皇之子。9 岁即位（最早的幼帝）；设置"摄政"；"应天门之变"。

续表

谥号或追号	在位时间	附注及任内与皇亲制度相关的大事
阳成天皇	876—884 年	贞明亲王；清和天皇之子。 9 岁即位；17 岁被迫退位。
光孝天皇	884—887 年	时康亲王；仁明天皇之子。 55 岁即位；子女全部赐姓降下。
宇多天皇	887—897 年	定省亲王；光孝天皇之子。 臣籍降下后恢复皇籍即位；"阿衡纷争"；设置"关白"；重用菅原道真。
醍醐天皇	897—930 年	敦仁亲王；宇多天皇之子。 "昌泰之变"；"延喜之治"。
朱雀天皇	930—946 年	宽明亲王；醍醐天皇之子。 8 岁即位。
村上天皇	946—967 年	成明亲王；醍醐天皇之子。 "天历之治"。
冷泉天皇	967—969 年	宪平亲王；村上天皇之子。 "安和之变"。
圆融天皇	969—984 年	守平亲王；村上天皇之子。
花山天皇	984—986 年	师贞亲王；冷泉天皇之子。
一条天皇	986—1011 年	怀仁亲王；圆融天皇之子。 开"一帝二后"的先例。
三条天皇	1011—1016 年	居贞亲王；冷泉天皇之子。
后一条天皇	1016—1036 年	敦成亲王；一条天皇之子。 9 岁即位；藤原道长摄政。
后朱雀天皇	1036—1045 年	敦良亲王；一条天皇之子。

续表

谥号或追号	在位时间	附注及任内与皇亲制度相关的大事
后冷泉天皇	1045—1068 年	亲仁亲王；后朱雀天皇之子。
后三条天皇	1068—1072 年	尊仁亲王；后朱雀天皇与祯子内亲王之子。自宇多天皇以来170年间，唯一和藤原氏没有血统关系的天皇。
白河天皇	1072—1086 年	贞仁亲王；后三条天皇之子。开创"院政"；"治承·寿永之乱"；首次给入道亲王叙位。
堀河天皇	1086—1107 年	善仁亲王；白河天皇之子。8岁即位。诞生第一位"法亲王"。
鸟羽天皇	1107—1123 年	宗仁亲王；堀河天皇之子。5岁即位。
崇德天皇	1123—1141 年	显仁亲王；鸟羽天皇之子。5岁即位。
近卫天皇	1141—1155 年	体仁亲王；鸟羽天皇之子。3岁即位。
后白河天皇	1155—1158 年	雅仁亲王；鸟羽天皇之子。"保元之乱"。
二条天皇	1158—1165 年	守仁亲王；后白河天皇之子。"平治之乱"。
六条天皇	1165—1168 年	顺仁亲王；二条天皇之子。最年幼的天皇和上皇；平清盛任太政大臣。
高仓天皇	1168—1180 年	宪仁亲王；后白河天皇之子。8岁即位。
安德天皇	1180—1185 年	言仁亲王；高仓天皇之子、平清盛外孙。1岁立太子、3岁即位、8岁去世。
后鸟羽天皇	1183—1198 年	尊成亲王；高仓天皇之子。4岁即位；首次出现两天皇并立的局面；源赖朝任征夷大将军，日本进入中世。

附录2　平安时代初期天皇的妻子与子女一览表

天皇	妻子	子女	备注
嵯峨天皇	橘嘉智子	正良亲王、秀良亲王、正子内亲王、秀子内亲王、俊子内亲王、芳子内亲王、繁子内亲王	源氏
	高津内亲王	业良亲王、业子内亲王	
	百济王贵命	基良亲王、忠良亲王、基子内亲王	
	大原静子	仁子内亲王	
	交野女王	有智子内亲王	
	高阶河子	宗子内亲王	
	文室文子	纯子内亲王、齐子内亲王	
	秋筱京子	源清	
	山田近子	源启、源密姬	
	饭高宅刀自	源常、源明	
	百济王庆命	源定、源镇、源善姬	
	笠继子	源生	
	大原全子	源融、源勤、源盈子	
	布势武藏子	源贞姬、源端姬	
	安部某女	源宽	
	广井某女	源信	
	田中某女	源澄	
	栗田某女	源安	
	惟良某女	源胜	
	长冈某女	源贤	
	当麻某女	源洁姬、源全姬	
	纪某女	源更姬	
	内藏影子	源神姬、源容姬、源吾姬	
	甘南备某女	源声姬	
	母亲不详		

续表

天皇	妻子	子女	备注
仁明天皇	藤原顺子	道康亲王	亲王
	藤原泽子	宗康亲王、时康亲王、人康亲王、新子内亲王	
	滋野绳子	本康亲王、时子内亲王、柔子内亲王	
	藤原贞子	成康亲王、亲子内亲王、平子内亲王	
	纪种子	常康亲王、真子内亲王	
	藤原贺登子	国康亲王	
	藤原小童子	重子内亲王	
	高宗女王	久子内亲王	
	百济王永庆	高子内亲王	
	三国某女	源登	源氏
	山口某女	源觉	
	母亲不详		
文德天皇	藤原明子	惟仁亲王、仪子内亲王	亲王
	纪静子	惟乔亲王、惟条亲王、怡子内亲王、述子内亲王、珍子内亲王	
	滋野奥子	惟彦亲王、浓子内亲王、胜子内亲王	
	藤原列子	晏子内亲王、慧子内亲王	
	滋野岑子	源本有、源载有、源渊子	源氏
	伴某女	源能有	
	多治某女	源每有	
	清原某女	源时有	
	菅原某女	源定有、源富子	
	布势某女	源行有	
	母亲不详		
清和天皇	藤原高子	贞明亲王、贞保亲王、敦子内亲王	亲王
	藤原佳珠子	贞辰亲王	
	在原文子	贞数亲王、包子内亲王	
	栋贞王女	贞纯亲王	
	橘休荫女	贞固亲王	
	藤原仲统女	贞元亲王	
	藤原良近女	贞平亲王、识子内亲王	

续表

天皇	妻子	子女	备注
清和天皇	藤原诸葛女	孟子内亲王	亲王
	藤原诸藤女	贞真亲王	
	藤原直宗女	贞赖亲王	
	贺茂峯雄女	源长犹、源载子	源氏
	大野鹰取女	源长渊	
	佐伯子房女	源长鉴、源长赖	
	母亲不详		
阳成天皇	姣子女王	元长亲王、元利亲王、长子内亲王、俨子内亲王	亲王
	藤原远长女	元良亲王、元平亲王	
	纪某女	源清荫	源氏
	伴某女	源清鉴	
	佐伯某女	源清远	
	母亲不详		
光孝天皇	班子女王	是忠亲王、是贞亲王、定省亲王、忠子内亲王、简子内亲王、绥子内亲王、为子内亲王	亲王
	正躬女王	穆子内亲王	
	班子女王	源元长	源氏
	赞岐永兼女	源旧鉴	
	布势某女	源清实	
	多治某女	源媛子	
	藤原门宗女	源是茂	
	母亲不详		
宇多天皇	藤原温子	均子内亲王	亲王
	藤原胤子	敦仁亲王、敦庆亲王、敦固亲王、敦实亲王、柔子内亲王	
	橘义子	齐中亲王、齐世亲王、齐邦亲王、君子内亲王	
	藤原褒子	亚明亲王、载明亲王、行明亲王	
	十世王女	孚子内亲王	
	源贞子	依子内亲王	
	藤原有实女	诲子内亲王、季子内亲王	
	母亲不详		

续表

天皇	妻子	子女	备注
醍醐天皇	为子内亲王	劝子内亲王	亲王
	藤原稳子	保明亲王、宽明亲王、成明亲王、康子内亲王	
	源和子	长明亲王、式明亲王、有明亲王、庆子内亲王、韶子内亲王、齐子内亲王	
	藤原淑姬	长明亲王、英子内亲王	
	源周子	时明亲王、劝子亲王、都子内亲王	
	藤原桑子	章明亲王	
	满子女王	修子内亲王、普子内亲王	
	藤原鲜子	代明亲王、恭子内亲王、婉子内亲王、敏子内亲王	
	源封子	克明亲王、宣子内亲王、靖子内亲王	
	源昇女	重明亲王	
	藤原淑姬	源兼明、源自明、	源氏
	源周子	源高明、源盛明、源兼子、源雅子	
	源敏相女	源允明	
	藤原伊衡	源为明	
村上天皇	母亲不详 藤原安子	宪平亲王、为平亲王、守平亲王、承子内亲王、辅子内亲王、资子内亲王、选子内亲王	亲王
	藤原芳子	昌平亲王、永平亲王	
	莊子女王	具平亲王、乐子内亲王	
	徽子女王	规子内亲王	
	藤原祐姬	广平亲王、缉子内亲王	
	藤原正姬	致平亲王、保子内亲王	
	源计子	理子内亲王、盛子内亲王	
	藤原正姬	源昭平	源氏
	不详		

附录3 历代斋宫一览表

时代	斋宫	在任时间	在任天皇	与在任天皇的关系	是否参加群行
传说时代的斋王	丰锄入姬	不详	崇神天皇	天皇皇女	不详
	倭姬命	不详	垂仁天皇	天皇皇女	不详
	五百野皇女	不详	景行天皇	天皇皇女	不详
	伊和志真皇女	不详	仲哀天皇	天皇皇女	不详
	稚足姬	不详	雄略天皇	天皇皇女	不详
	豆角皇女	不详	继体天皇	天皇皇女	不详
	磐隈皇女	不详	钦明天皇	天皇皇女	不详
	菟道皇女	不详	敏达天皇	天皇皇女	不详
	酢香手姬皇女	不详	用明天皇	天皇皇女	不详
飞鸟时代的斋王	大来皇女	673—686年	天武天皇	天皇皇女	参加群行
	当耆皇女	689—701年	文武天皇	天皇姑姑（天武天皇皇女）	参加群行
	泉皇女	701—706年	文武天皇	天皇姑姑（天智天皇皇女）	参加群行
	田形皇女	706—707年	文武天皇	天皇姑姑（天武天皇皇女）	参加群行
	多纪皇女	不详	元明天皇（女帝）	不详	不详
	智努皇女	不详	元明天皇	不详	不详
奈良时代的斋王	圆方女王	不详	元明天皇	不详	不详
	久势女王	725—721年	元正天皇（女帝）	不详	参加群行
	井上内亲王	721—744年	圣武天皇	天皇皇女	参加群行
	县女王	744—749年	圣武天皇	不详	参加群行
	小宅女王	749—752年	孝谦天皇	天皇姑婆（天武天皇曾孙女、三元王女）	参加群行

续表

时代	斋宫	在任时间	在任天皇	与在任天皇的关系	是否参加群行
奈良时代的斋王	安倍内亲王	758—764年	淳仁天皇	天皇皇女	参加群行
	酒人内亲王	772—775年	光仁天皇	天皇皇女	参加群行
	净庭女王	775—781年	光仁天皇	天皇皇孙女（神王女）	参加群行
	朝原内亲王	782—796年	桓武天皇	天皇皇女	参加群行
平安时代的斋王	布势内亲王	797—806年	桓武天皇	天皇皇女	参加群行
	大原内亲王	806—809年	平城天皇	天皇皇女	参加群行
	仁子内亲王	809—823年	嵯峨天皇	天皇皇女	参加群行
	氏子内亲王	823—827年	淳和天皇	天皇皇女	参加群行
	宜子女王	828—833年	淳和天皇	天皇侄女（桓武天皇皇孙女、仲野亲王女）	参加群行
	久子内亲王	833—850年	仁明天皇	天皇皇女	参加群行
	晏子内亲王	850—858年	文德天皇	天皇皇女	参加群行
	恬子内亲王	859—876年	清和天皇	天皇异母姊妹（文德天皇皇女）	参加群行
	识子内亲王	877—880年	阳成天皇	天皇异母姊妹（清和天皇皇女）	参加群行
	揭子内亲王	882—884年	阳成天皇	天皇皇女	未参加群行
	繁子内亲王	844—887年	光孝天皇	天皇皇女	参加群行
	元子女王	889—898年	宇多天皇	天皇堂姊妹（仁明天皇皇孙女、本康亲王女）	参加群行
	柔子内亲王	897—930年	醍醐天皇	天皇同母姊妹（宇多天皇皇女）	参加群行
	雅子内亲王	931—935年	朱雀天皇	天皇异母姊妹（醍醐天皇皇女）	参加群行
	齐子南拳王	936—945年	朱雀天皇	天皇异母姊妹（醍醐天皇皇女）	未参加群行

续表

时代	斋宫	在任时间	在任天皇	与在任天皇的关系	是否参加群行
平安时代的斋王	徽子女王	936—945年	朱雀天皇	天皇侄女（醍醐天皇皇孙女、重明亲王女）	参加群行
	英子内亲王	946—946年	村上天皇	天皇异母姊妹（醍醐天皇皇女）	未参加群行
	悦子女王	947—954年	村上天皇	天皇侄女（醍醐天皇皇孙女、重明亲王女）	参加群行
	乐子内亲王	955—967年	村上天皇	天皇皇女	参加群行
	辅子内亲王	968—969年	冷泉天皇	天皇异母姊妹（村上天皇皇女）	未参加群行
	隆子女王	969—974年	圆融天皇	天皇的堂姊妹（醍醐天皇皇孙女）、章明亲王女	参加群行
	规子内亲王	975—984年	圆融天皇	天皇异母姊妹（村上天皇皇女）	参加群行
	济子女王	984—986年	花山天皇	天皇异母姊妹（醍醐天皇皇孙女、章明亲王女）	未参加群行
	恭子女王	986—1010年	一条天皇	天皇堂姊妹（村上天皇皇孙女、为平亲王女）	参加群行
	当子内亲王	1012—1016年	三条天皇	天皇皇女	参加群行
	娸子女王	1016—1036年	后一天天皇	天皇姑姑（村上天皇皇孙女、具平亲王女）	参加群行
	良子内亲王	1036—1045年	后朱雀天皇	后朱雀天皇皇女	参加群行
	嘉子内亲王	1051—1068年	后冷泉天皇	天皇姑姑（三条天皇皇孙女、敦明亲王女）	参加群行

续表

时代	斋宫	在任时间	在任天皇	与在任天皇的关系	是否参加群行
平安时代的斋王	敬子女王	1051—1068 年	后冷泉天皇	天皇姑姑（三条天皇皇孙女、敦平亲王女）	参加群行
	俊子内亲王	1069—1072 年	后三条天皇	天皇皇女	参加群行
	淳子女王	1073—1077 年	白河天皇	天皇侄女（三条天皇增孙女、敦贤亲王女）	参加群行
	媞子内亲王	1078—1084 年	白河天皇	天皇皇女	参加群行
	善子内亲王	1087—1107 年	堀河天皇	天皇异母姊妹（白河天皇皇女）	参加群行
	恂子内亲王	1108—1123 年	鸟羽天皇	天皇姑姑（白河天皇皇女）	参加群行
	守子内亲王	1123—1141 年	崇德天皇	天皇姑姑（后三条天皇皇孙女、辅仁亲王女）	参加群行
	妍子内亲王	1142—1150 年	近卫天皇	天皇异母姊妹（鸟羽天皇皇女）	参加群行
	喜子内亲王	1151—1155 年	近卫天皇	天皇姑姑（堀河天皇皇女）	参加群行
	亮子内亲王	1156—1158 年	后白河天皇	天皇皇女	未参加群行
	好子内亲王	1158—1165 年	二条天皇	天皇异母姊妹（后白河天皇皇女）	参加群行
	休子内亲王	1165—1168 年	六条天皇	天皇异母姊妹（后白河天皇皇女）	未参加群行
	惇子内亲王	1168—1172 年	高仓天皇	天皇异母姊妹（后白河天皇皇女）	参加群行
	功子内亲王	1177—1179 年	高仓天皇	天皇皇女（高仓天皇皇女）	未参加群行
	洁子内亲王	1185—1198 年	后鸟羽天皇	天皇异母姊妹（高仓天皇皇女）	参加群行

续表

时代	斋宫	在任时间	在任天皇	与在任天皇的关系	是否参加群行
镰仓时代的斋王	肃子内亲王	1199—1210年	土御门天皇	天皇异母姊妹（后鸟羽天皇皇女）	参加群行
	㶚子内亲王	1215—1221年	顺德天皇	天皇异母姊妹（后鸟羽天皇皇女）	参加群行
	利子内亲王	1226—1232年	后堀河天皇	天皇同母姊妹（高仓天皇皇孙女、守贞亲王女）	参加群行
	昱子内亲王	1237—1242年	四条天皇	天皇异母姊妹（后堀河天皇皇女）	参加群行
	曦子内亲王	1244—1246年	后嵯峨天皇	天皇异母姊妹（土御门天皇皇女）	未参加群行
	恺子内亲王	1262—1272年	龟山天皇	天皇异母姊妹（后嵯峨天皇皇女）	参加群行
	奘子内亲王	1306—1308年	后二条天皇	天皇异母姊妹（后宇多天皇皇女）	未参加群行
南北朝时代的斋王	懽子内亲王	1330—1331年	后醍醐天皇	天皇皇女	未参加群行
	祥子内亲王	1333—1334年	后醍醐天皇	天皇皇女	未参加群行

附录4　历代斋院一览表

时代	斋院	在任时间	在任天皇	与在任天皇的关系	品位
平安时代	有智子内亲王	810—831年	嵯峨天皇 淳和天皇	嵯峨天皇皇女 淳和天皇侄女	二品
	时子内亲王	831—833年	淳和天皇	淳和天皇侄女 仁明天皇皇女	无品
	高子内亲王	833—850年	仁明天皇	仁明天皇皇女	无品
	慧子内亲王	850—857年	文德天皇	文德天皇皇女	无品
	述子内亲王	857—858年	文德天皇	文德天皇皇女	无品
	仪子内亲王	859—876年	清和天皇	清和天皇同母姊妹 文德天皇皇女	一品
	敦子内亲王	877—880年	阳成天皇	阳成天皇同母姊妹 清和天皇皇女	无品
	穆子内亲王	882—887年	阳成天皇 光孝天皇	阳成天皇姑姑 光孝天皇皇女	不详
	直子内亲王	889—892年	宇多天皇	惟彦亲王女	不详
	君子内亲王	893—902年	宇多天皇 醍醐天皇	宇多天皇皇女 醍醐天皇异母姊妹	不详
	恭子内亲王	903—915年	醍醐天皇	醍醐天皇皇女	不详
	宣子内亲王	915—920年	醍醐天皇	醍醐天皇皇女	不详
	韶子内亲王	921—930年	醍醐天皇	醍醐天皇皇女	三品
	婉子内亲王	931—967年	朱雀天皇 村上天皇	朱雀天皇异母姊妹 村上天皇异母姊妹 醍醐天皇皇女	三品
	尊子内亲王	968—975年	冷泉天皇 圆融天皇	冷泉天皇皇女 圆融天皇侄女	二品

续表

时代	斋院	在任时间	在任天皇	与在任天皇的关系	品位
平安时代	选子内亲王	975—1031年	圆融天皇 花山天皇 一条天皇 三条天皇 后一条天皇	圆融天皇同母姊妹 花山天皇姑姑 一条天皇姑姑 三条天皇姑姑 后一条天皇姑婆 村上天皇皇女	一品
	馨子内亲王	1031—1036年	后一条天皇	后一条天皇皇女	二品、准三宫
	娟子内亲王	1036—1045年	后朱雀天皇	后朱雀天皇皇女	一品
	禖子内亲王	1046—1058年	后冷泉天皇	后冷泉天皇异母姊妹 后朱雀天皇皇女	不详
	正子内亲王	1058—1069年	后冷泉天皇 后三条天皇	后冷泉天皇异母姊妹 后三条天皇异母姊妹 后朱雀天皇皇女	无品
	佳子内亲王	1069—1072年	后三条天皇	后三条天皇皇女	三品
	笃子内亲王	1073—1073年	白河天皇	白河天皇同母姊妹 后三条天皇皇女	三品
	齐子女王	1074—1089年	白河天皇 堀河天皇	白河天皇姑姑 堀河天皇姑婆 敦明亲王女	不详
	令子内亲王	1089—1099年	堀河天皇	堀河天皇同母姊妹 白河天皇皇女	准三宫
	禛子内亲王	1099—1107年	堀河天皇	堀河天皇同母姊妹 白河天皇皇女	准三宫
	官子内亲王	1108—1123年	鸟羽天皇	鸟羽天皇姑姑 白河天皇皇女	不详
	悰子内亲王	1123—1126年	崇德天皇	崇德天皇姑姑 堀河天皇皇女	不详
	统子内亲王	1127—1132年	崇德天皇	崇德天皇同母姊妹 鸟羽天皇皇女	准三宫

续表

时代	斋院	在任时间	在任天皇	与在任天皇的关系	品位
平安时代	禧子内亲王	1132—1133 年	崇德天皇	崇德天皇同母姊妹 鸟羽天皇皇女	一品准三宫、
	怡子女王	1133—1159 年	崇德天皇 近卫天皇 后白河天皇 二条天皇	崇德天皇姑婆 近卫天皇姑婆 后白河天皇姑婆 二条天皇姑婆 辅仁亲王女	不详
	式子内亲王	1159—1169 年	二条天皇 六条天皇 高仓天皇	二条天皇异母姊妹 六条天皇姑姑 高仓天皇异母姊妹 后白河天皇皇女	准三宫
	僖子内亲王	1169—1171 年	高仓天皇	高仓天皇侄女 二条天皇皇女	不详
	讼子内亲王	1171—1171 年	高仓天皇	高仓天皇姑姑 鸟羽天皇皇女	不详
	范子内亲王	1178—1181 年	高仓天皇 安德天皇	高仓天皇皇女 安德天皇同母姊妹	准三宫
南北朝时代	礼子内亲王	1204—1212 年	土御门天皇 顺德天皇	土御门天皇异母姊妹 顺德天皇异母姊妹 后鸟羽天皇皇女	准三宫

附录5 日本皇室典范（1947年1月6日法律第3号）

第一章 皇位继承

第一条 皇位由属于皇统的男性继承。

第二条 一、皇位按照以下顺序传给皇族：

1. 皇太子

2. 皇长孙

3. 其他皇长子的子孙

4. 皇次子及其子孙

5. 其他皇子孙

6. 皇兄弟及其子孙

7. 皇伯叔父及其子孙

二、没有以上皇族时，皇位传给与皇统最亲近的皇族。

三、以下两种情况下，长子系统优先，且以长子系统内的长子为先。

第三条 皇嗣如果在精神或身体上患有不治之症，或是遇到重大事故时，可以由皇室会议协商后，根据前项的规定来变更皇位继承顺序。

第四条 天皇驾崩时，皇储立即即位。

第二章 皇族

第五条 皇后、太皇太后、皇太后、亲王、亲王妃、内亲王、王、王妃及女王为皇族。

第六条 嫡出的皇子及嫡男系嫡出的皇孙，男称亲王，女称内亲王。三世以下的嫡男系嫡出子孙，男称王，女称女王。

第七条 王继承皇位时，作为其兄弟姊妹的王和女王变为亲王和内亲王。

第八条 作为皇嗣的皇子为皇太子。没有皇太子时，作为皇嗣的皇孙为皇太孙。

第九条 天皇及皇族不得收养养子。

第十条 册立皇后和皇族男子的婚姻必须经过皇室会议来决商。

第十一条 一、年龄在十五岁以上的内亲王、王和女王，根据其意愿并经皇室会议决商后可脱离皇族的身份。

二、亲王（皇太子和皇太孙除外）、内亲王、王和女王在前项情况之外，有不得已的特别事由时，经皇室会议决商后可脱离皇族的身份。

第十二条 皇族女子在与天皇及皇族以外者结婚时，自动脱离皇族的身份。

第十三条 脱离皇族身份的亲王或王妃及直系卑属及其妃，除与其他皇族结婚的女子及其直系卑属外，同时脱离皇族的身份。但直系卑属及其妃，由皇室会议决商后，可以保留皇族的身份。

第十四条 一、皇族以外的女子成为亲王妃或王妃，在其夫过世时，可依照其意愿脱离皇族的身份。

二、上述情况，在其夫过世时，除该项情况外，有不得已的特别事由时，经皇室会议决商后可脱离皇族的身份。

三、第一项情况，离婚时脱离皇族的身份。

四、与前条的其他皇族结婚的女子，准用第一项及前项的规定。

第十五条 皇族以外的人及其子孙，除女子成为皇后或和与皇族男子结婚的情况外，不能成为皇族。

第三章 摄政

第十六条 一、天皇未成年时，设置摄政。

二、天皇出现精神或身体的重症，又或者遇到重大事故，无法亲自处理国事时，依皇室会议决商后设置摄政。

第十七条 一、摄政按照以下顺序由成年皇族就任：

1. 皇太子及皇太孙
2. 亲王及王

3. 皇后

4. 皇太后

5. 太皇太后

6. 内亲王及女王

二、前项 2 的情况，按照皇位继承顺序；前项 6 的情况，以皇位继承顺序为准。

第十八条　摄政或成为摄政顺序上者，出现精神或身体的重症，又或者遇到重大事故，依皇室会议决商后按照前条规定的顺序，变更摄政或摄政或摄政的顺序。

第十九条　处于摄政顺序上者，由于未成年或受到前条的限制而由其他皇族摄政时，即使处于前面顺位的皇族成年或限制消除时，除皇太子或皇太孙的情况外，不改变摄政的任命。

第二十条　在第十六条第二项的限制消除时，经皇室会议决议废除摄政。

第二十一条　摄政在任期间不被起诉。但不因此妨碍起诉的权力。

第四章　成年、敬称、即位仪式、大丧仪式、皇统谱及陵与墓

第二十二条　天皇、皇太子及皇太孙在十八岁成年。

第二十三条　一、天皇、皇后、太皇太后及皇太后敬称为陛下。

二、前项皇族以外的皇族敬称为殿下。

第二十四条　皇位继承时举行即位之礼。

第二十五条　天皇驾崩时举行大丧之礼。

第二十六条　有关天皇及皇族身份的相关事项，记录在皇统谱。

第二十七条　天皇、皇后、太皇太后及皇太后所葬之地称为陵，其他皇族所葬之地称为墓，有关陵墓的相关事项，记录在陵籍及墓籍。

第五章　皇室会议

第二十八条　一、皇室会议的议员由十人组成。

二、议员的设置为皇族二人、众议院和参议院的议长及副议长、

内阁总理大臣、宫内厅长及最高法院院长及最高法院的一位法官组成。

三、成员议员的皇族及相当于最高法院院长的法官,由成年的皇族或相当于最高法院院长以外的法官互选。

第二十九条 由作为议员的内阁总理大臣,担任皇室会议议长。

第三十条 一、皇室会议设置候补议员十人。

二、关于皇族及相当于最高法院院长的议员,准用第二十八条第三项的规定。

三、众议院、参议院的议长和相当于副议长议员的预备议员,由各个众议院和参议院的议员互选。

四、前项的预备议员人数与其议员数相同,执行职务的顺序在互选时决定。

五、相当于内阁总理大臣的预备议员,按照装阁法的规定由被指定为临时担任内阁总理大职务的国务大臣担任。

六、相当于宫内厅厅长议员的预备议员,由内阁总理大臣指定的宫内厅官员担任。

七、当议员发生事故或无法再参加皇室会议时,由其候补议员接替职务。

第三十一条 在第二十八条及前条中所指的众议院议长、副议长或议员,在众议院解散后,确定后任者之前的期间,担任解散之际的众议院的议长,副议长或议员。

第三十二条 皇族及相当于最高法院院长以外的法官、议员与预备议员的任期为四年。

第三十三条 一、皇室会议由议长召集。

二、皇室会议在第三条、第十六条第二项、第十八条及第二十条的情况下,要求有四人以上的议员时,需要进行召集。

第三十四条 皇室会议召开议事决议时,出席的议员不得少于六人。

第三十五条 一、皇室会议的议事,在第三条、第十六条第二项、第十八条及第二十条的情况下，由出席议员的三分之二以上多数决定，其他情况为过半数决定。

二、前项后段的情况，在赞成数与反对数相同时，由议长决定。

第三十六条　议员对于与自身利益有特别关系的议事，不得参与。

第三十七条　皇室会议仅能根据本法律及其他法律行使权限。

附则

一、本法律自日本国宪法颁布之日开始实施。

二、现在的皇族为本法律所规定的皇族，适用于第六条规定为嫡男系嫡出者。

三、现在的陵与墓，为第二十七条的陵与墓。

后　　记

　　2008年，恩师徐建新先生不嫌我天资愚钝，把我引入日本史研究的神圣殿堂，使我有机会徜徉在学术园林之中。2011年，我跟随恩师继续攻读博士研究生。拙著正是十年前在恩师指导下开始写作的博士毕业论文基础上增修而成。在拙著付梓之际，在此谨对恩师长期以来的辛苦栽培，致以崇高的敬意和由衷的感谢。

　　在博士学位论文开题、外审以及答辩时，宋成有、高洪、胡澎、李卓、王小甫、周维宏与陈文寿七位老师给予拙文肯定，并提出了许多热忱和富有建设性的修改意见，使本书的写作出版受益匪浅，在这里谨向他们表示衷心的感谢。

　　在学术的道路上，我的阅历尚浅。拙著能够得到北京联合大学推荐，进而纳入中国历史研究院学术出版资助项目，并由中国社会科学出版社出版，是我的殊荣，在此谨向中国历史研究院的相关负责老师、评阅拙著的外审专家、负责编辑出版的责任编辑以及北京联合大学的领导与同事表示衷心的感谢。

　　拙著的出版，还得益于许许多多老师、同学和朋友的支持。他们或是直接帮我复印、扫描相关资料，或是对我的学习和生活给予帮助，或是一起谈学术、谈人生、谈生活。我不可能一一列出他们全部的名字，在此谨向他们表示衷心的感谢。

　　拙著的出版，还必须对背后一直支持我的家人奉上最大的敬意。

求学与工作的过程中，亲人们给予我物质和精神上的无私奉献，解除了我的后顾之忧，使我能安心学习和工作，顺利完成论文的写作、修改与出版。如果离开家人的辛苦付出与对我的关心和支持，就不会有本书的问世，在这里向他们表示真诚的感谢。

  写作的过程既有收获，也感到一些不足，最大的收获就是"学会思考"。有时我们觉得自己的做法是经过思考的，其实大多时候我们的大脑根本懒得思考。写作需要大量阅读，阅读就会产生疑问，疑问则让我们独立思考，并最终提出自己的观点。不足之处在于理论储备不足，对皇亲制度与天皇制之间互动关系的研究不够深入，个别观点的归纳和提炼仍然有待加强等。

  书稿出版的过程既有些兴奋，又有些紧张。兴奋自然是由于自己的博士学位论文终于可以出版问世，紧张则是担心自己尽管尽心尽力，但由于受学识所限，书中难免存在疏误之处，因而辜负了老师、同学和朋友的期待。

  每当我读到一本好书时，就像结识了一位有益的朋友。但愿拙著也能成为读者们开卷有益的朋友。当然，如果能起到抛砖引玉的作用，则更是喜不自胜了。

  竭诚欢迎专家、读者批评、指正。

章　林

2021 年 4 月 8 日